本书系国家社会科学基金一般项目"罗国杰伦理思想研究"（项目编号：17BZX129）的结项成果，并受安徽省高等学校高峰学科安徽师范大学"马克思主义理论"学科资助。

罗国杰伦理思想研究

赵冰 著

中国社会科学出版社

图书在版编目（CIP）数据

罗国杰伦理思想研究 / 赵冰著 . -- 北京：中国社会科学出版社，2024.6
ISBN 978-7-5227-3573-3

Ⅰ. ①罗…　Ⅱ. ①赵…　Ⅲ. ①伦理学—研究　Ⅳ. ①B82

中国国家版本馆 CIP 数据核字（2024）第 101564 号

出 版 人　赵剑英
责任编辑　郝玉明
责任校对　谢　静
责任印制　张雪娇

出　　版　中国社会科学出版社
社　　址　北京鼓楼西大街甲 158 号
邮　　编　100720
网　　址　http://www.csspw.cn
发 行 部　010-84083685
门 市 部　010-84029450
经　　销　新华书店及其他书店

印　　刷　北京君升印刷有限公司
装　　订　廊坊市广阳区广增装订厂
版　　次　2024 年 6 月第 1 版
印　　次　2024 年 6 月第 1 次印刷

开　　本　710×1000　1/16
印　　张　13.5
字　　数　215 千字
定　　价　75.00 元

目　　录

绪　论 ……………………………………………………………………… 1

第一章　八十年伦理人生 ………………………………………………… 14

第一节　初心始现：求索中孕育伦理情怀使命 ……………………… 15

一　颠沛流离：懵懂中开启求学之路 ……………………… 15

二　惊心动魄：战乱中锤炼党性修养 ……………………… 17

第二节　受命立志：走上伦理学学术研究之路 ……………………… 18

一　组织分配：受命组建中国人民大学伦理学教研室 ……… 19

二　个人志趣：立志长期从事伦理学教学和研究工作 ……… 20

第三节　潜心原著：奠定伦理学学科建设之基 ……………………… 22

一　教材编写：伦理学教科书的发展和演变 ……………… 22

二　著作付梓：一系列伦理学专业著作出版 ……………… 24

三　学位点建设：三级伦理学人才培养体系 ……………… 26

第四节　焕发青春：取得马中西领域辉煌成就 ……………………… 26

一　创造性探索：马克思主义伦理思想中国化 …………… 27

二　批判性继承：中国传统道德 …………………………… 28

三　选择性吸取：西方伦理思想 …………………………… 29

第五节　建言献策：创建新时期道德建设理论 ……………………… 30

一　国家视角：实施以德治国方略 ………………………… 31

二　公民视角：加强公民道德建设 ………………………… 33

第六节　开疆拓土：推进伦理学理论应用拓展 ……………………… 34

一　伦理学理论的应用转型：助力应用伦理学 …………… 35

1

　二　伦理学理论的延伸拓展：开辟学科新阵地 ……………… 36

　第七节　矢志不渝：回顾展望六十年学术人生 ……………… 38

　　一　不忘初心：坚守对伦理学的教学、研究和探索 ……… 38

　　二　牢记使命：离休后致力于完成自己的未竟事业 ……… 40

第二章　开创新中国伦理学事业的崭新局面 ……………… 42

　第一节　理论研究的开拓性贡献 ………………………… 43

　　一　伦理学理论体系的系统性构建 ……………………… 44

　　二　"新德性论"伦理思想的原创性突破 ……………… 51

　　三　社会主义道德建设理论的创造性探索 ……………… 54

　　四　中西伦理思想史的框架性梳理 ……………………… 62

　第二节　学科发展的奠基性成就 ………………………… 71

　　一　组建了新中国第一个伦理学教研室 ………………… 71

　　二　培育并组建了伦理学的第一支教研队伍 …………… 71

　　三　最早建立了伦理学硕士博士学位授权点 …………… 72

　　四　最早构建了完整的伦理学专业培养体系 …………… 72

　　五　积极推动伦理学学科共同体的规范化建设 ………… 73

　第三节　教材体系的创造性建构 ………………………… 74

　　一　开创我国伦理学教科书体例和体系的范本 ………… 74

　　二　重视中西伦理思想史的教材建设 …………………… 76

　　三　推进伦理学教育领域的拓展延伸 …………………… 79

第三章　构建中国化马克思主义伦理学的理论框架 ……… 83

　第一节　立足马克思主义，揭示马克思主义伦理学的基本内容 …… 84

　　一　视道德与利益关系为基本问题 ……………………… 85

　　二　以道德现象的划分为研究起点 ……………………… 90

　第二节　坚持集体主义，探究马克思主义伦理学的核心 …… 92

　　一　详细探究集体主义的理论来源 ……………………… 93

　　二　深入剖析集体主义的主要内容 ……………………… 97

　　三　积极探索集体主义的落实路径 ……………………… 99
　第三节　重视思想道德教育，推动马克思主义伦理学的运用 … 103
　　一　厘清思想政治教育和伦理学的关系 …………………… 103
　　二　确立思想政治教育学科建立的原则 …………………… 105
　　三　编写思想政治教育理论课课程教材 …………………… 106

第四章　坚持和发展历史唯物主义方法论原则 ……………… 111
　第一节　历史唯物主义方法论对于发展马克思主义伦理学的意义 … 112
　　一　为马克思主义伦理学研究对象的明确提供了科学依据 … 112
　　二　为马克思主义伦理学研究方法的选择提供了基本遵循 … 114
　　三　为马克思主义伦理学研究任务的明确提供了价值导向 … 117
　　四　为应用伦理学的发展提供了规范引导 ………………… 120
　第二节　历史唯物主义方法论在马克思主义伦理学领域的具体运用
　　　………………………………………………………… 122
　　一　坚持推进马克思主义伦理思想中国化 ………………… 123
　　二　坚持批判继承中华民族传统道德 ……………………… 126
　　三　坚持以为人民服务为核心构建道德体系 ……………… 129
　　四　坚持在实践中推动应用伦理学研究 …………………… 132
　第三节　贯彻落实历史唯物主义方法论原则 ………………… 134
　　一　坚持历史发展的视角考察道德状况 …………………… 134
　　二　坚持辩证统一的方法分析善恶现象 …………………… 137
　　三　坚持实事求是的原则探究道德规范 …………………… 138
　　四　坚持革命实践的方式提高道德修养 …………………… 140
　　五　坚持人民群众的观点开展道德建设 …………………… 142

第五章　恪守合乎中国道德国情的话语体系 ………………… 145
　第一节　创建话语体系的重要性 ……………………………… 145
　　一　伦理学学科规范化建设的内在要求 …………………… 146
　　二　马克思主义伦理学中国化的现实要求 ………………… 148

第二节　以实践话语筑牢伦理学的学科属性 ……………… 150
　　一　以实践话语筑牢夯实伦理学的基本学科属性 ……… 150
　　二　与道德哲学区分澄明伦理学的根本学科属性 ……… 153
第三节　以中国话语彰显伦理学的民族特色 ……………… 156
　　一　以传统话语奠定伦理学的守正基调 ………………… 156
　　二　以时代话语弘扬伦理学的创新品格 ………………… 157
　　三　以比较话语阐发伦理学的民族特质 ………………… 158
第四节　以教育话语拓展伦理学的应用范围 ……………… 160
　　一　从教育领域中拓展了伦理学的应用范围 …………… 160
　　二　将提升道德素质作为伦理学的研究归宿 …………… 161

第六章　罗国杰伦理思想的总体特征与当代价值 …………… 163
第一节　罗国杰伦理思想的总体特征 ……………………… 163
　　一　守正与创新的统一 …………………………………… 163
　　二　理论与实践的统一 …………………………………… 171
　　三　逻辑与历史的统一 …………………………………… 174
第二节　罗国杰伦理思想的当代价值 ……………………… 175
　　一　为未来的伦理学研究提供了治学范式 ……………… 176
　　二　为伦理学明确了资政建言的现实使命 ……………… 182
　　三　为社会主义道德建设提供了完备方案 ……………… 184

结　语 ………………………………………………………… 187

参考文献 ……………………………………………………… 189

后　记 ………………………………………………………… 206

绪　　论[*]

　　罗国杰先生是我国当代著名的伦理学家，他毕其一生投身于新中国伦理学事业创立和发展的历史进程之中，为实现马克思主义伦理思想中国化作出了卓越的贡献。

　　马克思主义伦理思想中国化是马克思主义中国化的重要领域和组成部分。马克思主义伦理思想中国化的历史进程，可以回溯到毛泽东同志在中国共产党领导中国革命战争年代，把马克思主义普遍真理与中国革命具体实践相结合的中国化过程。毛泽东在《湖南农民运动考察报告》《关于纠正党内的错误思想》《反对自由主义》《纪念白求恩》《新民主主义论》《为人民服务》等著作中所阐发的政治伦理思想，是马克思主义伦理思想中国化早期的智慧结晶。^① 中华人民共和国成立后，马克思主义伦理思想中国化自50年代末期起步，是从启动伦理学的专业与学科建设工程开始的。中国人民大学罗国杰教授是这一新历史进程的主要开拓者和代表人物，为社会主义新中国伦理学事业的建设和发展作出了公认的杰出贡献。今天，研究罗国杰与马克思主义伦理思想中国化的理论与实践逻辑，对于推进新时代马克思主义伦理思想中国化的新发展，建构新时代的伦理思想和道德体系，加强中国特色社会主义思想道德建设，有着重要的理论意义和实践价值。

　　中华人民共和国成立后，社会的发展和进步面临的选择已经由革命转向建设，社会意识形态和文明样式包括伦理思想和道德价值观也面临需要随之

---

　　*　注：本部分主体内容系笔者发表的论文成果《罗国杰对马克思主义伦理思想中国化的贡献》，《伦理学研究》2019年第3期。

　　①　参见钱广荣《毛泽东伦理思想的中国特色与方法选择——基于马克思主义伦理思想中国化逻辑起点与进程》，《伦理学研究》2017年第5期。

1

转型的新形势。然而，由于受到当时国内外多种社会因素的制约，特别是正如罗国杰所指出的那样，受到苏联学界认识偏见的影响，伦理学曾一度被认为是"宣扬资产阶级道德理论的伪科学"①，在一段时间内"虽然十分注意对共产主义道德的研究，却忌讳伦理学这门科学"②。而从新中国的道德发展进步亟待转型的实际情况看，创新、发展伦理学和道德理论已是一项迫切的任务。在这种情势下，罗国杰先生出于一种推进马克思主义中国化的理论自觉和社会使命感，于1960年率先在中国人民大学成立了伦理学教学与研究机构，开创了推进马克思主义伦理思想中国化、研究和发展中国伦理学和道德建设新事业的历史性进程。

伦理学教学和研究的专业机构成立后，罗国杰先生把传承马克思主义伦理思想的原典精神放在第一位。"原典，是马克思主义的思想寓所和原始出处"③，"回归马克思主义原典，理解和把握马克思主义的基本原理，是发展马克思主义的理论前提"④。对此，罗国杰先生有着清醒的理论认识和实践自觉。他做的第一件重要事情就是组织志同道合者广泛搜集整理相关的文本资料，依据马克思恩格斯的经典文本梳理和阐发马克思主义伦理思想的基本理论，编撰《马克思主义伦理学讲义》。后来，罗国杰先生在《我从事伦理学教学工作的回顾》中说："这一工作，使我们掌握了用马克思主义的立场、观点和方法来观察社会的伦理道德现象，对我们以后的教学和研究，都有重要的指导意义。"⑤ 这类基础性的工作，对他在20世纪80年代中期主持编写和出版我国第一本《马克思主义伦理学》专著，也是大有裨益的。他在这部原创性著作及后来其他著述中，以严谨的科学态度和扎实的作风，卓有成效地传承了马克思主义伦理思想的原典精神。

其一，传承了马克思主义伦理思想关于道德起源与本质的原典精神。与

---

① 《罗国杰文集》第一卷，中国人民大学出版社2016年版，第427—428页。

② 《罗国杰文集》第一卷，中国人民大学出版社2016年版，第428页。

③ 彭启福、李后梅：《马克思主义"三原"问题的诠释学探析》，《安徽师范大学学报》（人文社会科学版）2018年第3期。

④ 彭启福、李后梅：《马克思主义"三原"问题的诠释学探析》，《安徽师范大学学报》（人文社会科学版）2018年第3期。

⑤ 《罗国杰文集》下卷，河北大学出版社2000年版，第1254页。

20 世纪 50 年代苏联"马克思主义伦理学""专门致力于道德意识形态的研究"① 不同，罗国杰先生推进马克思主义中国化重视的是对马克思主义伦理思想体系中的基础理论研究，揭示和传承马克思主义伦理思想关于道德的本质与功能、起源与历史发展的原典精神。他依据马克思在《〈政治经济学批判〉序言》中关于"这些生产关系的总和构成社会的经济结构，即有法律的和政治的上层建筑竖立其上并有一定的社会意识形式与之相适应的现实基础"②，恩格斯在《反杜林论》中所说的"人们自觉地或不自觉地，归根到底总是从他们阶级地位所依据的实际关系中——从他们进行生产和交换的经济关系中，获得自己的伦理观念"③ 等著名论断，坚持从社会物质关系中去寻找社会思想和精神关系，与马克思主义伦理思想之前的各种历史唯心主义道德起源观划清界限。为此，他告诫自己和同人："离开历史唯物主义的这个前提，我们就不是在讲马克思主义伦理学，而是在讲别的什么伦理学。"④ 与此同时，他悉心指导自己的学生撰写《道德本质论》等博士学位论文，并依循道德与利益的关系、个人利益与集体利益的关系两条路径科学地揭示了道德本质的社会历史性、特殊规范性和特殊主体性。⑤

其二，传承了马克思主义伦理思想关于道德现象与其他社会现象之必然性生态逻辑的原典精神。马克思和恩格斯在阐发他们的伦理道德观时，广涉其他社会现象特别是社会意识形态现象，说明道德不是孤立存在的社会现象，而是与其他社会现象相互依存、相得益彰的一种特殊的社会意识现象。我们可以从马克思的《〈黑格尔法哲学批判〉导言》和《资本论》、恩格斯的《反杜林论》和《费尔巴哈论》，以及两人合著的《共产党宣言》和《德意志意识形态》等经典著作的相关论述中，看到马克思主义伦理思想这方面的原典精神。罗国杰先生在这方面的传承，借鉴了苏联施什金、阿尔汉格尔斯基等马克思主义伦理学人的著述意见，同时又拓展了他们的视野，深化了他们的

---

① 武卉昕：《苏联马克思主义伦理学兴衰史》，人民出版社 2011 年版，第 3 页。
② 《马克思恩格斯文集》第 2 卷，人民出版社 2009 年版，第 591 页。
③ 《马克思恩格斯文集》第 9 卷，人民出版社 2009 年版，第 99 页。
④ 《罗国杰文集》第一卷，中国人民大学出版社 2016 年版，第 444 页。
⑤ 参见夏伟东《道德本质论》，中国人民大学出版社 1991 年版，第 15—20 页。

见解。他在《马克思主义伦理学》等著作中，单设了"道德同上层建筑中其他因素的关系"一章，较为全面地分析和阐发了道德与政治、法、文艺、宗教等其他社会现象的逻辑关系，进一步分析并集中阐发了马克思主义伦理思想这个领域的原典精神。

其三，传承了马克思主义伦理思想关于共产主义社会道德的原典精神。纵观马克思主义伦理思想的体系，其逻辑程式大体是：批判形成于和旨在维护私有制"现实基础"的旧道德是其逻辑动因和起点，阐述个体与集体之间实存和应有的存在论关系是其逻辑演绎的主线，而展望和建构共产主义道德则是其追求的理想目标和逻辑归宿。马克思在《〈黑格尔法哲学批判〉导言》中对"有节制的利己主义"作为"德国的道德和忠诚"[①] 及其宗教情结展开的辛辣批判，马克思和恩格斯在《德意志意识形态》中申言的"只有在共同体中才可能有个人自由"[②]，在《共产党宣言》中强调的"共产党人可以把自己的理论概括为一句话：消灭私有制"[③] 等，都是这种道德逻辑的经典论断和话语形态。在马克思主义创始人看来，私有制是万恶之源，消灭了私有制也就消灭了一切违背公平道义之丑恶现象的社会根源。我国是社会主义国家，已经在整体上消灭了私有制，为追求共产主义道德的理想目标奠定了"现实基础"。罗国杰先生正是在这种新的历史条件下主张提倡共产主义道德的。他在《马克思主义伦理学》中，以连续三章的篇幅论述了"共产主义道德同历史上各类道德的关系""共产主义道德的形成及其基本原则""共产主义道德规范"等共产主义道德的基本问题，探索了共产主义道德品质形成和共产主义新人成长的规律，力主"使伦理学成为真正的科学，成为推动社会主义社会不断向前发展和实现共产主义的强大的精神力量"[④]。这种传承是否如同学界有人责难的那样是一种"左"，当然似乎也可以讨论。但是，有一点必须是毋庸置疑的，这就是：摈弃"人不为我，天诛地灭"，"人人为我，上帝为大家"的旧道德，遵循把个人利益与集体利益结合起来的社会主义道德原则，

---

① 《马克思恩格斯文集》第 1 卷，人民出版社 2009 年版，第 15 页。
② 《马克思恩格斯文集》第 1 卷，人民出版社 2009 年版，第 571 页。
③ 《马克思恩格斯文集》第 2 卷，人民出版社 2009 年版，第 45 页。
④ 罗国杰主编：《马克思主义伦理学》，人民出版社 1982 年版，第 8 页。

倡导"我为人人，人人为我"的共产主义道德理想，本应是社会主义道德建设的应有方向，无疑也应是新时代思想道德建设的主导方向。

　　总体来看，罗国杰先生在传承马克思主义伦理思想原典精神的过程中，既初步梳理和阐明了马克思主义伦理思想的知识与理论体系，也进一步凸显了这一体系的原典精神。在这个过程中，他彰显了马克思主义伦理思想的原典精神所体现的科学性与革命性相统一的内在本质。就学科属性看，马克思主义伦理思想属于政治伦理学范畴，带有极为浓厚的政治伦理思辨的特色。这个特色既反映了此前近代西方伦理思想的主流传统，也与马克思主义理论体系作为引领无产阶级求翻身解放思想武器的整体特色相一致。罗国杰先生传承了马克思主义伦理思想原典精神的这种特质，同时又拓展了马克思主义伦理思想原典精神的理论视域，将马克思主义伦理思想原典精神的触角伸展到广阔的社会生活领域，从理论和实践两种向度探讨和提出了在已经实现人民当家作主的社会主义社会，应当如何传承马克思主义伦理思想之原典精神的时代话题。他依据马克思恩格斯在《德意志意识形态》中阐发的"只有在共同体中，个人才能获得全面发展其才能的手段"①的原典精神，提出"集体主义"这个社会主义道德的基本原则，就是明证。

　　罗国杰先生传承马克思主义伦理思想的原典精神还有一个特点值得关注，这就是他始终注意忠于马克思恩格斯道德文本的本来精神，同时又重视结合中国道德国情的实际情况，注意借鉴苏联相关学者的研究方法，实事求是地进行创新。科学发展史表明，科学的传承并不仅是继承，其基本范式是在继承的同时实现与时俱进的创新。罗国杰先生传承马克思主义伦理思想的原典精神，大体上遵循了科学发展和演变的这一普遍规律。他传承马克思主义伦理思想原典精神的做法和经验，其实也反映了其他领域推进马克思主义中国化所应当坚持的基本遵循。

　　早在 1961 年，罗国杰先生在《谈谈马克思主义伦理学的几个问题》一文中就基于伦理学研究一般方法论指出："历史唯物主义的一系列根本原理，如社会存在决定社会意识、阶级和阶级斗争等，对伦理学的研究来说，既是指

---

① 《马克思恩格斯文集》第 1 卷，人民出版社 2009 年版，第 571 页。

导原则，又是最根本的方法论。"① 这表明，罗国杰先生在传承马克思主义伦理思想原典精神、推进马克思主义伦理思想中国化之初，就注意到运用历史唯物主义的方法论研究中国社会的伦理道德问题。

马克思主义伦理思想的形成，与历史唯物主义的道德方法论的创立本是相辅相成的过程。这一过程历经了从对资本主义社会的纯粹道德批判向道德批判与经济批判相统一的深刻嬗变，既赋予道德批判以深邃的经济本性，也赋予经济批判以深厚的道德旨趣，从而确立起道德批判与经济批判之生成性统一的历史唯物主义道德方法论的内在逻辑。中国实行改革开放和大力发展社会主义市场经济之后，社会道德生活领域内逐渐出现了突出问题。这种情势，为罗国杰先生将历史唯物主义一般方法论原理嬗变为历史唯物主义道德方法论原理，推进中国特色社会主义伦理学和道德体系建设，提供了史无前例的历史机遇。罗先生后半生为此付出了辛勤的劳动，作出了杰出的贡献。罗先生坚持运用历史唯物主义道德方法论原则主要体现在如下几个方面。

首先，体现在对"改革与道德"这一当代中国伦理学时代主题的潜心研究之中。"从历史维度看，中国化马克思主义伦理思想的发展历程是与中国的现代化进程密不可分的。"② 在这一进程中，罗国杰先生率先提出"改革与道德"这一当代中国伦理学研究最为重要的理论命题，高度重视改革开放和发展社会主义市场经济历史条件下的伦理学理论研究与道德建设问题。当代中国的改革开放和发展社会主义市场经济，使得中国原有的伦理秩序和道德观念受到了前所未有的冲击，其间既有顽强阻碍着改革和发展的落后成分，也有亟待理论升华的生长着的进步因素，需要伦理学给予批评和创新。面对这种情势，罗国杰先生在 2000 年出版的两卷本《罗国杰文集》"自序"中郑重地指出，当前研究应"力求根据马克思主义的立场、观点和方法并结合我国社会主义市场经济条件下的新情况、新问题和新矛盾"③ 而努力展开探索。为此，他率先垂范、身体力行地开展了全面而深入的系统研究。纵观罗国杰先

① 《罗国杰文集》第一卷，中国人民大学出版社 2016 年版，第 69 页。
② 唐凯麟：《中国化马克思主义伦理思想研究的四个维度——评〈中国化马克思主义伦理思想研究〉》，《道德与文明》2016 年第 3 期。
③ 《罗国杰文集》上卷，河北大学出版社 2000 年版，第 5 页。

生关于这一时代主题的研究可以清晰地看出，他发表的观点和看法都遵循了将"道德批判"与"经济批判"内在统一起来的历史唯物主义道德方法论原则。这一道德方法论原则，是马克思恩格斯在创立历史唯物主义方法论原理的过程中逐渐形成的。在马克思主义经典作家那里，这一唯物史观的方法论原则的形成，经由了一种由纯粹道德批判转而实行经济批判，最终将"道德批判"与"经济批判"内在地统一起来的深刻嬗变过程。① 因此，立足这一方法论原则研究当代中国社会"改革与道德"问题本应是推进马克思主义伦理思想中国化的题中之义。据笔者不完全统计，罗国杰先生在其数百万字的著述之中，直接涉论社会改革与道德进步之逻辑关系的著述就有近 200 篇，占其全部研究成果近一半。由此可见，罗国杰先生在推进马克思主义伦理思想中国化进程中所进行的当代中国伦理学和道德建设研究，一直高度重视把"道德批判"与"经济批判"合乎逻辑地统一起来，并非如同学界一些人非议的那样仅是为了"维护旧道德"或"抵制新道德"。

罗国杰先生作为全国伦理学会的主要负责人，在学会成立后坚持组织以"改革与道德"为主题的全国伦理学年度研讨会，同期还编辑出版了一系列"改革与道德"的著作，吸引和鼓舞着人们特别是年轻人踊跃参与"改革与道德"的理论研究和实践创新，投身中国新时期的伦理学与道德建设事业，并在这一过程中大力推动了马克思主义伦理思想的中国化。1990 年，罗国杰先生在庆祝全国伦理学会成立十周年暨第五届全国伦理学讨论会上，分析伦理学十年发展的基本经验时指出，"回顾或者反思我们伦理学会这十年来的历史过程，决不能脱离我们整个社会的大背景"②。在当代中国社会改革和发展的新的历史条件下，他基于改革开放大视野发表的这一见解，彰显了"一切以往的道德论归根到底都是当时的社会经济状况的产物"③ 这一历史唯物主义道德方法论原则的基本精神。

其次，体现在他对应用伦理学的初步探索中。罗国杰先生对伦理学的研

---

① 参见余京华《道德批判与经济批判之生成性统一：历史唯物主义批判范式的内生逻辑及其当代观照》，《伦理学研究》2016 年第 3 期。
② 《罗国杰文集》第一卷，中国人民大学出版社 2016 年版，第 435 页。
③ 《马克思恩格斯文集》第 9 卷，人民出版社 2009 年版，第 99 页。

究不仅密切关注我国改革开放过程中面临的种种道德现象，还勇于直面我国科技发展和生产实践过程中产生的诸多伦理问题。

罗国杰先生多次强调"伦理学应该而且必然是一门有强烈实践性的科学"。① 在他看来，伦理学不仅要研究伦理与道德的基本学理问题，丰富和发展伦理学基本理论，也要关注和指导社会生活实践。在我国，伦理学的实践转向和应用伦理学的创生，与先生大力主张和倡导伦理学"强烈实践性"是密切相关的。罗国杰先生在编写《马克思主义伦理学》教科书时就已经着手于推动伦理学的这种实践转向，并对职业道德尤其教师道德进行了相关阐述。随后，他又在《财经伦理学概论》序言中提出要"重视伦理学在社会生活中的应用"②。在《医学伦理学导论》的序言中，他再次更为鲜明地强调"在当前科学技术日新月异的时代，医学科学和医务实践正越来越多地面对许多新情况和新问题，这些问题中有相当大一部分都是同人们的伦理价值观有着密切关系的"③，强调要"加强对应用伦理学的研究"④。他不仅为伦理学研究的实践转向摇旗呐喊，而且亲自撰文就生态环境、科技发展、医学军事等领域中产生的伦理道德问题给予了理论上的解答。罗国杰先生对人类社会实践和生产发展过程中出现的这些新情况、新问题的关注，本身就意味着他已经把历史唯物主义道德方法论原则从理论伦理学拓展到实践伦理学；他对这一系列新产生的伦理道德问题的分析更是不折不扣地贯彻了这一方法论原则，并在这一过程中将马克思主义伦理思想的中国化推向全新领域和纵深发展。从一定意义上说，我国应用伦理学研究的创生就是罗国杰先生不懈坚持历史唯物主义道德方法论原则、创造性地推进马克思主义伦理思想中国化的产物。

再次，体现在他所遵循的阶级分析法上。阶级分析法，是用马克思主义的阶级和阶级斗争的相关理论观察社会现象、进行理论研究的唯物史观。马克思和恩格斯正是通过对人类社会尤其是资本主义社会阶级和阶级斗争历史

---

① 《罗国杰文集》上卷，河北大学出版社 2000 年版，第 301 页。
② 《罗国杰文集》上卷，河北大学出版社 2000 年版，第 513 页。
③ 《罗国杰文集》上卷，河北大学出版社 2000 年版，第 1056 页。
④ 《罗国杰文集》上卷，河北大学出版社 2000 年版，第 1053 页。

的详尽分析，才揭示出生产力和生产关系矛盾运动的规律和人类社会发展的规律，创立唯物史观的。因此，在这种意义上可以说，"没有阶级分析，就没有历史唯物主义"①。过去，苏联伦理学研究一直较少涉论道德的阶级性问题，相比较而言，罗国杰先生在伦理学研究之初就坚持遵循阶级分析法去剖析社会现象、批判错误思想。早在 20 世纪 60 年代，他在讨论制定《马克思主义伦理学教学大纲》的时候就明确指出"西方的东西，是资产阶级的，在当时看来，是不应有任何继承和吸收的"②；继而，在编写《马克思主义伦理学讲义》时，他又明确将"道德的批判和继承"尤其是"现代资产阶级伦理思想批判"作为其中的两章列出。到了 80 年代，他在编写《伦理学》时，就伦理学研究的方法则更进一步鲜明地指出，"在马克思主义看来，在有阶级的社会中，只有遵循阶级分析的方法，把握住社会存在着阶级划分的这一客观事实，并把它作为基本的指导线索，才可能透过错综复杂的社会现象，找出道德发展的规律"③。纵观我国伦理学的发展历程，伦理学在抵御没落阶级道德意识和思想观念的影响、维持精神文明建设应有方向的过程中发挥了不可估量的作用和价值，与罗国杰先生坚持倡导阶级分析这一历史唯物主义的道德方法论原则，同样是密切相关的。

在历史唯物主义视野里，道德是民族精神的内核，因而也是一种国情或综合国情的重要组成部分。在黑格尔看来，"民族的宗教、民族的政体、民族的伦理、民族的立法、民族的风俗、甚至民族的科学、艺术和机械的技术，都具有民族精神的标记"④。恩格斯在《反杜林论》中批评杜林唯心史观道德论时指出："善恶观念从一个民族到另一个民族、从一个时代到另一个时代变更得这样厉害，以致它们常常是互相直接矛盾的"⑤，"一切以往的道德论归根到底都是当时的社会经济状况的产物。而社会直到现在是在阶级对立中运

---

① 田心铭：《论阶级斗争理论在历史唯物主义中的地位和当代价值》，《马克思主义研究》2014 年第 11 期。

② 《罗国杰文集》下卷，河北大学出版社 2000 年版，第 1254 页。

③ 罗国杰主编：《伦理学》，人民出版社 1989 年版，第 16—17 页。

④ ［德］黑格尔：《历史哲学》，王造时译，生活·读书·新知三联书店 1956 年版，第 104 页。

⑤ 《马克思恩格斯文集》第 9 卷，人民出版社 2009 年版，第 98 页。

动的，所以道德始终是阶级的道德"。① 正因如此，历史上每一种伦理思想的创建和发展包括借鉴和传承，都与思想者对其所在国家当时的道德国情的认知有关，不同之处仅在于他们对此的认知自觉和思想水准存在差别。德国早期无产阶级思想家魏特林在其被马克思称赞为"无产阶级巨大的童鞋"的著述《和谐与自由的保证》中，曾发出过这样的感叹："在这一个民族叫作善的事，在另一个民族叫作恶，在这里被允许的行动，在那里就不允许；在某一种环境，某一些人身上是道德的，在另一个环境，另一些人身上就是不道德。"② 诺贝尔文学奖获得者、印度诗人泰戈尔曾说，在民族之间，"你能向别人借来知识，但是你不能借来性格"③。他所说的"性格"指的就是道德的国情特色和民族特性。这就要求，任何民族和国家弘扬一种科学先进的伦理思想和道德准则，都必须立足于本国的道德国情，与传承本国优良的传统伦理思想和道德主张结合起来。

由此推论，马克思主义伦理思想中国化的过程实质就是基于中国历史与现实的道德国情，运用马克思主义伦理思想的原典精神指导中国特色社会主义伦理思想和道德建设的过程，也是采用中华民族的道德话语"讲中国故事"和研究中国道德问题的过程。因此，如何看待中华民族的道德传统，是将推进马克思主义伦理思想中国化与传承中华民族优良传统道德有机结合起来，还是主张用马克思主义的伦理道德观"全面改造"中华民族传统道德或将后者"推倒重建"，抑或挟"马克思主义伦理思想中国化"之名而行"全面复古"之实，这些都是关涉推进马克思主义伦理思想中国化不可回避的根本性问题。

在把握这些根本问题上，罗国杰先生一直有着清醒的认识，力主坚定不移地将推进马克思主义伦理思想中国化与传承中华民族优良传统道德有机地结合起来。他大力倡导继承和发扬中华民族优良传统道德和中国共产党在领导中国革命战争中创建的革命道德。继《马克思主义伦理学》之后，罗先生又先后主编了《西方伦理思想史》《中国传统道德》《中国革命道德》《中国

---

① 《马克思恩格斯文集》第9卷，人民出版社2009年版，第99—100页。
② ［德］威廉·魏特林：《和谐与自由的保证》，孙则明译，商务印书馆1960年版，第154页。
③ ［印］泰戈尔：《民族主义》，谭仁侠译，商务印书馆1982年版，第29页。

伦理思想史（上下卷）》等著作。在这些著作中，他和他领导的团队对中外伦理思想发展史特别是中国伦理思想发展史和中华民族传统道德，作了全面的梳理和阐发，把传承马克思主义伦理思想的原典精神与传承中国优秀的传统伦理思想和道德文明有机地结合了起来。具体来看他这方面的传承，有以下三大特点。

一是传承宗旨明确，注重研究历史和传承传统道德旨在为社会主义道德建设的现实服务。在他看来，"历史的研究，尤其是伦理思想史的研究，不仅仅是为了澄清过去，为了整理和积累资料，更重要的是为了现在和未来"①。他在编撰《中国传统道德：规范卷》时，开宗明义指出："弘扬中华民族优良道德传统，其根本目的在于振奋我们的民族精神，增强民族自豪感和民族责任感，提高民族自尊心和民族自信心；在于使社会主义道德有更丰富的内容，有更能为群众所喜闻乐见的民族形式，有更加具有民族特色的凝聚力和向心力。"②他在编著《中国革命道德》时，也表达了同样的指导思想。在他看来，"我们实现中国式的社会主义现代化，唯一的选择就是立足于我们的国情，包括我们的优秀传统文化、我们的优秀传统道德文化"③。他指出："伦理学的研究，决不能只限于探讨古人的伦理思想，满足于解释抽象的概念，而必须注重研究社会主义革命和社会主义建设中的实际问题。"④

二是传承态度严谨，强调研究历史和传承传统道德要尊重历史道德的本来面貌。罗先生认为，"弘扬中华民族的优良道德传统，必须树立正确的态度"⑤。他指出："毛泽东同志说：'今天的中国是历史的中国的一个发展；我们是马克思主义的历史主义者，我们不应当割断历史。从孔夫子到孙中山，我们应当给以总结，承继这一份珍贵的遗产。'"⑥为此，他强调"社会主义

① 《罗国杰文集》第一卷，中国人民大学出版社2016年版，第418页。
② 罗国杰主编，罗国杰、宋希仁分主编：《中国传统道德：规范卷》，中国人民大学出版社1995年版，第2页。
③ 《罗国杰文集》第一卷，中国人民大学出版社2016年版，第449页。
④ 罗国杰主编：《马克思主义伦理学》，人民出版社1982年版，第20—21页。
⑤ 罗国杰主编，罗国杰、宋希仁分主编：《中国传统道德：规范卷》，中国人民大学出版社1995年版，第2页。
⑥ 罗国杰主编，罗国杰、宋希仁分主编：《中国传统道德：规范卷》，中国人民大学出版社1995年版，第2—3页。

道德必须植根于民族的传统道德"①，同时又指出中华民族的传统道德是优良与腐朽并存的历史遗产，"社会主义道德对传统道德并不是简单肯定或否定，而是弃糟取精"②，从而"在基本立场、基本态度上为后学指明了正确道路，提供了科学把握中国传统文化道德的世界观与方法论原则"③。

这种严谨的治学态度，在今天的示范性意义是无须赘言的。如今，国内外学界存在一种把传承中华民族优秀传统伦理文化等同于传承所谓"国学"，又自觉不自觉地把传承"国学"等同于"复古"的偏向。因而，"国学热"自20世纪末叶兴起以来，逐渐刮起一阵"复古风"，如组织穿汉服、读经典、拜孔子等，致使其正在变成"任人打扮的小姑娘"。这种稍显刻板而又轻佻的"传承"态度，是无法与罗国杰先生端庄而严谨的传承态度相比的，应当摈弃。

三是传承内容全面而系统。在这方面，罗国杰先生的伦理思想研究贯通了中外伦理思想和道德发展史，统摄了中华民族古今伦理思想史和道德生活史。就其视野之开阔、学识与功力所及而言，在国内同类研究中实属首屈一指。罗国杰先生致力于把推进马克思主义伦理思想中国化与传承中华民族优良传统道德有机地结合起来，目的都是针对当代中国改革开放进程中出现的道德问题，加强和改进中国特色社会主义道德建设。正因为如此，他并不排斥吸收西方伦理与道德文明中有益于我们的成分。日本伦理思想家福泽谕吉写的《文明论概略》对明治维新及此后的日本发展甚有影响，罗国杰先生以此为例指出：福泽谕吉认为"西方的文明是进步的，但还是有很多缺点的，日本人在学习西方文明的同时，要有自己的精神文明。他特别强调道德智慧的意义，认为一国文明程度的高低，可以用人民的道德智慧的水准来衡量"④。

这里特别值得我们注意的是，罗国杰先生在推进马克思主义伦理思想中

① 罗国杰主编，罗国杰、宋希仁分主编：《中国传统道德：规范卷》，中国人民大学出版社1995年版，第8页。
② 罗国杰主编，罗国杰、宋希仁分主编：《中国传统道德：规范卷》，中国人民大学出版社1995年版，第8页。
③ 李萍、杨少曼：《罗国杰关于中国传统文化与伦理道德的立场、方法与原则》，《齐鲁学刊》2018年第5期。
④ 《罗国杰文集》上卷，河北大学出版社2000年版，第144页。

国化与传承中华民族优良传统道德的过程中，始终注意抵制和纠正历史虚无主义和文化复古主义的不良影响，特别是历史虚无主义错误思潮的干扰。他在 1991 年就敏锐地察觉到，历史虚无主义"既彻底打掉了一个独立民族的自尊心和自强心，也破坏了这个民族国家内部的向心力和凝聚力"①，对第三世界国家是一种巨大的灾难。先生的这种见解具有普遍的认识论意义，对于我们今天识别历史虚无主义及其危害性很有启发。当前，历史虚无主义的突出表现是诋毁中国共产党成立以来的光辉历史和丰功伟绩，其组织鼓动者多抱有反对共产党执政、反对社会主义制度的政治目的，而歪曲和否定中华民族优良传统道德和革命道德的当代价值，则是他们的一种基本策略。从这一角度来看，对待中华民族传统道德的态度就绝不仅仅是一般的学术问题之争了。在这种大是大非的原则问题上，罗国杰先生始终保持着清醒的政治头脑。他一方面明确指出："道德是随着社会的发展而发展的。每一个时代的道德，包括那些被历史上称之为道德楷模们的道德思想和道德实践，都不可避免地有其时代的局限性；在阶级社会中，还有阶级性。因此，在封建社会中传诵的德行，都或多或少地会有封建糟粕，必须予以剔除、批判。"② 另一方面，他又旗帜鲜明地强调，必须坚持"以历史唯物主义为指导，坚持批判继承、弃糟取精、综合创新和古为今用的方针"③。罗国杰先生推进马克思主义伦理思想中国化与传承中华民族优良传统道德有机结合的原则立场，表现出一位马克思主义伦理思想家应当具备的优秀品质和学术风范。

---

① 《罗国杰文集》第一卷，中国人民大学出版社 2016 年版，第 449 页。
② 罗国杰主编，唐凯麟、杨丙安分主编：《中国传统道德：德行卷》，中国人民大学出版社 1995 年版，第 3—4 页。
③ 《罗国杰文集》第一卷，中国人民大学出版社 2016 年版，第 472 页。

第一章　八十年伦理人生

罗国杰先生是我国当代著名的伦理学家，他出生在旧社会，青年时期在颠沛流离中开启了对救国救民的孜孜求索，中华人民共和国成立后，他毅然选择弃政从学，走上伦理学学术研究之路，开启了对学术人生的不倦探寻，在其八十余年的生命历程中，给学界和后人展示了一幅生动的伦理人生图景。

作为在新中国成长起来的马克思主义伦理学家，他与新中国发展的经历相一致，走了一个"之"字形的成长之路。根据罗国杰先生伦理学思想的形成与发展历程，可将其划分为七个阶段，概括为二十八个字，即初心始现、受命立志、潜心原著、焕发青春、建言献策、开疆拓土、矢志不渝。这不仅反映了罗国杰先生伦理思想形成发展的历程，亦彰显了罗国杰先生对于自身所肩负的伦理情怀使命的坚守。

其一，初心始现，在求索中孕育伦理情怀使命。这是与罗国杰先生的求学之路与斗争经历密切相关的。从其求学之路来看，是有其从"对个人的求索"向"对国家的求索"思想转变的轨迹可循的，从其斗争经历来看，罗国杰先生是一个坚持正义、敢于斗争的人，在战乱中不断锤炼自己的党性修养。其二，受命立志，走上伦理学学术研究之路。这主要是指罗国杰先生留任中国人民大学之后，受命组建中国人民大学伦理学教研室，并立志长期从事伦理学的教学与科研工作。其三，潜心原著，奠定伦理学学科建设之基。这主要是指罗国杰先生为推进伦理学学科建设所作出的突出贡献，突出表现在对伦理学教科书的编写、一系列伦理学专业著作的出版、三级伦理学人才培养体系的建立等方面。其四，焕发青春，取得马中西领域辉煌成就。这主要表现在，罗国杰先生对于马克思主义伦理思想及其中国化的创造性探索、对于中国传统伦理思想的批判性继承、对于西方伦理思想的选择性吸取。其五，建言献策，创建新时期道德建设理论。罗国杰先生立足改革开放和社会主义现代化建设新时期我国社会发展的实际情况，把伦理学的学术研究与中国社会道德建设和社会治理紧密结合起来，为加强社会主义精神文明建设、构建社会主义思想道德体系等建言献策。其六，开疆拓土，推进伦理学理论应用拓展。罗国杰先生不断推进伦理学理论的应用转型，助力应用伦理学的创生与发展，不断开辟学科新阵地，打通伦理学与思想政治教育学科之间的内在关联性，推进伦理学向高等教育的延伸拓展。其七，矢志不渝，回顾展望六十年学术人生。罗国杰先生真正地做到了将其一生都奉献给了其热爱并深耕的伦理学事业，其学术思想、学术品格、学术情怀激励着一代又一代伦理学人为我国的伦理学事业作出新的贡献。

第一节　初心始现：求索中孕育伦理情怀使命

罗国杰先生的伦理情怀使命既是在其理论学习过程中逐步确立的，又是在战乱中孕育生发的。从其求学经历来看，逐步实现由中小学阶段"对个人的求索"向大学之后"对国家的求索"的转变。在战乱频仍的年代，战乱的迭起与反战的斗争锤炼着他的党性修养，使其产生了深厚的忧国忧民情怀和坚定的马克思主义信仰，特别是在其成为一名共产党员之后，其所肩负的爱国责任与使命更加鲜明。

一　颠沛流离：懵懂中开启求学之路

罗国杰先生伦理思想的形成与其教育经历密切相关，几经辗转的求学之路不仅促成其思想观念的转变，亦孕育出深厚的伦理情怀。若根据其思想转变轨迹来看，可将罗国杰先生的求学之路划分为"对个人的求索"与"对国家的求索"两大阶段。其中，对个人的求索主要集中在中小学时期，以谋求个人的出路为重点，对国家的求索主要在大学之后，展现出强烈的忧国忧民情怀。

一是中小学阶段，罗国杰先生主要侧重于对个人的求索。罗国杰先生在五岁时便就读于"杨集镇高级小学"，主要的关注点在发展个人兴趣爱好上，对于用功读书的感知尚浅。其中，前四年是在捉蝈蝈和逗蟋蟀的玩耍中度过的，而后便开始大量阅读武侠小说、四大名著等书籍，从中汲取了"扶贫济困""路见不平、拔刀相助"等思想，并逐步形成了自己的处事原则，即"见到不平的事，就要出来干涉、劝解和调停"①。但是，由于沉迷玩耍、无心学习，得到了"留级"的处分。正是这次"留级"使罗国杰先生意识到了用功读书的重要性，即要通过读书来谋求个人的出路、实现出人头地。凭借着高度的自觉精神和知耻而后勇的勇气，成功考取了开封初中。罗国杰先生是这样评价自己的初中生活的，"在校很用功，主持正义，在班中很有威信"②，这表明正义是罗国杰先生一直倡导并践行的伦理理念，正因为如此，罗国杰先生具有良好的群众基础，能够赢得同学的认可与支持。到了开封高中，罗国杰先生不仅自发地与反动学校当局和反动学生进行斗争，还迫于战争形势进行集体逃难，开启了流亡的学生生活。虽然罗国杰先生是一个具有正义感、敢于对社会和学校不公现象发声的青年，"但是并没有从根本上认识到国民党政府的腐败"③。也就是说，罗国杰先生在中小学阶段用功读书更多的是对个人出路的求索，以实现光宗耀祖、出人头地为目标追求。

二是大学之后，罗国杰先生更侧重于对国家的求索。如果说在开启大学生活之前，罗国杰先生所做的一切是对个人的求索，那么，在其进入同济大学法学院之后，"接受了马克思主义的教育，参加了如火如荼的学生运动，从一个具有爱国热情的青年学生成为一名共产党员"④，便实现了从"对个人的求索"到"对国家的求索"的转变。其中，对罗国杰先生思想观念转变起关键作用的是沈崇事件。国民党政府针对此事件所表露出来的软弱态度，彻底揭露了其腐败本性，使罗国杰先生认识到，只有推翻国民党政权，才能为中国寻找到一条新的出路，充分彰显了罗国杰先生所具有的心系天下的家国情怀。基于此种认知，罗国杰先生继续自己的求学之路。在1956年年初，罗国杰先生作出了重新报考大学的决定，并从思想观念上实现了相应的职业转向，

---

① 《罗国杰文集》第六卷，中国人民大学出版社2016年版，第4页。
② 《罗国杰文集》第六卷，中国人民大学出版社2016年版，第7页。
③ 《罗国杰文集》第六卷，中国人民大学出版社2016年版，第15页。
④ 《罗国杰文集》第六卷，中国人民大学出版社2016年版，第15页。

即转向对哲学、伦理学的教学和研究工作。之所以会发生这样的转变，主要受到其工作经历的影响，使其意识到了哲学的重要性，特别是党员的思想改造和道德品质修养的重要性。在其慎重的选择与不懈的努力下，如愿成为中国人民大学哲学系的学生，并被委以重任。总的来说，在大学之后，罗国杰先生不再拘泥于对个人出路的探索，而是上升到对国家出路的探索。特别是在其成为一名共产党员、实现角色转变之后，更要求其将个人的前途命运与党和国家的前途命运紧密联系在一起。

二　惊心动魄：战乱中锤炼党性修养

罗国杰先生在参与1948年"一·二九"运动后，加入了上海地下党组织，成为一名中国共产党党员。作为一名共产党员，其经历过战乱频仍的年代，战乱的迭起与反战的斗争锤炼着他的党性修养。党性修养是一名中共党员必备的素养，是其立身、立业、立言、立德的基石，以锤炼党员具备深厚的人民情怀、家国情怀，特别是对马克思主义的坚定信仰为主要内容。

罗国杰先生具有深厚的忧国忧民情怀。罗国杰先生在参加"一·二九"运动时表示，"使我进一步认识到国民党的腐败和劳动人民的痛苦"①，足以可见其心系天下的家国情怀和悲悯苍生的人民情怀。作为一名共产党员，罗国杰先生在家国情怀和人民情怀的感召下，积极投身到反美反蒋的斗争中。通过多种形式与方法"宣传反内战、争和平"的倡议，将积极分子在爱国主义情怀的感召下团结起来。当时作为总支委员和法学院的支部书记的罗国杰先生，面对国民党的疯狂大逮捕仍能够淡定自若。为了迎接上海解放，即使是在经济极其困难、形势特别严峻的情况下，罗国杰先生都丝毫没有动摇自己的理想信念，"即将解放的快乐，为革命而献身的决心，给我以极大的力量，使我始终保持着旺盛的精力"②，这是罗国杰先生所具有的为国为民情怀的鲜明表征，是支持其战胜一切艰难险阻的强大精神力量。其实，罗国杰先生的为国为民情怀是在参加各种革命运动的过程中逐步彰显出来的，真正地

① 《罗国杰文集》第六卷，中国人民大学出版社2016年版，第16页。
② 《罗国杰文集》第六卷，中国人民大学出版社2016年版，第28页。

体现出了其作为一名共产党人的责任与担当。无论是参加全上海市的镇压反革命运动，还是参加"三反""五反"运动等，都彰显着罗国杰先生作为一名共产党人所应具备的为国为民情怀。正因为如此，才能在革命运动中发动群众，形成磅礴的群众伟力，进而助益革命运动取得实效，这也充分彰显了中国共产党所始终坚守的密切联系群众的优良作风，因而能够赢得广大人民群众的支持与认可。

罗国杰先生具有坚定的马克思主义信仰。对于中国共产党来说，马克思主义理论素养是党性修养的基石。只有坚定对马克思主义的信仰，才能更好地保持自身的纯洁性。罗国杰先生非常注重对自我马克思主义理论素养的提升，在中共上海市委党校学习期间，是其"第一次比较系统地接触了马克思主义和毛泽东思想"①，越是深入了解，越能感受到马克思主义理论对于指导实际工作、进行个人思想改造的作用与魅力。这就使得罗国杰先生一有时间就阅读马克思主义的相关书籍，从虹口区委宣传部到上海市纪律检查委员会工作期间，其都在做好本职工作的前提下，大量阅读马克思主义的经典著作，在理论与实践相结合的基础上，马克思主义理论素养得到不断提升。特别是在亲自处理各种党员的违纪案件中，罗国杰先生认识到了严于律己、保持自身纯洁性的重要性。诚如罗国杰先生所言："这一认识极大地增强了我的党性"②，使其能够在典型事例中吸取教训，进而自觉遵守党的纪律。正是在学习马克思主义理论并用其指导实际工作的过程中，罗国杰先生萌发了对哲学的浓厚兴趣，这也是促使他后来走进中国人民大学哲学系继续深入学习的原生动力。

第二节　受命立志：走上伦理学学术研究之路

罗国杰先生在长期的理论学习和革命斗争中，认识到了哲学的重要性，特别是道德的重要性，并确立了自己从事哲学、伦理学研究的目标方向。在

---

① 《罗国杰文集》第六卷，中国人民大学出版社 2016 年版，第 30 页。
② 《罗国杰文集》第六卷，中国人民大学出版社 2016 年版，第 39 页。

服从组织的分配与个人志趣的驱使下，走上了伦理学学术研究之路，留任中国人民大学从事伦理学的教学和科研工作，并受命组建中国人民大学伦理学教研室。正如罗国杰先生所言，之所以选择从事伦理学的教学与研究工作，虽然原因只有一个，即"由组织根据工作需要分配而定的"[1]，这是由当时所处年代大多数由组织分配工作和进行专业选择的社会大环境所决定的。但是，真正地使罗国杰先生欣然接受这种分配的内因却是由两方面促成的。一是罗国杰先生所具有的组织性与纪律性，使他能够主动服从组织的分配。二是在罗国杰先生个人志趣的驱使下，使他认识到了伦理学这一有关道德的科学对于党员的思想改造、培养党员的道德自觉的重要性，进而在内心深处实现了对此项工作的认同，并下定决心要长期从事伦理学的学习和研究工作。

一　组织分配：受命组建中国人民大学伦理学教研室

中国人民大学任命罗国杰先生为伦理学教研室的副主任，并让其负责筹建中国人民大学伦理学教研室。之所以要在 1960 年成立中国人民大学伦理学教研室是对伦理学的发展现状进行综合考量的结果。俄国十月社会主义革命以后，伦理学的教学和研究工作就陷入了长达 40 多年的停滞，原因在于苏联社会主义教育家将其视为伪科学，认为其所传递的是资产阶级道德。正是基于此种认知，苏联高等学校决定运用共产主义道德的讲授与研究来取代伦理学的教学与研究工作。其实，这显然是对伦理学的误读与误解，是对其进行的狭隘化的理解。伦理学只是隶属于资产阶级的、只能用来宣传资产阶级道德吗？对于这一问题的回答显然是否定的。到了 1959 年这一误读与误解才得以解开，伦理学的本质得以澄清，即是一门关于道德的科学，伦理学的相关教学与研究工作得以恢复。如何构建自己的伦理学，成为摆在无产阶级面前的一大重要问题。莫斯科大学的做法值得借鉴，即"成立了苏联的第一个伦理学教研室，开始用马克思主义的观点来研究伦理学"[2]。受其启发，成立中国人民大学伦理学教研室的想法得以生发并在实践中得以落实。

---

① 《罗国杰文集》第六卷，中国人民大学出版社 2016 年版，第 49 页。
② 《罗国杰文集》第六卷，中国人民大学出版社 2016 年版，第 50 页。

在新中国，伦理学是一个全新的学科，再加之苏联伦理学教学与研究时隔多年的停滞，可资利用的资源是极其有限的，因而开展相应的教学与研究工作需要从头开始。罗国杰先生作为哲学系的教师被委以重任，与来自法律系、国政系、哲学系的其他七名青年教师组建了中国人民大学伦理学教研室，同他们一道进行具有开创性意义的探索，并呈现出良好的发展势头。然而，遗憾的是，伦理学研究亦如其他学科一样，不可避免地受到了"文化大革命"的冲击，不仅相应的教学工作无法正常开展，就连中国人民大学伦理学教研室亦被取消了，伦理学研究陷入了停滞状态。但是，罗国杰先生并没有放弃对伦理学的学术追求。一经复校，便致力于恢复伦理学教研室。在罗国杰先生的努力下，争取到了四名"志同道合"之人，一共由五人组成的伦理学教研室得以恢复，伦理学的教学和研究工作得以重新开启。从 1962 年伦理学教研室的初建到 1977 年伦理学教研室的重建，再到 1981 年伦理学教研室获得硕士学位的授予权、1984 年获得博士学位授予权，足以见得罗国杰先生对中国人民大学伦理学教研室的不断发展壮大所作出的贡献。一步步成就的取得，恰是对罗国杰先生、伦理学教研室的全体同志对伦理学教学与研究工作所作出的贡献的高度肯定与鲜明表征。中间虽经历了曲折、跨越了时间，但却体现出了罗国杰先生对于组织赋予的组建中国人民大学伦理学教研室的伦理使命的担当。正是凭借着这份责任与担当，罗国杰先生及其伦理学教研室成员才能够不断取得伦理学研究的新成果。

二 个人志趣：立志长期从事伦理学教学和研究工作

诚如罗国杰先生所言："当我知道伦理学是一门关于道德的科学后，我预感到这将成为我今后长时期的学习、探索、追求和研究的一个方向"①，罗国杰先生也真正地做到了。其实，提到罗国杰先生从事伦理学研究的初心与"初衷"，还要从 20 世纪 50 年代说起，当时罗国杰先生主要做党的纪律检查工作。正是因为其见证与处理过众多的党员违纪案例，才使得罗国杰先生开始从违纪的实际问题出发，对其违纪的深层次根源问题进行探究，得出缺乏

---

① 《罗国杰文集》第六卷，中国人民大学出版社 2016 年版，第 49 页。

道德自觉的结论。也就是说，归根到底是思想道德层面出了问题。道德不仅对于党员同志来说很重要，对于整个民族国家的发展来说亦是同样重要的，可以说是"兴国立人"的根本。罗国杰先生正是在理论与实践相结合的基础上、在实际工作中，认识到了道德的极端重要性，并确立了自己从事伦理学的初心与"初衷"。而伦理学作为一门研究道德的科学，自然成为罗国杰先生关注的重点。正是基于此种认知，罗国杰先生立志要长期从事伦理学的教学和研究工作。可以说，组织的分配与个人的初心是高度契合的，因而罗国杰先生是欣然接受的。正是在这一初心使命的驱使下，使罗国杰先生同伦理学教研室的成员一同开展相关的教学与研究工作。

　　罗国杰先生真正地做到了将从事伦理学的教学和研究工作作为自己的毕生追求。从罗国杰先生从事伦理学教学的职业生涯来看，1959年12月成为中国人民大学哲学系的一名教师，到成为伦理学教研室的一员，致力于编写能够为新中国大学所适用的伦理学教材，并经由整整18个年头即到1980年，从讲师晋升为副教授，又经过两年从副教授晋升为教授。再到1984年，罗国杰先生成为我国第一位伦理学博士生导师，直到2004年5月罗国杰先生离休，为其漫长的职业生涯画上了句号。但是，罗国杰先生即使开启了离休这一新的生活阶段，仍不忘自己的初心使命，他表示，"退下来以后，我仍然要为学校、为50年奋斗的学科、为国家作出应有的和力所能及的努力"，罗国杰先生也真正地说到做到了。其实，罗国杰先生对伦理学的教学与研究工作的探索并不是一帆风顺的，而是面临着各种各样的困难与挑战，即使被误解、"被批斗"，仍不忘初心，始终坚守对我国伦理学事业的执着追求。在"文化大革命"时期，罗国杰先生也成为"被批斗"的对象，如其所述，"当时给我定的罪名是三顶高帽子：反革命修正主义分子、地主阶级的孝子孝孙、漏网大右派"[1]，这显然是对罗国杰先生的"污名化"评价，是对其思想和正派高洁的人格的巨大侮辱，不禁使罗国杰先生因之落泪。罗国杰先生是一个"惜书如命"的人，面对多次"毁书"风潮，仍能保持对理论的学习与学术的思考，保存住自己的绝大多数书籍。即使是在晚年同疾病斗争的过

---

[1]　《罗国杰文集》第六卷，中国人民大学出版社2016年版，第77页。

程中，罗国杰先生仍不忘自己所肩负的伦理学的使命任务，"力争在晚年尽可能地为社会、为伦理学专业、为人民群众道德面貌的提高和道德人格的升华作出应有的贡献"①。可以说，罗国杰先生真正地做到了不忘初心、牢记其所肩负的伦理学的使命任务，将其一生都奉献给了自己所热爱并不断探索的伦理学事业。

第三节　潜心原著：奠定伦理学学科建设之基

罗国杰先生潜心原著，不断推进我国伦理学教学与研究工作的发展，为伦理学学科建设奠定深厚的理论基础。罗国杰先生组织编写了《马克思主义经典作家论道德》和马克思主义伦理学教学大纲、讲义、教材等，为伦理学的教学工作奠定了重要的理论基础，组织编写和出版了《中国大百科全书·哲学卷·伦理学分卷》《伦理学名词解释》等一系列伦理学专业著作，为伦理学的科学研究工作奠定了深厚的理论基础。在罗国杰先生的带领下，在伦理学教研室成员的共同努力下，建立了三级伦理学人才培养体系，奠定了伦理学学科建设之基。

一　教材编写：伦理学教科书的发展和演变

在初建中国人民大学伦理学教研室之时，罗国杰先生就认识到了伦理学教科书的重要性。"从学校的教学来说，最急迫和最重要的是要编写一本新中国大学所使用的教材。"② 因为当时可供参照的教材是十分有限的，更多地需要进行自主探索。在罗国杰先生的带领下，开启了伦理学教科书编写工作。能够为新中国大学所使用的伦理学教科书应是以马克思主义理论为指导的，即要用马克思主义的立场、观点和方法来研究伦理学、解答社会的伦理道德现象。因此，首要任务就是要搜集整理马克思主义经典作家有关道德的理论，耗时半年多、编辑近百万字，形成了一本《马克思主义经典作家论道德》，这

---

① 《罗国杰文集》第六卷，中国人民大学出版社 2016 年版，第 285 页。
② 《罗国杰文集》第六卷，中国人民大学出版社 2016 年版，第 50 页。

为后来的伦理学教材的编写工作打下了坚实的理论基础。二是编写《马克思主义伦理学讲义》。在 1961 年中国人民大学哲学系面向本科生，开设了"马克思主义伦理学"这门新课程。《马克思主义伦理学讲义》便是作为教材来使用的，这本讲义是在全教研室的同志共同努力下促成的，是集体智慧的结晶，遵循了马克思主义的立场、观点和方法，"它应该是我国以'马克思主义伦理学'为题的第一部讲义"①，在我国马克思主义伦理学的发展史中占有重要的地位、发挥着重要的作用。三是编写《马克思主义伦理学》简编本。《马克思主义伦理学》是在《马克思主义伦理学讲义》的基础上撰写的，由原来的 20 多万字简化为 6 万多字，深刻解答了有关马克思主义伦理学的对象、建立与发展，共产主义道德、道德评价、道德教育和道德修养等一些根本问题，"可以说是新中国伦理学初创时期较为系统地阐述马克思主义伦理学的理论体系的第一本著作"②，是中国化的马克思主义伦理学与施什金的《马克思主义伦理学原理》最明显的差异之处。在此基础上，罗国杰先生结合自己的"马克思主义伦理学"课程的教学实际，用近两年的时间撰写了 30 万字的讲稿，可见罗国杰先生对于伦理学教学的重视与用心。四是编写《马克思主义伦理学教学大纲》。编写《马克思主义伦理学教学大纲》是加强教学建设的首要前提和重要基础，教学大纲能够为教材建设提供根本遵循。作为一项具有开创性意义的工作，编写《马克思主义伦理学教学大纲》并非易事。在冯友兰、贺麟、李奇、王方铭等众多知名学者的协助下，在对《马克思主义伦理学教学大纲》的结构、内容等问题展开多次讨论的基础上，终于完成了这项工作，形成了属于我们自己的《马克思主义伦理学教学大纲》，为我国的马克思主义伦理学的教材建设提供根本指导与价值遵循。五是编写一本全国通用的《马克思主义伦理学》教科书。1978 年 6 月召开的全国性综合性大学文科教材工作座谈会，确立了《马克思主义伦理学》教材编写的任务，并将这一任务下达给中国人民大学伦理学教研室。罗国杰先生担任主编，在充分吸收前期有关马克思主义伦理学讲义、教学大纲等理论成果的基础上，坚守立足经典、

---

① 《罗国杰文集》第六卷，中国人民大学出版社 2016 年版，第 52 页。
② 《罗国杰文集》第六卷，中国人民大学出版社 2016 年版，第 52 页。

参考借鉴、面向现实的编写思路与原则，发挥伦理学教研室同志等合力，历时一年多的时间完成了《马克思主义伦理学》（上、下册）的编写工作，并于 1982 年正式出版，这一具有中国特色的伦理学教材产生了良好的反响，获得了各种荣誉、奖励等，足以见得，罗国杰先生及其教研室成员为马克思主义伦理学所作出的贡献。

二 著作付梓：一系列伦理学专业著作出版

罗国杰先生组织编写了一系列伦理学专业著作，为伦理学的学科建设奠定了深厚的理论基础。其一，罗国杰先生负责撰写《中国大百科全书·哲学卷·伦理学分卷》的"伦理学"词目。"伦理学"词目是罗国杰先生耗时三年时间写成的，倾注了罗国杰先生的大量心血，是在广泛阅读伦理学相关著作的基础上，认真分析各种不同的观点和提法，对伦理学的一些重要问题形成的全面认识。罗国杰先生对其给予高度评价，即"它也可以说是我 20 世纪 80 年代对伦理学认识的一个总的提纲，是我伦理思想形成的最早的基础"[1]。由此可见，"伦理学"词目的编写在罗国杰先生本人伦理思想发展的过程中所占据的重要地位。其实，不仅是对于罗国杰先生本人来说具有重要意义，对于整个伦理学的学科发展与学术研究来说亦是意义非凡的，从其被收入《哲学大词典》到被其他词典转载来看，就足以证明其具有的意义与价值。其二，罗国杰先生组织编写《伦理学名词解释》。《伦理学名词解释》的编写与出版是在人民出版社的约稿下促成的，罗国杰先生将其定位为"一部最初学习伦理学的词典""一部比较好的伦理学入门书"[2]。《伦理学名词解释》的编写用时两年，在罗国杰先生的组织下，集合了伦理学教研室、人民日报出版社的多方合力，对涉及中外伦理学史、伦理学原理的 540 个词目进行了深入浅出的阐释，对于人们深化对伦理学的认知与理解提供了可资借鉴的理论资源。其三，罗国杰先生负责撰写《伦理学教程》的"导言"和"社会主义人道主义"两章内容。《伦理学教程》的定位是供普通高等学校使用的简明版的伦理

---

[1] 《罗国杰文集》第六卷，中国人民大学出版社 2016 年版，第 106 页。
[2] 《罗国杰文集》第六卷，中国人民大学出版社 2016 年版，第 107 页。

学教材，由罗国杰先生负责撰写"导言"和"社会主义人道主义"两章内容。其中，"导言"部分主要论述了伦理学的性质、对象和任务，并指明伦理学具有指导现实生活、提升人的道德品质的重要作用，这不仅是对伦理学的科学定位，也是对伦理学所具有的作用的进一步澄清。"社会主义人道主义"这一章，是罗国杰先生"对人道主义的一个新认识"①。本章内容重在弥补之前编写的教材中对于西方人道主义思想和社会主义人道主义论述不全面的问题，注重凸显出社会主义人道主义的重要作用。除此之外，《伦理学教程》其他部分内容是在罗国杰先生主编的《马克思主义伦理学》的基础上改写而成的，可将其视作该书的简明版，一经发行便作为伦理学教材受到重用，足以见得其所具有的影响力。其四，在罗国杰先生的组织下出版"外国伦理学名著译丛"。"外国伦理学名著译丛"是了解西方著名伦理思想家的伦理思想的重要载体，要结合我国社会历史情况与实际道德问题进行批判改造和消化吸收，"以马克思主义的立场、观点和方法，带着中国的问题去阅读这些书，并从中得到正反两方面的启发借鉴"② 是出版这套丛书的本意所在与希望所寄。出这套丛书首要的困难就是对译者的要求，既要外语水平高，又要伦理学专业素质高。在得到郑文林同志的大力支持后，吸引了一批英语水平较高的研究生和青年学者加入其中，一同开展此项工作。历经 20 年的不懈努力，出版了十余本外国伦理学名著的译本，为人们了解西方伦理思想提供了重要理论资源。其五，翻译和出版《道德百科全书》。《道德百科全书》是"美国哲学文库丛书"中的一本，比较适合伦理学初学者，能够为伦理学的教学和科研工作提供参考。罗国杰先生对于此书出版后没有得到相应的关注与宣传表示遗憾，并希望其能够再版。其六，编写《西方伦理思想史》教材。这部教材是在讲稿的基础上由宋希仁同志执笔重新撰写的，是站在历史唯物主义的立场上，对西方伦理思想进行的全新解读，是"全国伦理学界唯一一部《西方伦理思想史》教材"③，具有开创性、填补空白的意义，能够为西方伦理学思想史的讲授提供参考。

---

① 《罗国杰文集》第六卷，中国人民大学出版社 2016 年版，第 108 页。
② 《罗国杰文集》第六卷，中国人民大学出版社 2016 年版，第 109 页。
③ 《罗国杰文集》第六卷，中国人民大学出版社 2016 年版，第 111 页。

三 学位点建设：三级伦理学人才培养体系

学科建设是与学位点的建设密切相关的，一开始伦理学课程主要是面向本科生开展的，在马克思主义伦理学教研室的不懈探索与共同努力下，中国人民大学于 1981 年获得了硕士学位授予权，并相应增设了硕士点。1984 年获得了博士学位授予权，罗国杰先生成为第一个伦理学专业的博士生导师，致力于培养伦理学博士研究生。与此同时，中国人民大学伦理学这一学科还成为国家教委批准的重点学科，这也是最早的一个重点学科。总的来看，"1978年 9 月到 1984 年短短五年多的时间，中国人民大学伦理学教研室就建立了博士生、硕士生和本科生三级伦理学人才培养体系"①。随着三级伦理学人才培养体系的建立，伦理学教研室所肩负的加强学科研究与教材建设的使命任务就变得更加重要。除了在原有基础上的专业课和专业基础课之外，还增设了许多选修课和专题课。对于伦理学教研室来说，要真正地落实三级伦理学人才培养体系，首要的就是要建强自己，只有伦理学教研室不断发展壮大，才能够更好地为伦理学人才培养工作提供支撑。基于此种认知，在伦理学教研室的共同努力下，先后成立了伦理学研究所、中国人民大学道德科学研究院、道德科学研究院和国家教委高校社会科学发展研究中心等，加强与国内外学者的学术交流，以不断扩大伦理学在国内外的影响力。在此基础上，组建了"中国人民大学伦理学与道德建设研究中心"，作为全国首先批准的、唯一的伦理学基地，经过了各类严格审批与各部门的验收，并成为"教育部人文社会科学百所重点研究基地"，为全国伦理学学科建设不断作出新的贡献。

第四节　焕发青春：取得马中西领域辉煌成就

罗国杰先生贯通马中西伦理思想，在马中西领域都取得了辉煌成就。罗国杰先生始终坚持用马克思主义的立场、观点和方法研究伦理学，不仅是马克思主义伦理思想原典精神的忠实传承者，还是马克思主义伦理思想中国化

---

① 《罗国杰文集》第六卷，中国人民大学出版社 2016 年版，第 117 页。

的推进者。对于中国传统伦理思想，罗国杰先生对其弃其糟粕，取其精华，进行批判性继承与创造性发展。对待西方伦理思想，罗国杰先生更多的是站在中西方比较的视域下，对西方伦理思想展开研究，对其中积极的合理性的成分予以吸取，对其消极的不合理成分予以批判，即要从正反两方面对西方伦理思想进行启发借鉴，以实现"为我所用"。

一 创造性探索：马克思主义伦理思想中国化

罗国杰先生坚持用马克思主义立场、观点和方法来研究伦理学，不断推进马克思主义伦理思想及其中国化发展，取得了许多具有开创性意义的理论成果，可将罗国杰先生称为中国马克思主义伦理学的奠基人。其实，罗国杰先生对于马克思主义伦理学的探究，既是受到苏联思想家提出的建立无产阶级自己的伦理学、莫斯科大学伦理学教研室提出的用马克思主义的观点研究伦理学的启发，又是基于我国当时所面临的道德生活实践的现实情况进行选择的结果。

其一，罗国杰先生是马克思主义伦理思想原典精神的忠实传承者，体现在其对马克思主义伦理学体系结构的梳理与阐明。罗国杰先生在受命组建伦理学教研室之初就意识到了回归马克思主义原典的重要性，"原典，是马克思主义的思想寓所和原始出处"①。要研究马克思主义伦理思想就要回归到马克思主义经典作家关于伦理道德思想的原著中去，从原著中汲取思想理论资源，《马克思主义经典作家论道德》的汇编就是最好的证明，是罗国杰先生及其伦理学教研室成员对马克思主义伦理思想的知识与理论体系的梳理与阐明。具体而言，罗国杰先生通过对马克思主义伦理思想的研读与分析，传承了马克思主义伦理思想关于道德的起源与本质、道德现象与其他社会现象之必然性生态逻辑、共产主义社会道德等原典精神。此后写的《马克思主义伦理学》教科书等相关著作，更多的是在传承马克思主义伦理学原典精神的基础上，立足中国道德国情的基础上进行的创造性探索。其二，罗国杰先生是马克思

---

① 彭启福、李后梅：《马克思主义"三原"问题的诠释学探析》，《安徽师范大学学报》（人文社会科学版）2018 年第 3 期。

主义伦理思想中国化的推进者，对社会主义道德规范体系的建构是对马克思主义伦理学的创造性探索。马克思主义经典作家虽论述过社会主义道德，但并未建立起一个完整系统的规范体系。罗国杰先生在坚守马克思主义的立场、观点和方法的基础上，结合我国建设社会主义的伟大实践，尝试着构建了一个社会主义道德规范体系，这在其主编的《马克思主义伦理学》中可见。罗国杰先生在其所写的《论社会主义道德建设的体系结构及其之间的相互关系》一文中，又对社会主义道德体系的内容结构等做了更进一步的阐明。特别是对"社会主义道德体系的层次性、社会主义道德建设的核心和基本原则、社会主义道德建设的思路与对策"① 等的探讨，更是结合我国道德发展现状与实际道德问题进行的马克思主义伦理学中国化的理论成果，是对马克思主义伦理学思想的创造性继承与创新性发展。

二　批判性继承：中国传统道德

中国古代传统道德内容丰富，是"中华民族思想文化传统的核心"②。罗国杰先生"对中国传统伦理思想和传统道德，自幼就有着特殊的爱好"③，并认为"在我伦理思想形成的过程中，不容否认，中国古代丰富的伦理思想对我有着特别重要的影响"④，成为其伦理思想形成与发展的重要理论渊源。在罗国杰先生关于中国传统伦理思想的研究中，他厘定了中国伦理思想史的研究对象、划分了中国伦理思想史的分期、梳理了中国伦理思想家们研究的主要问题、概括了中国伦理思想的基本特点、指出了研究伦理思想史的态度和方法，形成了一个较为完整的理论体系。

在这一理论体系中，罗国杰先生清醒地认识到，我国传统道德形成于长期的奴隶社会和封建社会，因而不可避免地带有时代和阶级的烙印。因此，如何对待作为其思想来源之一的中国传统道德，成为罗国杰先生建立新的伦理学体系和框架的关键环节。对此，先生指出"研究中国伦理思想史，实质

---

① 王泽应：《罗国杰对马克思主义伦理学的创造性探索》，《齐鲁学刊》2016年第4期。
② 《罗国杰文集》第五卷，中国人民大学出版社2016年版，第97页。
③ 《罗国杰文集》第四卷，中国人民大学出版社2016年版，"第一版序言"第1页。
④ 《罗国杰文集》第六卷，中国人民大学出版社2016年版，第259页。

上就是一个批判继承的过程"①,批判继承也被确立为对待传统道德的"总的原则",即"用马克思主义的立场、观点和方法,抛弃其中的糟粕,吸收其中的精华,使我们的伦理学能够更加具有中国特色和中国气派"②。

秉持这一"总的原则",罗国杰先生主持编写了《中国伦理思想史》和《中国传统道德》。《中国伦理思想史》是先生承担的国家社科规划项目,编写《中国伦理思想史》也是先生系统学习研究中国传统道德的第一个阶段。在这一过程中,先生明确指出了研究伦理思想史必须坚持批判继承的态度要求,并辩证分析了批判与继承的关系,阐明了学习和研究中国伦理思想史与建立中国特色的马克思主义伦理学理论之间的关系。③ 编写《中国传统道德》是在加强社会主义精神文明建设、弘扬中华民族优良传统道德的时代背景下中央交给的任务,当时李岚清同志将《中国传统道德》的汇编工作定位为中国传统道德的资料库和百科全书,并将此重任交由罗国杰先生,由其任主编。罗国杰先生称:"《中国传统道德》的编写,从始至终,都是以历史唯物主义为指导思想,对中国传统道德进行重新学习、认识、归纳、分析和概括的过程。"④《中国传统道德》共分为五卷,后来又在此基础上编写了简编本和普及本以供更多的人阅读与学习。总体来看,《中国传统道德》的编写是对中国传统道德进行重新的系统概括和阐释的过程。在此过程中,针对当时盛行的历史虚无主义和复古主义思潮,罗国杰先生时常考虑应如何对待中国传统道德,并在《编者的话》中给出了答案,阐明了在新形势下所应持有的正确态度就是"以历史唯物主义为指导,坚持批判继承、弃糟取精、综合创新和古为今用的方针"⑤。

三　选择性吸取:西方伦理思想

罗国杰先生在谈到自己的思想来源时指出:"西方古代和近代的伦理思

---

① 罗国杰主编:《中国伦理思想史》上卷,中国人民大学出版社 2008 年版,第 26 页。

② 《罗国杰文集》第六卷,中国人民大学出版社 2016 年版,第 259 页。

③ 参见罗国杰《中国伦理思想史》上卷,中国人民大学出版社 2008 年版,第 26—27 页。

④ 《罗国杰文集》第六卷,中国人民大学出版社 2016 年版,第 185 页。

⑤ 罗国杰主编,唐凯麟、杨丙安分主编:《中国传统道德:德行卷》,中国人民大学出版社 1995 年版,"编者的话"第 9 页。

想，对我伦理思想的形成也有着重要的启迪。"① 在罗国杰先生 1960 年开始从事伦理学研究时，他就研读了大量西方伦理思想家的著作，深受理性主义思想家尤其是康德和黑格尔对德性、理性和道德命令尊崇的影响，为其"新德性论"思想的形成提供了学术上的启迪，为其高山仰止的德性品质的培育提供了丰厚的滋养。

相比而言，罗国杰先生对西方伦理思想的研究，更多的是站在中西方比较的视域下，对其中积极的合理性的成分予以吸取，对其消极的不合理成分予以批判，即要从正反两方面对西方伦理思想进行启发借鉴，以实现"为我所用"。从罗国杰先生研究西方伦理思想的出发点来看，"一方面为了吸取其中的合理成分，丰富他的马克思主义伦理学理论体系；一方面为了批判西方错误思潮，坚持和捍卫社会主义价值观"②。由于伦理思想总是带有特定的、鲜明的意识形态导向性，是根据各国的国情与道德发展状况而形成的，可能适应某一国的道德伦理思想对于其他国家就不适用。因而，在研究西方伦理思想时，要始终坚守马克思主义历史唯物主义的立场，对西方伦理思想中的历史唯心主义论述进行批判，从而形成对西方伦理思想进行选择性吸取，以助益社会主义思想道德建设，这也是罗国杰先生在研究西方伦理思想时所持有的基本立场与观点。罗国杰先生对于西方伦理思想的翻译、教学、宣传等工作作出了重要贡献。其中，《西方伦理思想史》教材的编写，众多西方著名伦理思想家有关伦理思想著作的翻译与出版等，为人们研究和学习西方伦理思想提供了重要载体与理论资源。罗国杰先生对西方伦理思想的研判，正是站在马克思主义的立场、观点和方法的视角上，对西方伦理思想进行比较鉴别，并结合我国社会历史情况与实际道德问题对其进行批判改造和消化吸收的过程。

第五节　建言献策：创建新时期道德建设理论

党的十一届三中全会以后，我国进入了改革开放和社会主义现代化建设

---

① 《罗国杰文集》第六卷，中国人民大学出版社 2016 年版，第 259 页。
② 张霄：《坚守马克思主义理论立场 开创中国特色伦理学事业》，《光明日报》2016 年 3 月 31 日第 16 版。

新时期，尤其是进入 20 世纪 90 年代以后，罗国杰先生立足我国社会发展的实际情况，为加强社会主义精神文明建设、构建社会主义思想道德体系等建言献策，把伦理学的学术研究与中国社会道德建设和社会治理紧密结合起来，提出了一系列社会主义条件下道德建设理论和以德治国理论。

一　国家视角：实施以德治国方略

"以德治国"是江泽民同志在 2001 年全国宣传部长会议上明确提出的，并于党的十六大将其写入大会报告、载入《中国共产党章程》。这表明，江泽民同志将以德治国提升到了治国方略的高度，是在我国进入改革开放和社会主义现代化建设新时期、在建立和发展社会主义市场经济的过程中，在继承与发展马克思主义伦理道德思想的基础上，根据我国道德发展实际情况提出的与"依法治国"相协调的治国方略。罗国杰先生就"以德治国"问题展开了重要论述，并形成了丰硕的"以德治国"理论的研究成果，比如，《以德治国论》《以德治国与公民道德建设》等著作的出版，《再论以德治国的几个问题》《文明可以兴邦——把依法治国与以德治国结合起来》《论"以德治国"的历史、理论与实践》《论"以德治国"》《论"以德治国"的历史、理论与实践》《认真学习"以德治国"重要思想》《"以德治国"思想的理论意义和实践意义》等论文的刊出，都为更好地发挥道德在国家治理中的作用，推进我国"以德治国"实践发展进程作出了重要贡献。

其一，罗国杰先生阐释了"以德治国"的科学内涵。罗国杰先生认为，要明确"以德治国"的所指，首先就要弄明白"德"的内涵。"德"指的是社会主义道德，"以德治国"就是"以社会主义道德治国"①。在此基础上，罗国杰先生还对德治与法治、今天的德治与中国古代的德治的关系予以澄清，试图通过比较以深化人们对于江泽民同志所倡导的"以德治国"的理解。就德治与法治的关系来看，"以德治国"与"依法治国"之间是相辅相成、相互促进的关系。倡导"以德治国"既不是要弱化"依法治国"，也不是对法

① 王君琦：《怎样认识"以德治国"？——罗国杰教授访谈录》，《思想政治工作研究》2001 年第 5 期。

制的超越，反而是对"依法治国"的有益补充和强有力支持。也就是说，两者之间并不是彼此孤立、针锋相对的关系，而是"鸟之两翼""车之两轮"，彼此增益、相互补充的关系，共同致力于推进国家治理。就今天的德治与中国古代的德治之间的关系来看，两者之间是批判性继承的关系。德治的思想古已有之，但是今天我们所强调的"以德治国"与古代的德治是有本质差别的，是我们坚持马克思主义的历史唯物主义立场，结合改革开放和社会主义现代化建设的时代背景、社会主义市场经济建设给道德提出的新问题的基础上，对其进行批判性继承、创造性转化的结果。其二，罗国杰先生指明了"以德治国"的重要性。罗国杰先生深刻解答了为什么要施行"以德治国"的问题，并对"以德治国"的意义予以阐明。"以德治国"的提出是有其科学依据的。一是弥补法治存在的缺陷，综合运用德治与法治两种治国方式以提升治理效能。二是社会主义所具有的伦理意蕴的体现，"是从社会主义的价值规定中引申出来的必然结论"①。三是推进改革开放和社会主义现代化建设，发展社会主义市场经济的必然要求。此外，罗国杰先生还从理论与实践两个层面，对江泽民同志提出的"以德治国"思想的重要意义进行了深入分析。从理论层面来说，丰富和深化了社会主义精神文明理论和中国特色的社会主义理论，是对我国古代优良道德传统的继承。从实践层面来看，有利于推进我国的社会主义精神文明建设和社会主义市场经济发展。其三，罗国杰先生为"以德治国"的实施提供了几点对策和建议。坚持"以德治国"就"必须按照'三个代表'重要思想的要求，坚持中国先进文化的前进方向，大力弘扬和培育民族精神，坚持不懈地加强社会主义道德建设，努力促进人的全面发展"②。这不仅指明了"以德治国"所应遵循的根本价值取向、所应内蕴的文化底蕴、所应依靠的精神力量，还指明了社会主义道德建设这一最为直接的内涵，最终落脚到人的全面发展，指明了"以德治国"的目标和宗旨所在。在此基础上，罗国杰先生还强调党政干部、各级党政部门的领导所应具有的"德才兼备"的要求，要真正将"以德治国"落到实处。

---

① 罗国杰、夏伟东主编：《以德治国论》，中国人民大学出版社 2004 年版，第 143 页。
② 罗国杰、夏伟东主编：《以德治国论》，中国人民大学出版社 2004 年版，第 153 页。

二　公民视角：加强公民道德建设

公民道德建设作为社会主义道德体系建设的重要组成部分，是推进改革开放和社会主义现代化建设、加强社会主义精神文明建设的题中应有之义。面对着世界范围内各种思想文化之间的交流交融交锋、多元社会思潮相互激荡的现实情境，特别是公民道德建设领域存在的一些道德失范现象，已经对经济和社会秩序产生了损害，不利于营造改革发展稳定的大局，引起了党和国家的高度重视，并要求采取相应措施解决公民道德领域存在的问题。针对这些新情况、新问题、新矛盾，需要加强公民道德建设，以营造一个良好的社会道德环境，这是摆在党和人民面前的一项长期而艰巨的任务。罗国杰先生是非常注重加强公民道德建设的，其不仅参与起草了《公民道德建设实施纲要》，而且由其主编的《伦理学》（1989）成为《公民道德建设实施纲要》的主要理论依据。由此可见，罗国杰先生对于加强公民道德建设作出了突出贡献。

其一，罗国杰先生总结了我国在道德建设领域取得的成就与存在的问题，为加强公民道德建设创造了良好的前提、指明了问题的重要着力点。就我国道德建设取得的成就来说，罗国杰先生主要从以下四个方面予以总结：一是我国社会主义精神文明建设取得显著效果，社会风气大大改善、四个现代化建设得到进一步发展；二是爱国主义、集体主义、社会主义的“三大主旋律”教育取得新进展，能够凝聚起广大人民群众进行社会主义现代化建设的人民伟力；三是“全国人民的思想道德素质和教育科学文化素质不断提高，全国人民的精神生活日益丰富，向世界展现了中华民族新的精神风貌”①；四是在发扬中国古代优秀传统道德、革命道德，吸取各国优秀文明成果的基础上，社会主义文化呈现出日益繁荣景象。就我国道德建设存在的问题来看，罗国杰先生主要将其概括为四个方面：一是经济生活领域受到西方不良社会思潮的冲击，主要以拜金主义、享乐主义、个人主义的盛行为主要表征，严重损害了社会经济秩序；二是政治生活领域，一些党政干部出现了腐败现象；三

---

① 罗国杰：《以德治国与公民道德建设》，河南人民出版社 2003 年版，第 69—70 页。

是社会生活领域出现了封建迷信，黄、赌、毒等丑恶现象，严重腐蚀着人们的灵魂；四是在一些领域出现了道德混乱、道德模糊等现象，对一些正确的道德规范进行颠倒、错位理解，使其失去了应有的约束力。正是基于道德领域存在的上述突出问题，罗国杰先生呼吁要立足现存的实际问题，将公民道德建设这一系统工程搞好。其二，罗国杰先生指明了我国加强公民道德建设的重要意义。罗国杰先生高度重视公民道德建设，不仅将其视为社会主义道德体系的重要组成部分，即公民道德建设是加强社会主义道德体系建设的一个重要切入点和突破口，是加强社会主义道德体系建设的重要环节。随着《公民道德建设实施纲要》的颁布，党和国家对于公民道德建设的定位更加高，即不仅将其提高到"三个代表"的战略高度，还将其提升到以德治国的重要内容的高度。① 可以说，《公民道德建设实施纲要》指明了加强公民道德建设的重要着力点。其三，罗国杰先生指明了公民道德体系的基本框架和主要内容。社会主义公民道德体系涵盖核心、原则、基本要求、道德规范等内容，对其予以阐明能够为公民道德建设提供基本遵循。其中，核心只有一个那就是为人民服务，原则也只有一个那就是集体主义，这是社会主义道德所具有的鲜明特质的体现，是与资本主义道德的本质区别。从社会主义道德体系的基本要求来看，可将其概括为"五爱"，涉及祖国、人民、劳动、科学、社会主义等内容。公民道德建设需要在社会、职业、家庭三大道德领域发挥作用，其中，社会领域所应遵循的是社会公德，职业领域所应遵循的是职业道德，家庭生活领域所应弘扬的是家庭美德。在不同的道德领域又有具体的道德规范，针对上述三大道德领域各提出了五个具体的道德规范，共计十五个道德规范组成一个完整的道德规范体系以供人们遵循。

第六节　开疆拓土：推进伦理学理论应用拓展

罗国杰先生在深耕伦理学的教学与研究工作的同时，大力倡导伦理学所具有的"强烈实践性"，不断推进伦理学理论的应用转型，助力应用伦理学的

---

① 参见罗国杰《对〈纲要〉重要意义的认识》，《高校理论战线》2001 年第 11 期。

创生与发展，彰显出伦理学所具有的实践指向性与现实解题力。与此同时，不断开辟学科新阵地，打通伦理学与思想政治教育学科之间的内在关联性，推进伦理学向高等教育的延伸拓展。

一 伦理学理论的应用转型：助力应用伦理学

正如罗国杰先生所言："伦理学应该而且必然是一门有强烈实践性的科学。"① 也就是说，伦理学并非只是高悬在"形而上"层面的理论探讨，不应将其沦为脱离现实的、空洞的逻辑推演，更应指向现实的社会生活实践，针对重大现实问题进行伦理维度的分析，为现实问题的解决提供理论指导与实践指引。一直以来，罗国杰先生对于伦理学的研究都是立足现实问题来展开的，体现了理论联系实际的优良作风，其取得的丰硕的理论研究成果，不仅是对伦理学所关涉的基本学理问题的分析，亦是将现实生活中的道德现象与道德问题上升到理论层面进行探讨的体现，因而也可以用其指导社会道德实践。特别是在推进改革开放和社会主义现代化进程、建设社会主义市场经济的过程中，出现了种种不良道德现象乃至道德问题，科技发展和生产实践中出现的诸多伦理问题等都需要对其予以解答。罗国杰先生也真正地做到了将伦理学应用到社会生活的各大领域，用以解决实际存在的伦理道德问题。

在我国，伦理学的实践转向和应用伦理学的创生，与罗国杰先生大力主张和倡导伦理学"强烈实践性"是密切相关的。罗国杰先生始终秉持着理论联系实际的学术品格，不仅将现实生活中的伦理道德现象与问题上升到理论层面予以探讨，亦善于用马克思主义的立场、观点和方法来解释现实生活中的伦理道德现象、解决现实生活中的伦理道德问题。罗国杰先生在编写《马克思主义伦理学》教科书时就已经着手于推动伦理学的这种实践转向，并对职业道德尤其教师道德进行了相关阐述。随后，他又在《财经伦理学概论》序言中提出要"重视伦理学在社会生活中的应用"②。在《医学伦理学导论》的序言中，他再次更为鲜明地强调"在当前科学技术日新月异的时代，医学

① 《罗国杰文集》上卷，河北大学出版社 2000 年版，第 301 页。
② 《罗国杰文集》上卷，河北大学出版社 2000 年版，第 513 页。

科学和医务实践正越来越多地面临许多新情况和新问题,这些问题中有相当大一部分都是同人们的伦理价值观有着密切关系的"①,强调要"加强对应用伦理学的研究"②。他不仅为伦理学研究的实践转向摇旗呐喊,而且亲自撰文就生态环境、科技发展、医学军事等领域中产生的伦理道德问题给予了理论上的解答。罗国杰先生对人类社会实践和生产发展过程中出现的这些新情况、新问题的关注,本身就意味着他已经把历史唯物主义道德方法论原则从理论伦理学拓展到实践伦理学;他对这一系列新产生的伦理道德问题的分析更是不折不扣地贯穿了这一方法论原则,并在这一过程中将马克思主义伦理思想的中国化推向全新领域和纵深发展。从一定意义上说,我国应用伦理学研究的创生就是罗国杰先生不懈坚持历史唯物主义道德方法论原则、创造性地推进马克思主义伦理思想中国化的产物。

二 伦理学理论的延伸拓展:开辟学科新阵地

罗国杰先生通过对伦理学教学与研究工作的长期探索,发现了伦理学与思想政治教育学科的关联性,加之当时国家教委思想政治工作司对马克思主义思想政治教育专业的学科建设的突出强调,罗国杰先生开始开辟学科新阵地,推进伦理学向高等教育的延伸拓展。通过主编《马克思主义思想政治教育理论基础》为思想政治教育学科的创立奠定了理论基础,通过编写《人生的理论与实践》《思想道德修养》《思想道德修养与法律基础》等教材,为高校思想政治理论课课程的开设做了前期准备。

其一,为思想政治教育学科的创立奠定了理论基础。罗国杰先生不仅致力于推进伦理学的学科发展,还为思想政治教育学科的创立奠定了理论基础。作为思想政治教育理论基础的马克思主义,是加强思想政治教育学科建设所应遵循的理论逻辑。从思想政治教育学科的创立与发展过程来看,马克思主义思想政治教育理论基础的研究都是非常重要的基础性与前提性的工作。由罗国杰先生主编的《马克思主义思想政治教育理论基础》是最早针对此问题

---

① 《罗国杰文集》上卷,河北大学出版社 2000 年版,第 1056 页。
② 《罗国杰文集》上卷,河北大学出版社 2000 年版,第 1053 页。

展开全面系统的探讨的教材,在这本书的《前言》中就指出,"为加强高等学校思想政治教育学科建设,满足专业教学需要……编写出版思想政治教育专业系列教材"①,一共编写了 12 本教材,这本书列在 12 本之首,足以可见其重要。其实,无论是对于伦理学的探索,还是对于思想政治教育的研究来说,都需要立足马克思主义的立场、观点和方法对其予以分析与解读。这同罗国杰先生及其伦理学教研室团队在初步探索伦理学时一样,首先要做的就是要对马克思主义经典作家有关伦理道德的论述进行归纳整合。在编写《马克思主义思想政治教育理论基础》时亦是如此,即要"将马克思主义的经典作家关于马克思主义的思想政治教育的论述集中起来"②,这既是原国家教委的要求,也是从事思想政治教育学科建设的前提性工作。从整本书的逻辑架构中可以看出,是坚持用马克思主义的立场、观点和方法来研究思想政治教育的,体现出鲜明的原典性特点。在此基础上根据我国社会主义市场经济发展过程中的一些现实问题展开论述,强调要坚持社会主义意识形态建设、反对资产阶级自由化。

其二,为高校思想政治理论课课程的开设做了前期准备。当时 1989 年"政治风波"以后,国家教委意识到了"加强高等学校思想道德教育的重要"③,任命罗国杰先生负责主持《人生的理论与实践》这一本思想道德教育的新教材。国家教委将这本新教材定位为引导广大青年树立正确的人生观的专题教育,以培养又红又专的社会主义接班人为目标。1993 年,面临大学生思想道德修养课如何改革的问题。在罗国杰先生的提议下,将多门课程合并为"思想道德修养"这一门课程。当时国家教委对这门课程的任务予以明确的规定,并要求罗国杰先生担任主编,开启这门课程的教材编写工作。虽然,罗国杰先生长期以来从事的教学和科学研究领域是伦理学,但是,在参与了长达十年的《思想道德修养》教材的编写之后,其研究领域得到进一步拓展。而且,对于思想道德修养与伦理学的关系有了更进一步的认识,即罗国杰先生"对大学生的思想道德修养必须同伦理学的学习结合起来的认识愈来愈明确"④,

① 罗国杰等编:《马克思主义思想政治教育理论基础》,高等教育出版社 2002 年版,第 1 页。
② 罗国杰等编:《马克思主义思想政治教育理论基础》,高等教育出版社 2002 年版,第 1 页。
③ 《罗国杰文集》第六卷,中国人民大学出版社 2016 年版,第 179 页。
④ 《罗国杰文集》第六卷,中国人民大学出版社 2016 年版,第 180 页。

可将这本教材视为是伦理学教育的补充教材，以提高大学生的思想道德素质、使其养成良好的个人道德品质为重要着力点。需要着重指出的是，《思想道德修养》教材的编写并不是一蹴而就的，"需要不断地根据变化的社会现实和大学生的思想实际加以补充、完善和修订"①。1993 年至 2003 年，共补充、完善、修订和出版了四版，耗费了罗国杰先生大量的精力和心血。此外，罗国杰先生还为广播电视大学、专科学校编写了《思想道德修养教程》《思想道德修养》教材，足以见得，罗国杰先生对于大学生思想道德教育的重视。2005年，罗国杰先生参与编写"马工程"《思想道德修养与法律基础》。教材作为课程开设的前提和理论基础，无论是《思想道德修养》教材的一版再版，还是《思想道德修养与法律基础》的编写等，都为高校思想政治理论课课程的开设作了充足的前期准备。

第七节　矢志不渝：回顾展望六十年学术人生

罗国杰先生作为新中国伦理事业的重要开拓者之一，将自己的一生都奉献给了其所热爱的伦理学事业。可以说，伦理学就是罗国杰先生的学术生命，即使在离休后，仍不忘自己所肩负的伦理学的使命与任务，为我国的伦理学事业继续发挥余热，终生没有离开过他热爱并深耕的伦理学领域。罗国杰先生矢志不渝的伦理学精神也激励着更多的伦理学人投身于我国的伦理学事业，学习和传承罗国杰先生厚重的学术思想、理论联系实际的学术品格。

一　不忘初心：坚守对伦理学的教学、研究和探索

早在 20 世纪 50 年代，罗国杰先生从事党的纪律检查工作时，就认识到了道德的重要性，这是其从事伦理学研究的初心与"初衷"所在。后来根据组织的分配、学校的任命，负责筹建中国人民大学伦理学教研室，其真正地开始从事伦理学的相关教学与研究工作，并确立了长期从事伦理学教学与研究的志向。罗国杰先生不断推进新中国伦理学事业的发展，不论负责伦理学

---

① 《罗国杰文集》第六卷，中国人民大学出版社 2016 年版，第 180 页。

教材的编写，还是一系列伦理学著作的出版，抑或对应用伦理学的创生与发展等，都是罗国杰先生对伦理学事业的不断探索，取得了丰硕的理论研究成果，真正地做到了不忘初心。罗国杰先生在其自述中，对其从事伦理学的教学、研究和探索历程进行回顾时亦表明，"我关注的问题始终没有离开哲学和伦理学"[①]，并从五个方面对其关注的重点问题予以分析。一是对伦理学的基本理论的研究。伦理学的基本理论关涉伦理学的内涵、本质、对象、内容等核心命题，弄清楚伦理学的基本理论是从事伦理学教学与研究工作的前提和基础。罗国杰先生始终坚持马克思主义的立场、观点和方法，并结合我国的道德实际开展伦理学研究，不断推进马克思主义伦理学理论体系，特别是马克思主义伦理思想中国化的发展与完善工作。二是对集体主义原则的探究。集体主义是社会主义道德体系建设所应遵循的道德原则，特别是在建设社会主义市场经济时期，面对着个人主义的盛行，需要澄清个人主义与集体主义的关系，以使人们坚守集体主义原则。罗国杰先生数次围绕集体主义原则展开论述，试图解开一些人对集体主义原则的误读与误解问题。三是如何正确对待中国传统道德的问题。中国传统道德蕴含在中国传统伦理思想之中，彰显着中华民族的精神血脉与伦理特质，是无法隔断的。由罗国杰先生主持编写的《中国传统道德》（五卷本）和《中国革命道德》（五卷本）为人们了解与领会中国传统道德提供了理论基础，亦表明了对待中国传统道德的正确态度。四是关于社会主义思想道德体系建设的问题。社会主义思想道德体系建设既是一个理论问题，又是一个实践问题，是罗国杰先生所关注的重点伦理问题。如何建设一个"与社会主义市场经济相适应、与社会主义法律规范相协调、与中华民族传统美德相承接的社会主义思想道德体系"[②]，罗国杰先生提出了一些自己的看法与观点。五是如何对待中西方伦理思想的问题。由于社会制度与意识形态的差异，西方国家所推行的是资产阶级的伦理思想，我国所推行的是无产阶级、马克思主义、社会主义的伦理思想，两者在价值观念上存在着鲜明的差异性，要警惕西方向我国进行的价值观输入问题。罗国

[①] 《罗国杰文集》第六卷，中国人民大学出版社 2016 年版，第 254 页。
[②] 《罗国杰文集》第六卷，中国人民大学出版社 2016 年版，第 256 页。

杰先生对于上述五个方面问题的探究与解答，构成其从事伦理学教学、研究与探索的主要内容，是其伦理学思想体系的重要组成部分，亦是伦理学领域所关注的重大问题。

二 牢记使命：离休后致力于完成自己的未竟事业

2004 年 5 月，76 周岁的罗国杰先生办完了离休手续。虽已离休，但罗国杰先生对伦理学的热爱却不减，还有许多未竟之事需要其进一步推进。罗国杰先生将其概括为两个方面，即"一是我在学术上所应完成的专著和论文；一是中国人民大学和全国伦理学学科的发展"，这充分彰显出了罗国杰先生所具有的高度的责任意识与强烈的使命感。即使多次遭受过病痛的折磨，但是罗国杰先生仍然保持着积极的态度和乐观的精神，坚持与疾病作斗争、同衰老作斗争，不放弃自己的人生理想与追求，真正地展现出了"莫道桑榆晚，为霞尚满天""志在千里，壮心不已"的矢志不渝、持续奋斗的精神。正是在其肩负的强烈的伦理学使命任务的支撑下，罗国杰先生在离休之后仍继续为我国的伦理学事业作出新的贡献。2010 年以后，已进入"耄耋之年"的罗国杰先生笔耕不辍，编写出版了《传统伦理与现代社会》《伦理学探索之路：罗国杰自选集》《罗国杰生平自述》《新编伦理学》《干部应当学伦理》《中国传统道德新论》《道德原则研究》等著作，修改补充和完善了《研究生阅读书目》、完成了"社会主义和谐社会核心价值体系研究"项目、补充和完稿《论道德品质修养》、增补和出版《中国伦理思想简史》等。上述工作的完成，既是对罗国杰先生伦理思想的有益补充，亦表明罗国杰先生仍然不停地在探索其热爱的伦理学事业。此外，罗国杰先生还在其自述中又列举了许多尚未完成和需要出版、修改的书稿，这表明伦理学是一门需要与时俱进、常谈常新的学科。需要着重指出的是，罗国杰先生在长期从事伦理学的教学与研究工作的过程中，既结交了许多志同道合的朋友，能够为推进我国的伦理学事业而共同奋斗，又培养出了一大批从事伦理学研究的学者，不断为我国的伦理学事业注入新鲜血液。罗国杰先生丰富而深邃的学术思想，必将成为一代代伦理学人从事伦理学研究的理论基石，为我国的伦理学事业奠定了深厚的理论基础。罗国杰先生理论联系实际的学术品格，也将激励着一代代伦理学人立足中国大地，为解决社会伦理道德问题建言献策，不断丰富和发展中国特色社会主义伦理思想。

回顾罗国杰先生八十年的伦理人生可以发现，其在人生态度上，既有儒家的积极进取，亦有佛道的泰然超脱；在价值取向上，坚守公私分明、重义轻利的道德品质；在人生追求上，恪守独善其身与兼济天下的统一。这些独特的伦理情怀直接影响着罗国杰先生伦理思想的形成与发展，也真正地展现出了伦理学人所应具有的伦理特性与学术品性，也激励着一代又一代伦理学人为我国的伦理学事业作出新的贡献。

第二章　开创新中国伦理学事业的崭新局面

　　罗国杰先生出生在旧社会，成长于战火中，耕耘在新中国。他的一生，与新中国伦理学事业的发展密不可分，从潜心研读到系统研究，从著书立说到学以致用，从专业建设到人才培养，从学科起步到学会创建，罗国杰先生推动新中国伦理学事业实现了从起步到发展的突破，助力新中国伦理学事业开创了从发展到繁荣新局面，为新中国伦理学事业的发展作出了奠基性和开拓性的卓越贡献。

　　中华人民共和国的成立，标志着我国各项事业的发展开始进入了新纪元。社会和人发展进步面临的选择已经由革命转向建设，国家的百废待兴依赖于自然科学的直接助力，也离不开作为人们认识世界和改造世界重要工具的哲学社会科学的有力推动。作为哲学社会科学研究重要组成部分的伦理学，面对社会意识形态和文明样式包括伦理思想和道德价值观也面临需要随之转型的新形势，本应取得蓬勃发展，然而，受苏联模式的影响，"当局对自然科学技术的发展予以了相当的重视，但对人文与社会科学的发展则在意识形态的统治下予以了限制和禁锢"①，这种现象反映在伦理学研究领域中尤甚。正如罗国杰先生所指出的那样，受到苏联学界认识偏见的影响，伦理学曾一度被认为是"宣扬资产阶级道德理论的伪科学"②，在一段时间内"虽然十分注意对共产主义道德的研究，却忌讳伦理学这门科学"③。而从新中国的道德发展进步亟待转型的实际情况看，如何结合当下生活实践不断作出新的理论解读、不断作出新的理论创造，创新和发展伦理学和道德理论已是一项迫切的任务。

---

① 林怡：《百年来自然科学对中国人文社会科学发展的影响（下）》，《学术评论》2014年第2期。
② 《罗国杰文集》第一卷，中国人民大学出版社2016年版，第427—428页。
③ 《罗国杰文集》第一卷，中国人民大学出版社2016年版，第428页。

在这种情势下，罗国杰先生出于一种推进理论研究的学术自觉、出于一种推进马克思主义伦理思想中国化的理论自觉、出于一种推动道德发展进步实践的社会使命感，于 1960 年 2 月率先在中国人民大学成立了伦理学教研室开展教学与研究，开创了推进马克思主义伦理思想中国化的历史性进程，也开创了新中国伦理学和道德建设事业的崭新局面。

在这一伟大的事业中，不论是伦理学基础理论的系统研究还是伦理学教材体系的规范建构，抑或伦理学学科体系的发展完善，罗国杰先生或是凭借一己之力，或是组建带领团队，或是直接参与推动，或是积极建言献策，为之付出了大量的心血。系统梳理罗国杰先生对我国伦理学基础理论研究所作的开拓性探索、对我国伦理学教材体系所做的创造性建构、对我国伦理学学科发展所做的奠基性成就，不仅能够帮助我们梳理回顾新中国伦理学事业的发展历程，而且对于我们推进新时代伦理学事业的发展、促进哲学社会科学的进一步繁荣发展，加快推进学科体系、学术体系和话语体系建设，都具有一定的指导意义和借鉴价值。

第一节　理论研究的开拓性贡献

一个学科的基础理论研究是学科发展的前提和基础，人们对其基础理论研究的深度和广度也决定了这个学科发展繁荣的程度。历史上的中国，伦理思想虽然灿若繁星，"伦理"一词虽然早在《礼记》中就已出现，虽然历史上产生了蕴含着丰富道德理论、行为规范和德育方法的各类著述，但正如罗国杰先生所指出，"由于中国文化发展和科学分类的特点，伦理学的内容长期地同哲学、政治、礼仪和修身教育结合在一起"[1]，从而导致"长期以来在中国伦理思想史上却未能建立起专属于伦理学的术语和范畴"[2]，一直缺乏体系化、系统化的学理性研究。1906 年，刘师培出版的《经学教科书·伦理教科书》虽被称为最早的伦理学教科书，但从其内容看，仅有较少的篇幅从学理

---

[1]　罗国杰主编：《马克思主义伦理学》，人民出版社 1982 年版，第 2 页。
[2]　罗国杰主编：《中国伦理思想史》上卷，中国人民大学出版社 2008 年版，第 2 页。

上阐释了伦理之义、伦理之源、伦理之要等伦理学的基本问题，主要内容仍然是中国传统伦理甚至是儒家宗法伦理的"编汇"，正如其本人而言"汇集前儒之说，萃为一编"①，作为清政府学部审核的教材，它没有也不可能超越封建伦理的藩篱。因此，克服以往时代和阶级的局限，坚持运用马克思主义的基本原理指导我们客观、全面地分析人类社会的道德现象和道德关系，坚持从马克思主义的经典文献出发开展系统的理论研究，为我国伦理学学科的创立和发展奠定坚实的理论基础，就成为摆在以罗国杰先生为杰出代表的新一代研究者们面前的首要任务。

作为开拓和奠基新中国伦理学事业的代表性人物，罗国杰先生在基础理论研究中指明了伦理学的研究对象、厘定了伦理学的基本问题、阐明了伦理学的研究方法，提出了伦理学的研究任务、明确了马克思主义伦理学的主要理论内容，从而系统地构建了以马克思主义为指导的科学的伦理学理论体系；同时，在系统的理论构建中，先生基于伦理学的实践性特征，基于服务个人的道德修养和品质提升，提出了极具代表性的"新德性论"伦理思想；基于服务国家的改革开放和市场经济建设，提出了社会主义道德建设理论；最后，为更好地夯实基础理论研究，为"新德性论"伦理思想和社会主义道德建设理论提供思想资源和参考借鉴，罗国杰先生遵循马克思主义的基本方法重新审视了中西方不同文化视域下的思想学术资源，对中西方伦理思想史重新进行了框架性梳理。先生所做的这些理论研究为新中国的伦理学事业的建设描绘了一幅全面而又深厚的学术图景。

一 伦理学理论体系的系统性构建

系统地构建新中国的伦理学理论体系，是罗国杰先生在中国人民大学筹建伦理学教研室后首先着手开展的工作。先生曾敏锐地指出"从学校的教学来说，最急迫和最重要的是要编写一本新中国大学所使用的教材"②，由于在国内外没有相关的参考，先生决定从马克思主义的经典著作中找根据，为

---

① 刘师培：《经学教科书·伦理教科书》，广陵书社 2013 年版，第 126 页。
② 《罗国杰文集》第六卷，中国人民大学出版社 2016 年版，第 50 页。

此，可以说，新中国的伦理学理论体系构建是从学习马克思主义经典作家有关伦理道德的理论中开始的。也正因如此，罗国杰先生改变了以往仅以片面的道德内容或道德现象作为研究对象的伦理学理论体系，找到了科学建构马克思主义伦理学体系的理论基点，并从伦理学的研究对象、基本问题、研究方法、研究任务和理论内容等方面系统性构建了马克思主义伦理学理论体系。

首先，确立马克思主义伦理学的研究对象。"科学研究的区分，就是根据科学对象所具有的特殊的矛盾性。因此，对于某一现象的领域所特有的某一种矛盾的研究，就构成某一门科学的对象。"① 马克思主义伦理学理论体系建构的首要任务亦需要明确自己的研究对象。然而，在马克思主义之前的伦理学，由于所处时代的局限和所属阶级的阈限，多以片面的道德内容或道德现象作为研究对象，并未对其研究对象做出科学的规定和说明。虽然在西方，早在亚里士多德时期，伦理学就已成为一门独立的学科存在，"一般都承认伦理学是研究道德的，但由于人们对什么是道德的理解不同，因而对伦理学的对象也有种种不同的规定"②。由此看，在罗国杰先生看来，之所以人们对伦理学的研究对象有着不同理解，主要原因在于人们对"道德"概念存在不同理解，而要准确地理解道德，就需要"客观地、全面地去分析和研究人类社会的道德现象和道德关系，才有可能做出科学的回答"③。为此，立足于唯物史观的学术视野，罗国杰先生指出道德现象是"以善与恶的矛盾和对立所构成的社会现象"④，主要包括道德活动现象、道德意识现象和道德规范现象三个方面，而且这三个方面始终同一定的社会物质生活条件和文化状况相联系。同时，罗国杰先生还强调，只有在整体上全面且系统地研究各类道德现象、只有在总体意义上考察道德现象，才能科学地界定作为伦理学研究对象的道德，才能够找到科学建构马克思主义伦理学的理论基点。基于运用马克思主义的立场观点和方法对道德现象的这一认知，罗国杰先生科学地指出，所谓

---

① 《毛泽东选集》第一卷，人民出版社 1991 年版，第 309 页。
② 罗国杰主编：《马克思主义伦理学》，人民出版社 1982 年版，第 2 页。
③ 罗国杰主编：《马克思主义伦理学》，人民出版社 1982 年版，第 3 页。
④ 罗国杰主编：《伦理学》，人民出版社 1989 年版，第 7 页。

道德是"一种特殊的规范调节方式，是通过社会舆论、传统习俗和内心信念维系并发挥作用的行为原则、规范的总和"①。"正是在这个意义上，可以说道德是一种实践精神，是把握世界的特殊方式。"② 正是其这一特点，决定了伦理学学科的研究对象与其他学科的分殊，也廓清了马克思主义伦理学研究的阈限，为马克思主义伦理学理论体系的创立奠定了科学的基础。

其次，厘定了马克思主义伦理学的基本问题。罗国杰先生在对上述伦理学的研究对象进行分析和阐明的同时，也认识到了亟待伦理学研究和解决的问题很多、很复杂。面对错综复杂的伦理学现象，这促成了他对伦理学基本问题的思考。伦理学的基本问题是伦理学其他一系列问题深入开展研究的前提和基点，对伦理学基本问题的明确，关系到伦理学体系的建立，也直接反映了伦理学研究所代表的不同学术流派。因此，对伦理学基本问题的认识存在着诸多不同的观点，曾一度引起伦理学界的普遍关注与激烈讨论。如果说罗国杰先生这一思考早在 1982 年版的《马克思主义伦理学》中尚包含于对伦理学的研究对象分析之中，那么在 1989 年版的《伦理学》中，罗国杰先生已经将其从对伦理学研究对象的研究中独立出来，成为一个单独进行思考和研究的问题。这一过程本身也体现了罗国杰先生对伦理学研究的学术自觉和不断探索。

在罗国杰先生看来，道德和利益的关系问题是马克思主义伦理学的基本问题，这一问题主要包括两个方面：一是经济利益和道德的关系问题，二是个人利益和社会整体利益的关系问题。其中，第一个方面决定着道德的根源、本质、作用和发展规律等问题，对二者关系的认识是马克思主义伦理学和一切旧伦理学分野的标志；第二个方面决定着道德原则、规范、道德评判的标准等问题，对二者关系的不同认识是不同道德体系之间分野的标志。得出这一认识，一方面，是因为伦理学所研究和关注的一切问题都是围绕着上述基本问题的两个层面而展开的，也是在解决上述基本问题的过程中不断向前演进和发展的；另一方面，也是基于对历史上的诸种伦理学流派的认识和分析

①　罗国杰主编：《伦理学》，人民出版社 1989 年版，第 10 页。
②　罗国杰主编：《伦理学》，人民出版社 1989 年版，第 10 页。

而得出的结论。正是因为罗国杰先生坚持用历史的、具体的眼光去审视各类伦理学思想，坚持以阶级分析的方法去思考各种伦理学背后所代表的阶级利益，因此在历史考察与逻辑分析相统一的基础上，罗国杰先生阐明了伦理学的基本问题。尽管一直以来对于这一基本问题，学界存在不同的认识，甚至还展开过热烈的讨论，但是罗国杰先生所提出的这一代表性观点，奠定了我国马克思主义伦理学研究的主基调。在我国组织编写的马克思主义理论研究和建设工程重点教材《伦理学》中，不仅把"伦理学的基本问题"作为绪论中仅次于"伦理学研究对象"探讨的问题，而且对"伦理学基本问题"的界定及给予的原因阐释也都秉承了罗国杰先生在 1989 年版《伦理学》一书中的基本观点，足可以见先生对这一问题的思考对后续研究所带来的学术影响。

此外，还有一点需要特殊说明，罗国杰先生在 1989 年提出其对这一问题的观点的同时，也在注释中特别提到"关于伦理学的基本问题，伦理学界还有一些不同的观点，各种观点还可以在讨论中取长补短，逐渐求得认识的统一"①。这一细微之处，反映了罗国杰先生在研究中所秉持的包容研究心态和开放学术视野，这一学术品质贯穿于先生一生的学术研究之中，也对于其弟子乃至我国伦理学界的开放包容、探索争鸣的学术传统起到了良好示范作用。

再次，阐明马克思主义伦理学的研究方法。任何一门学科的创立和发展都与其研究方法的创新密切相关。从总体上看，马克思主义伦理学体系的建构逻辑从确立马克思主义伦理学的研究对象出发，运用一般的科学方法、社会科学的方法以及伦理学的特殊方法等马克思主义伦理学的研究方法，去找寻寓于各类道德现象背后所存在的马克思主义伦理学的基本问题，明确马克思主义伦理学的理论内容，从国家和社会层面阐明与之紧密相关的道德规范和道德要求，从个体层面提升人们的道德修养和道德境界，从而实现和达到马克思主义伦理学的研究任务。从这一建构逻辑来看，处于中介地位，起到桥梁和纽带作用的"研究方法"就显得尤为重要。

罗国杰先生在进行伦理学研究中，既注重对一般科学方法和社会科学研究方法的遵循和坚守，又注重对伦理学学科自身独特研究方法的开拓性探索

---

① 　罗国杰主编：《伦理学》，人民出版社 1989 年版，第 11 页。

和总结，体现了守正与创新的统一。也正是在这种统一中，先生推进了马克思主义伦理学研究方法的创新与深化，他指出马克思主义伦理学的研究方法包括三个层次，即一般的科学方法、社会科学的方法以及伦理学的特殊方法。具体而言，一般的科学方法就是唯物主义辩证法，社会科学方法中的重要方法包括历史的方法、阶级分析的方法和理论联系实际的方法，而伦理学的特殊方法主要有价值分析方法、科学抽象的方法、推己及人和自我省察的方法，除此之外，还有许多借鉴其他学科的方法，如对心理学、教育学和社会学等领域方法的借鉴，对控制论和系统论等理论原理的提炼与吸收等，这些都是马克思主义伦理学的研究方法。

当然，上述三个层次研究方法的提出，同样是经历了一个深入思考和探索的过程。早在1982年及其之前的伦理学著作中，罗国杰先生并没有做一般研究方法和伦理学特殊研究方法的区分，在1982年版的《马克思主义伦理学》中，对伦理学研究方法仅从社会科学方法的角度提出了历史的方法、阶级分析的方法、理论和实际统一的方法、归纳和演绎的方法等四个方面，而在1989年版的《伦理学》中，才将伦理学研究方法区分为方法论、一般方法和特殊方法三个层面。这种区分一方面体现了罗国杰先生学术思考的逐渐深入，另一方面还体现了先生对当时学界最新研究成果的吸收和借鉴，体现出先生宽广的学术视野和开放的求知心态。同时，更值得一提的是，对伦理学特殊研究方法的提出，反映了罗国杰先生积极构建伦理学学科体系、学术体系和话语体系的理论自觉，这种意识在当时是极为难能可贵的。此外，还需要指出的是，罗国杰先生认为，在个体道德研究中，要结合使用推己及人的方法和自我省察的方法，这一具体方法的提出看似与其他具体方法不能相提并论，至少不在同一个层面上。实际上，这一特殊方法恰恰体现了马克思主义伦理学不同于以往其他伦理学流派的一个特点，这是对马克思主义伦理学研究者自身的道德要求，体现了马克思主义伦理学所具有的高度自律性和伦理自觉性，也彰显了罗国杰先生为学与做人相统一的学术品格。

罗国杰先生对伦理学上述研究方法的提出和总结，为我国伦理学的后续研究提供了方法论的指导，在其之后的各个版本的伦理学教材中，对伦理学研究方法的阐明尽管在表述上有所区别，但都没有超出罗国杰先生所作的三个层次划分的研究范式，很多看似新颖的研究方法的提出，如马克思主义理论研究和建设工程重点教材《伦理学》中所提及的"逻辑与历史相统一"的研究方法，实则是对罗国杰先生指出的"科学抽象的方法"的进一步概括和提升，就连在对"逻辑与历史相统一"方法的阐明中所列举的具体例证，也都是对先生在1989年版《伦理学》教材中所举例证的直接引用，足以可见，罗国杰先生的思想对后世研究的影响。

复次，提出马克思主义伦理学的研究任务。任何一门科学，都有其特定的研究任务，伦理学研究也不例外。只是伦理学尤其是马克思主义伦理学的研究，既承担着理论构建的任务，也随着不同历史时期的转变、面对不同的现实情况，与时俱进地承担着时代所赋予的使命。因此，罗国杰先生指出"伦理学既以全部的社会道德现象作为其研究对象"，又"有着建设社会主义精神文明的特殊要求"[1]。正是基于这一考量，1985年，罗国杰先生在《马思伦理学是道德科学》一文中，指出马克思主义伦理学的基本任务包括探讨道德现象的根源、本质及发展规律，概括共产主义道德的规范体系，探究共产主义道德品质的形成规律，批判剥削阶级的伦理思想等四个方面[2]；1989年，罗国杰先生在《伦理学》一书中对之前所提的四个方面的马克思主义伦理学的基本任务进行了进一步的明晰，如在"共产主义道德的规范体系"前增加了"社会主义"，将"共产主义道德品质"具体化为"有理想有道德的新人"，将"批判剥削阶级的伦理思想"调整为"批判更新旧道德观念"[3]。2001年，罗国杰先生又提出建设与发展社会主义市场经济相适应的社会主义道德体系是我国马克思主义伦理学不可避免的问题，并指出要坚持正确处理公平与效率的关系问题、先进性要求和广泛性要求相结合、坚持"三个有利于"标准、坚持继承与发扬中华民族优良传统和积极吸收国外的优秀伦理思想成果。[4] 纵观罗国杰先生对伦理学研究任务的分析来看，科学的伦理学研究，其任务主要聚焦两个层面，即关注道德现象最本质、最重要的规律性问

---

① 罗国杰主编：《伦理学》，人民出版社1989年版，第21页。
② 参见《罗国杰文集》第一卷，中国人民大学出版社2016年版，第12—14页。
③ 参见罗国杰主编《伦理学》，人民出版社1989年版，第22—26页。
④ 参见《罗国杰文集》第二卷，中国人民大学出版社2016年版，第17—23页。

题，关注与我国经济建设有关的最本质、最重要的规律性问题，正是对这两个规律性问题的认识和把握，才构成了马克思主义伦理学的研究任务，也正因为这两个规律性问题尤其是第二个规律性问题的发展变化，才决定了马克思主义伦理学研究任务不断更新和变革，这也充分体现了道德由社会经济关系所决定的这一本质及道德服务于一定社会经济发展的基本职能。从一定意义上说，罗国杰先生对伦理学这一研究任务的界定和阐明，还是其对伦理学基本问题分析的呼应，充分体现了其学术思想的严密自洽性和逻辑一贯性。

最后，明确马克思主义伦理学的理论内容。罗国杰先生在梳理西方的伦理学理论体系时指出，"从伦理学的体系结构来看，在西方大致出现过四种类型，即规范的、理论的、描述的、分析的"①，他们各自强调伦理学的某一个方面，并认为只有自己才掌握了伦理学的精髓而"拒斥其他的伦理学体系"②。到底如何明确马克思主义伦理学的理论体系成为摆在罗国杰先生面前的一个重要任务。为此，罗国杰先生认为，马克思主义伦理学的理论内容是聚焦伦理学的研究对象、围绕伦理学的研究任务、遵循伦理学的研究方法对伦理学基本问题的进一步展开和丰富。遵循这一学科体系构建的基本思路，罗国杰先生以对道德现象的三个层次为划分依据，并分别依照道德意识现象、道德规范现象和道德活动现象，对伦理学的理论内容进行了系统性的构建。如果说，在 1985 年及以前对这一问题的思考还不够成熟的话，③ 那么仅仅在三年之后，在 1989 年版的《伦理学》教材中，就鲜明地将伦理学的理论内容划分为三个组成部分，其中第 1—4 章属于道德意识现象的范畴，第 5—9 章属于道德规范现象的范畴，第 10—14 章属于道德活动现象的范畴。其这一结构框架所构成的内容，以对伦理学的基础理论分析为起点，以各种道德规范的建立为中介，以帮助人们在不同境遇中作出正确的行为选择、提升人们的道德品质为归宿。这一逻辑体系框架对我国当时及以后所出版的各种版本的伦理学教材都产生了深远的影响，这些教材的建构框架都带有罗国杰先生对

---

① 《罗国杰文集》第一卷，中国人民大学出版社 2016 年版，第 93 页。
② 《罗国杰文集》第一卷，中国人民大学出版社 2016 年版，第 94 页。
③ 注：在 1985 年版的《伦理学教程》中，罗国杰先生认为依据道德现象的构成，伦理学的理论体系包括道德的基本理论、道德的规范体系和道德品质的形成培养三个部分。

伦理学体系构建的影子，甚至还有部分教材直接套用了罗先生的体系框架，就连我国最新出版的马克思主义理论研究和建设工程的重点教材《伦理学》，其理论框架也基本沿用了罗国杰先生1989年版《伦理学》的基本架构，足可以见罗国杰先生的这一理论体系的影响力。

二　"新德性论"伦理思想的原创性突破

在系统的伦理学理论研究之后，伦理学又该何去何从？其实，早在对道德本质的探索中，罗国杰先生就告诉了我们这一答案。作为一种实践精神的道德，也决定了伦理学理论研究的目的，不能仅仅停留在理论研究自身，罗国杰先生对此有着清醒认知。他在回顾梳理自己的伦理学研究历程中就曾指出，"伦理学绝不是一门纯理论的学科，而是一门强调实践的学科，在各种学科中，伦理学是对人的道德品质和思想素质的塑造最为重要的学科。伦理学的功能，绝不在于使人们获得关于伦理学理论体系的知识和讲授伦理学的能力，而在于它的形成、教育、塑造和升华人的道德人格的力量"①。对此，罗国杰先生指出，伦理学有两个方面的研究任务，即明确人生目的、探寻实现人生目的的途径和方式。而这两个方面都指向人应该拥有什么样的德性，以及如何形成这一德性。罗国杰先生"新德性论"伦理思想的提出和原创性突破正是对这一问题的鲜明回应和系统思考。

罗国杰先生"新德性论"思想的形成是在其编写马克思主义伦理学相关讲义与教学大纲以及在对学生讲课过程中逐渐形成的，之后"经过《马克思主义伦理学》、《伦理学》、《中国伦理思想史》、《中国传统道德》、《中国革命道德》、《中国伦理学百科全书》的编写，我终于形成了'新德性论'的伦理思想"②。罗国杰先生认为自己的"新德性论"伦理思想的理论渊源可追溯至马克思主义、中国古代传统伦理思想、西方古代和近代伦理思想的合理成分。之所以将自己的思想界定为"新德性论"，一方面是因为伦理学就是一门关于人的德性形成的理论和实践的科学，在实践上，最根本的就是"要在生活实

---

① 《罗国杰文集》第六卷，中国人民大学出版社2016年版，第261页。
② 罗国杰：《我的学术思想的形成和发展——对伦理学的教学、研究和探索历程的回顾》，《毛泽东邓小平理论研究》2011年第11期。

践中，实现'人之所以为人'的要求"①，在理论上，就是把这种现实的要求提高至能够指导实践的层次；另一方面是因为这一德性论思想不同于中国传统的德性论，而是马克思主义的新德性论。在他看来，判断一个人行为自身价值的依据，只能是"有道德的动机及其所产生的有道德的效果"②，这既与中国历史上的动机论传统相区别，又与西方康德主义的动机论和功利主义的效果论相区别，因此被称为"新德性论"，依此，只有满足了"以不要求享受某种道德权利"的前提条件，才能称之为"道德行为"，罗国杰先生对这一观点是一直坚守的，也是一生践行的。

在罗国杰先生看来，其"新德性论"伦理思想的内容主要包括六个主要的方面。其一，对"新德性论"目的的追问。先生在该部分内容中明确主张要以社会主义和共产主义的"共同富裕"这个最高理想为目的，对"新德性论"伦理思想的研究进行方向性引导。他认为，社会主义的道德和共产主义的道德真正体现着"人的世界和人的关系"，社会主义和共产主义事业的不断发展为共产主义道德提供了更加广阔的天地，而共产主义道德也将在调节未来社会关系的现实生活中发挥前所未有的作用。其二，对崇高道德理想的追求。罗国杰先生的"新德性论"重视并强调高尚的"道德人格"，认为养成"道德人格"的必要条件是具有坚定的信念与毅力。他强调不仅要看到崇高道德理想难以轻易达到的一面，也要看到崇高道德理想经过自身努力终究可达到的一面，只有在自我修养中不断坚持完善自身，人生之意义才会焕发光彩。其三，对先进的社会主义人道主义要求的思考。罗国杰先生关于先进的社会主义人道主义内容的构想，是在继承与批判中国古代的早期人道主义思想、吸纳西方人道主义的合理内核和贯彻社会主义核心价值体系导向的基础上，将"以人为本"作为其根本出发点和落脚点进行思考的。在他看来，新德性主义所主张的人道主义区别于追求"普遍的""永恒的"旧人道主义，而是根源于经济基础的"社会经济状况的产物"。在这里，罗国杰先生旗帜鲜明地

---

① 罗国杰：《我的学术思想的形成和发展——对伦理学的教学、研究和探索历程的回顾》，《毛泽东邓小平理论研究》2011年第11期。

② 罗国杰：《我的学术思想的形成和发展——对伦理学的教学、研究和探索历程的回顾》，《毛泽东邓小平理论研究》2011年第11期。

指出，所谓西方的"普世伦理"已大多沦为统治阶级进行价值统治的工具，因此，必须坚决摒弃这种打着"普世价值"旗号的伦理理念。其四，对动机和效果辩证统一关系的分析。罗国杰先生认为，判断行为的善恶首先应将主体的动机放在首位进行考察，而不能仅从"客观效果"来判断道德行为。在分析动机和效果辩证统一关系的基础上，罗国杰先生进一步指出，应批判那种完全否定"功利主义"的态度，而应以追求国家、社会与民族的公共利益为目的，承认功利主义的合理内容。另外，罗国杰先生认为，善恶判断的标准是良心和义务，而事情成败的判断标准则在于是否达到行为的效果。其五，对道德修养的重视。罗国杰先生认为，个人的自我完善是道德行为的重要方面，对此，他从他律与自律相统一的视角对人的道德修养问题进行了深入思考，认为道德的他律是必要的，但道德的自律才是真正提升个人道德品质和道德人格的根本性问题，并相应提出了"慎独""修身"等加强个人道德修养的途径和方法。其六，对道德责任的强调。罗国杰先生在其"新德性论"伦理思想的内容中始终强调个人道德责任的重要性，他认为，道德责任在一定意义上也是道德义务，衡量人们道德品质高低的主要标准就在于人们履行道德责任的自觉程度。这种道德义务相对于道德权利而言更为关键，而且这种道德义务更应该是个人对他人、集体、国家和民族所承担的责任。

总体来看，罗国杰先生的"新德性论"思想，生动地诠释了其"业师"与"人师"相统一的人格风范。首先，罗国杰先生直面现实问题并以学者担当诠释了"业师"的担当。罗国杰先生的新德性论伦理思想始终关注现实的道德生活，坚持联系国家发展的具体实际，针对一系列新的伦理道德问题进行理论研究与思考。如，围绕道德的社会作用、我国的道德现状及其评价标准、效率与公平的关系等社会热点问题，围绕科学技术的应用产生的现实伦理问题，罗国杰先生都进行了系统深入的思考，并在理论层面予以了系统回答。其次，罗国杰先生始终牢记育人使命，以不断锤炼自身道德修养来践行其"新德性论"，展示了其"人师"的风范。先生认为，教师身负特殊使命，必须不断加强自身的道德修养，不仅向学生传授知识，更要用高尚的道德品格和崇高的道德理想去培养有道德、有理想并守纪律的学生。他反对将教师职业作为获取生活资料的手段的做法，认为教师必须认识到自身职业的崇高意义，勇于担负起教师的光荣使命。先生始终对自己严格要求，注重不断提高自身的理论水平和道德境界，亲笔书写"四问"以不断反省自身，成为其"新德性论"的切身践行者。再次，罗国杰先生始终关注道德实际，注重以思想解惑来实现"业师"与"人师"的统一。在罗国杰先生看来，伦理学尤其是所创立的"新德性论"伦理学是一门能够"感化人""影响人""培养人'和"打动人"的特殊学科，因而，他始终关注教育对象的思想困惑与道德实际，在实际的教学过程中强调以彻底的理论分析来疏通教育对象的思想和道德困惑。① 最后，罗国杰先生始终将教育事业作为毕生努力方向，以亲身教育实践践行了"新德性论"，实现了"业师"与"人师"的统一。罗国杰先生本人就是社会主义师德理论的亲身论证者和实践者：作为一名人民教师，他始终对教育事业持有敬畏之心，他认为培养者要有高度的责任感和对教育事业的忠诚；他始终强调做人与做学问的统一性关系，他强调伦理学工作者应用所掌握知识理论来指导自身实践，不能仅满足于成为学生的"业师"，更要成为学生真正的"人师"。正是在这一思想的指引下，先生始终坚守不忘献身教育、献身伦理学事业的初心，他对学生发自内心的关爱更是成了老师们的榜样。

三　社会主义道德建设理论的创造性探索

党的十三大为我国进行社会主义道德建设提供了具有重大历史意义的指导方针，大会提出的社会主义初级阶段的理论、基本路线等为我国社会主义道德建设指明了基本遵循。罗国杰先生以我国的具体国情为出发点，在社会主义道德建设理论的探索过程中，对思想道德体系进行了补充与完善，对治国方略提供了建设性建议，为我国道德建设的理论探索与实践发展发挥了重要的推动作用。

（一）对道德体系的丰富完善

党的十四届六中全会提出了构建"以为人民服务为核心，以集体主义为

---

① 参见赵清文《实现"业师"与"人师"的完美结合——学习罗国杰先生关于教师道德的思想》，《齐鲁学刊》2016年第3期。

原则，以爱祖国、爱人民、爱劳动、爱科学、爱社会主义为基本要求，开展社会公德、职业道德、家庭美德教育，形成团结互助、平等友爱、共同前进的人际关系"① 的社会主义道德体系，其构建是一个逐步完善的过程，在这一过程中，罗国杰先生积极建言献策并大力推动，作出了不可磨灭的卓越贡献。

其一，对集体主义原则的坚守。在社会主义道德体系中，罗国杰先生最为看重的是对我国集体主义道德原则的确立和坚守。先生关于集体主义原则的思想在社会主义道德建设理论体系中亦具有重要的地位。在对道德原则全面考察的基础上，先生围绕集体主义原则展开了深入剖析，这些研究主要集中在集体主义原则的确立依据、主要内容、概念定位、层次划分以及价值立场五个方面。

首先，就集体主义原则的确立而言，罗国杰先生认为其确立依据需从道德本身、实际需要、理论意义和实践价值四个方面进行考量。从道德本身来看，罗国杰先生认为集体主义是作为处理个人利益与集体利益之间冲突关系的核心原则；从国家建设的实际需要看，集体主义原则对于更好调动个人积极性、凝聚民族向心力和增强综合国力具有重要意义；从理论意义看，集体主义原则不仅是社会主义道德建设的基本原则，同时也是普遍适用的价值导向；从实践价值看，罗国杰先生强调坚持集体主义是符合我国国情与道德建设实际的基本原则，对于廓清思想困惑、提高道德水平和改善社会风气具有重要的实践价值。②

其次，就集体主义原则的主要内容而言，罗国杰先生认为其内容主要涉及优先性、统一性和正当性三个方面。③ 一方面，集体主义的总原则是指集体利益优先于个人利益，社会主义道德建设的各个方面与环节都须以集体主义为指导，一旦失去了集体主义这一原则内核，就不是真正的社会主义集体主义原则。另一方面，集体主义始终强调集体利益与个人利益的辩证统一关系，

---

① 《中共中央关于加强社会主义精神文明建设若干重要问题的决议》，人民出版社 1996 年版，第 13 页。

② 参见梁丽萍、周炳成《怎样理解社会主义道德建设的核心与原则——罗国杰教授谈学习六中全会〈决议〉中关于社会主义道德建设论述的体会》，《中国党政干部论坛》1997 年第 2 期。

③ 参见罗国杰《关于集体主义原则的几个问题》，《思想理论教育导刊》2012 年第 6 期。

罗国杰先生认为集体利益与个人利益在本质上并不是冲突的，只有重视集体利益与个人利益的协调关系才能获得长足发展。此外，集体主义原则重视对个人正当利益的保障，在罗国杰先生看来，集体主义的应有之义在于促进个人正当利益的实现。因此，他在相关教材的编写中明确指出广大青年应当在实践中坚持集体主义原则，从而正确把握个人利益、国家利益与社会利益的辩证关系。

再次，就集体主义原则这一概念中"集体"的定位而言，罗国杰先生认为从普遍性与特殊性的角度看，集体主义原则的"集体"既表现为国家、民族与社会等具有普遍性的"集体"，也表现为各种具体化的"集体"组织；同时，集体主义原则中的"集体"往往体现为全体社会成员的普遍意志，这种"集体"是由单个独立成员共同构成的，二者之间相互依赖与存在；此外，判断集体主义原则的"集体"是否为真实的"集体"，判断标准在于该"集体"是否真正为大多数人争取利益。① 由此，罗国杰先生指出集体主义原则的相关理论应实事求是地为实践中产生的新问题提供适时的理论指导。

复次，就集体主义原则的层次划分而言，罗国杰先生指出，集体主义原则具体可分为三个层次。第一个层次是无私奉献，该层次为最高层次，针对一切共产党员、先进分子等对象；第二个层次是先公后私，该层次针对广大工人、农民与知识分子等对象；第三个层次是顾全大局，热爱祖国、遵纪守法、诚实劳动，遵守社会公德、职业道德和家庭美德，该层次是对每个公民提出的基本道德要求。② 罗国杰先生对集体主义原则进行的层次性划分体现了社会主义道德建设的广泛性与先进性相统一的要求。

最后，就集体主义原则的价值立场而言，罗国杰先生旗帜鲜明地指出，要坚决反对个人主义的价值导向。罗国杰先生曾多次在文章中表明自己对个人主义的看法，他认为个人主义是一种以个人本身为目的的价值体系，个人主义将集体仅作为实现目的的手段。因此，罗国杰先生指出应坚持集体主义原则所内蕴的价值导向，明确反对个人主义，摒弃个人主义背后的自私自利

---

① 参见罗国杰《关于集体主义原则的几个问题》，《思想理论教育导刊》2012年第6期。
② 参见罗国杰《关于集体主义原则的几个问题》，《思想理论教育导刊》2012年第6期。

与损人利己的价值观。

其二，对"为人民服务"核心的论证。以"为人民服务"为核心的社会主义道德建设是罗国杰先生特别关注的理论问题，先生根据经济基础的实际发展状况与人们道德发展的客观要求，认为在社会主义初级阶段的建设时期，基于社会主义市场经济的条件，社会主义道德建设的深刻理论依据与坚实实践基础是以"为人民服务"为核心。在先生看来，"为人民服务"是最广泛意义上的全体人民群众之间的相互服务，并非一部分群众为另一部分群众服务而被排除于被服务的群体之外。"为人民服务"这一核心是由社会主义的本质所决定的，同以往只为少部分人服务的剥削社会的道德取向有着根本的区别。罗国杰先生认为"为人民服务"与社会主义市场经济发展之间存在辩证统一的关系，社会主义市场经济的良性运行离不开以"为人民服务"为核心的道德基础，在现代化的市场经济中，通过"为人民服务"来实现主体自身的利益追求，才能促进市场经济的健康发展。① 具体来说，罗国杰先生在这方面所做的具体工作主要包括以下三个方面。

首先，罗国杰先生针对"为人民服务"这一社会主义道德的核心进行了理论上的梳理考察。先生认为，"为人民服务"是在继承中华优秀传统文化、中国共产党所领导的革命和建设的历史过程中逐步发展起来的，他指出，"为人民服务"是以"仁"为代表的中华民族传统美德的时代升华。在对"仁"学思想的追溯中，罗国杰先生强调"为人民服务"在真正意义上使"仁"的道德原则落在了实处，究其原因，他指出，中国特色社会主义建设初期，"为人民服务"首先确定了"人民"的主体范围，是对中华民族传统道德的批判与继承。②

其次，罗国杰先生明确了"为人民服务"作为社会主义道德建设核心的依据与意义。先生认为，社会主义道德建设的核心决定着社会主义道德建设的根本发展方向，将"为人民服务"作为社会主义道德建设的核心，是在符合我国道德建设现实状况条件下对社会主义道德的科学概括。关于"为人民服务"的意义问题，罗国杰先生提出了自己的独特见解。从理论上看，先生认为，长期

---

① 参见罗国杰《论社会主义道德的核心和原则》，《高校理论战线》1996年第11期。

② 参见罗国杰主编，焦国成、葛晨虹副主编《道德建设论》，湖南人民出版社1997年版，第40—43页。

以来，"为人民服务"是被作为一种无产阶级人生观进行理解的，而这种对"为人民服务"的理解忽视了其对于社会主义道德建设的核心作用；从道德实践上看，确立"为人民服务"的核心地位有利于全社会形成良好道德风尚。①

最后，罗国杰先生强调将"为人民服务"贯穿于社会主义道德建设的全过程。一方面，要将"为人民服务"的社会主义道德核心贯穿于集体主义原则、社会主义道德建设的基本要求、三大社会生活领域以及三观教育活动之中。罗国杰先生指出，"为人民服务"核心与集体主义原则二者之具有相辅相成的关系，"为人民服务"的根本出发点在于为广大人民群众的利益而服务，而集体主义原则是在"为人民服务"的基础上正确处理个人和集体的利益关系。另一方面，罗国杰先生还强调要澄清"为人民服务"与"人人为我，我为人人"之间的区别。他指出，"'人人为我，我为人人'可以为任何社会制度所接受，'为人民服务'却是社会主义社会所特有的"②，从这个意义上说，"'人人为我，我为人人'也可以说是'为人民服务'的低层次上的要求"③，"为人民服务"包含并高于"我为人人，人人为我"这一要求，体现着社会主义道德建设先进性与广泛性相统一的关系。④

其三，对"五爱"基本要求的关注。在深刻分析"为人民服务"这一道德核心的同时，罗国杰先生还指出社会主义道德建设的五个基本要求，即爱祖国、爱人民、爱劳动、爱科学和爱社会主义。"为人民服务"贯穿于五项基本要求之中，同爱祖国、爱人民、爱劳动、爱科学和爱社会主义相联系。其中，爱祖国、爱人民和爱社会主义这三项基本要求同是否具有"为人民服务"的思想觉悟直接联系，只有时刻想着"为人民服务"的人，才会真正地爱祖国，而在社会主义社会中爱祖国与爱社会主义本质上是一致的。因此，我们所爱的祖国不是一般抽象意义上的祖国，而是爱具体的祖国、社会主义的祖国。爱人民、爱劳动与爱科学也不是口号层面的摇旗呐喊，而是在现实生活中采取实际行动的基本要求。

---

① 参见《罗国杰文集》第二卷，中国人民大学出版社 2016 年版，第 127—132 页。
② 《罗国杰文集》第二卷，中国人民大学出版社 2016 年版，第 122 页。
③ 《罗国杰文集》第二卷，中国人民大学出版社 2016 年版，第 135 页。
④ 参见《罗国杰文集》第二卷，中国人民大学出版社 2016 年版，第 150—156 页。

其四，对道德建设领域的思考。道德建设的具体领域是开展道德建设的抓手和着力点所在，对此，罗国杰先生分别从社会主义公德教育、职业道德教育以及家庭美德教育三个方面对社会主义道德领域建设进行系统的思考。

在社会公德领域，罗国杰先生指出，社会公德是针对全体社会成员的基本道德规范，其内容包括文明礼貌、乐于助人、爱护公物、保护环境和遵纪守法。社会公德为我国全体社会成员明确了道德目标，设定了评价善恶的道德标准，不仅有利于促进社会主义道德建设的健康发展，还有助于推动社会主义精神文明的良好建设。罗国杰先生认为，社会主义道德建设必须注重人民利益、社会利益和集体利益之间的协调关系，因此，只有不断巩固关心人民、集体和社会利益的"公心教育"，才能在社会主义道德建设中让社会公德教育深入人心。①

在职业道德领域，罗国杰先生指出，职业道德是在特殊职业关系中形成的特殊行为与道德要求，其内容主要包括爱岗敬业、诚实守信、办事公道、服务群众以及奉献社会。罗国杰先生强调职业道德教育对于社会主义精神文明具有十分重要的建设意义，他分别从理想、态度、技能和纪律等维度对社会主义职业道德的内容进行了探索，并指出社会主义职业道德区别于资本主义社会所倡导的职业道德，是人类社会发展史上的新阶段；对于如何切实加强社会主义职业道德教育，罗国杰先生提出了自己的看法，他认为，职业道德教育的建设可以从媒介传播、大学生后备军教育、落实教材与课程教育以及反对一切不符合广大劳动人民利益的错误思想与行为的立场等四个方面提高全体社会成员的职业道德水平。②

在家庭美德领域，罗国杰先生认为，家庭成员的良好道德品质对于社会整体良性运转具有重要意义，其具体内容包括尊老爱幼、男女平等、夫妻和睦、勤俭持家以及邻里团结。通过综合对比不同家庭出现的各类问题，罗国杰先生指出，加强家庭美德教育是一个很值得思考的战略性问题。具体而言，个人缺乏良好的家庭美德，会影响到对子女的家庭教育，进而影响到国家与

---

① 参见《罗国杰文集》第二卷，中国人民大学出版社 2016 年版，第 220—224 页。
② 参见《罗国杰文集》第二卷，中国人民大学出版社 2016 年版，第 227—262 页。

社会的整体稳定。因此，家风对于培育和形成良好的家庭美德氛围有着强大的感染力。对于如何加强家庭美德教育，罗国杰先生认为可从宏观、中观与微观层面着手进行，即实现社会、学校和家庭同频共振。①

（二）对治国方略的建言资政

罗国杰先生一生经历过国家发展的重大转折时期，曾亲身参与中国的革命和建设事业，这些经历使得罗国杰伦理思想更注重理论与现实的紧密结合。先生一生注重将伦理学理论研究与社会现实相结合，多次建言献策被中央采纳，其中提出的"以德治国"被江泽民同志采纳于"依法治国和以德治国相结合"的治国方略。在罗国杰先生的伦理思想中，"德治论"是其重要内容，"德治论"自觉汲取了中国古代优秀德治思想，他指出德治和法治的关系问题是中国古代各派伦理思想的重要一域，并对"德教为先"等古代德治思想进行了创新性转换与研究。② 总体上说，罗国杰先生的"德治论"思想为"依法治国和以德治国相结合"的治国方略提供了深厚的理论支撑。罗国杰先生以其对"德治论"的独到理论分析，深刻阐发了"以德治国"的科学内涵，对社会主义新型"德治"观进行了清晰定位。

"德治论"的内容主要包括德治与法治关系的澄清、德治主体的揭示、以德治国与民主政治关系的厘清以及德治的理论和实践价值等方面。在澄清德治与法治关系的方面，罗国杰先生认为厘理清德治与法治的关系问题是消除人们在德治、法治与人治等问题上产生误解的关键所在。为此，他指出德治与法治具有同等地位，德治在国家治理中具有重要意义。③

围绕德治的主体，罗国杰先生指出，以德治国不是传统儒家文化中所认为的"治民"而不"治官"，社会主义社会的"以德治国"不仅"治民"更注重"治官"，并且这里所治之"民"是具有广泛性的人民，所维护的是最广大人民的利益，而德治的重点主体是领导干部。④ 由此，罗国杰先生指出，

---

① 参见《罗国杰文集》第二卷，中国人民大学出版社 2016 年版，第 363—397 页。
② 参见《罗国杰文集》第六卷，中国人民大学出版社 2016 年版，第 188—194 页。
③ 参见罗国杰、夏伟东主编《以德治国论》，中国人民大学出版社 2004 年版，第 181—189 页。
④ 参见戴木才《关于以德治国的几个重要争论问题——访中国伦理学会会长、中国人民大学教授、博士生导师罗国杰》，《中国党政干部论坛》2003 年第 12 期。

社会主义的新型"德治"是继承并批判传统"德治"、以为人民服务为核心、以集体主义为原则的"德治"更高形态，在社会主义新型"德治"的基础上，领导干部的选拔必须从德才兼备、以身作则和榜样示范等维度对其进行考察。因而，社会主义新型"德治"对领导干部有着更严格的道德要求，无论是在领导干部的考核、选拔还是任命等环节，都更注重其是否具备"德才兼备"这一核心素质，只有从政者具有"大德"的道德素质，自觉提高道德修养，并在从政实践中真正做到以身作则，不断用自身的道德品质与高尚人格感染、号召百姓，才能培育良好的社会风尚。

面对"以德治国是否会影响民主政治进程"的疑虑，罗国杰先生通过回答以德治国和民主政治的关系问题给予了明确的解释。他认为社会主义道德建设与社会主义现代化之间是相互促进的关系，社会主义现代化离不开社会主义道德建设，社会主义现代化所要达成的目标不仅是物质层面的"富裕"，还包括人民精神文明层面的"富足"。罗国杰先生主要从三个方面对以德治国和民主政治的关系问题进行了解释。其一，德治与法治是"车之双轮""鸟之两翼"的相辅相成关系，肯定法治的同时必然也要重视德治。其二，法治效果同法治主体素质直接相关，具备道德良知的法治主体必定会自觉维护法律的正当性，因而以德治提高法治主体的道德水平，于法治建设而言是十分必要的。其三，社会主义新型德治对于提升国民品德修养、发扬国民主人翁意识以及推进社会主义民主进程的现代化建设具有重要作用。①

关于以德治国的理论意义与实践价值，罗国杰先生分别从弘扬我国古代优良道德传统、丰富完善治国方略理论、促进社会主义政治道德和法律理论的发展、提升官德党德和官民道德素养、促进社会主义精神文明建设并改善社会道德风尚等方面进行了深入探讨。②

综上可见，罗国杰先生对我国市场经济体制下的道德建设理论进行了丰富而又全面的探索，提出了很多具有创建性的思考，对社会主义精神文明建设尤其是思想道德的发展进程起到了助力和推动的作用，同时也有力地促进

---

① 参见罗国杰、夏伟东主编《以德治国论》，中国人民大学出版社 2004 年版，第 282—284 页。
② 参见罗国杰《"以德治国"思想的理论意义和实践意义》，《高校理论战线》2001 年第 3 期。

了我国的公民道德建设进程。罗国杰先生深知，社会主义精神文明建设的性
质与方向是由思想道德建设所决定的，建设社会主义精神文明要紧紧抓住人
生观教育与价值观教育这两个核心环节，要从提高人民群众的思想觉悟这一
核心发力点出发，为此才能真正落到实处。与此同时，罗国杰先生还深刻认
识到，社会主义精神文明建设的根本任务在于培养有理想、有道德、有文化
和有纪律的"四有"新人，在此过程中，如何树立共产主义人生观、怎样养
成社会主义的集体主义精神等，是值得引起足够重视的深层次问题。[①] 因此，
在进行社会主义精神文明建设的过程中，集体主义的价值导向就显得尤为重
要。罗国杰先生的这些论述，也再一次彰显了其对集体主义道德原则的一以
贯之，体现了先生思想的严密性和自洽性。

四 中西伦理思想史的框架性梳理

罗国杰先生融通古今中西梳理了伦理思想史的理论体系，广纳不同文化
视域下的学术资源，在对中国传统伦理思想的提炼升华中，批判并继承了中
国古代传统道德，继承发扬了中国革命道德，对西方伦理思想也从马克思主
义的视角加以梳理和反思，由此构建了完整的中西伦理思想史理论框架。

（一）中国传统伦理思想的提炼升华

罗国杰先生始终把中国伦理学思想史的研究作为其学术生涯的重大学术
课题。罗国杰先生关于中国古代伦理思想的研究主要经历了三个阶段。在 20
世纪 80 年代以前，罗国杰先生对中国古代伦理主要原典进行了研读。其中，
儒家的伦理道德"原典"中关于德性论、"求圣"、"求贤"和"德治"等思
想对罗国杰先生产生了重要影响。通过对儒家的伦理道德"原典"的研读与
学习，罗国杰先生明确提出了要批判地继承中国古代伦理思想的优秀遗产，
并着手编写、出版中国伦理学思想史等著作，对中国古代伦理思想的相关概
念与理论等进行了系统探讨。20 世纪 80 年代到 20 世纪末，罗国杰先生围绕
"义利""公私"等概念进行了深层讨论，组织并编写了关于中国伦理思想史
的源流、精神和方法等资料汇编，其中所贯穿的对于传统、文化软实力等深

---

① 参见《罗国杰文集》第三卷，中国人民大学出版社 2016 年版，第 178—179 页。

刻见解，已远远超越了整理并归纳中国古代伦理思想史的意义。21 世纪以后，罗国杰先生在其进一步研究中对儒家的伦理思想有了更为深刻的把握，在实际的伦理学研究中注重呈现鲜明的中国风格和民族特点，关注中国传统伦理对德行修养的思考，为其"新德性论"思想体系的形成奠定了基础。

1. 对中国古代传统道德的批判继承

罗国杰先生将中国古代伦理思想史划分为八个历史时期，认为中国古代伦理思想家们所研究的问题主要涉及道德同利益的关系、道德的最高理想、人性、道德修养、道德品质的形成、道德评价、人生价值、道德的必然和自由的关系、道德规范以及德治与法治的关系问题，这十个方面的问题深刻体现着中国古人对道德现象与道德关系的不断思考，所形成的研究系统且广泛。罗国杰先生在研究中国传统伦理思想的过程中指出，应避免片面否定和片面继承两种错误倾向，这为对传统伦理思想的批判性继承提供了方法论基础。

第一种是片面夸大中国传统道德伦理思想的消极因素，片面否定中国传统道德伦理甚至是中国传统文化。罗国杰先生认为这种倾向没有结合当今的时代条件进行正确的分析和批判，忽视或者抹杀了中国传统道德伦理中的积极因素，是一种不全面的认识。第二种是全面继承中国传统道德伦理思想中的所有因素，这种认为只要重新实行"孔孟之道"就能使得整个社会的道德面貌发生巨大改善的观点，实质上也是对中国传统道德伦理的片面认识。为了正确认识中国传统伦理思想，罗国杰先生对其特点进行了恰如其分的分析与归纳，将中国传统道德伦理思想的特点概括为重人伦关系、重精神境界、重人道精神、重整体观念、重修养践履和重推己及人六个方面。除此之外，罗国杰先生对中国历史上的道德规范进行了系统考察。在对中国传统道德伦理史的梳理中，罗国杰先生指出中国古代儒家特别重视道德的社会作用，往往将道德作为治国方略来考虑，他们在总结和概括道德规范时都力求提炼出符合社会要求的道德规范，并进行大力宣传以最大程度地发挥道德的社会作用。

罗国杰先生强调中国伦理思想史的研究必须坚持唯物辩证法、阶级分析法、历史的方法等马克思主义的方法。罗国杰先生认为最根本的方法是以马克思主义基本理论为指导对中国伦理思想史进行分析和研究，考察每一种伦理学说必须将其放在相应的历史条件下进行分析，应以全局视角剖析不同伦理思想之间的特殊性。由此，罗国杰先生指出要以实事求是的态度对中国传统伦理思想进行介绍，系统、深入且辩证地研究中国古代与近代的伦理道德思想，并从历史发展的角度对中国传统伦理思想进行阶级性的评价，正确评判其在中国伦理思想发展史上的历史意义，在理论上进行彻底批判，才能更好地继承道德遗产中有价值的因素，通过中西比较和相关学科比较更深刻地把握中国伦理思想史的长短优缺。

遵循上述研究方法，罗国杰先生对我国的传统伦理思想进行了系统的梳理。就占据统治地位的儒家思想而言，罗国杰先生将其概括为五个方面，即仁爱思想、"礼"的思想、重视整体利益、高尚的精神境界和理想人格、道德修养。

关于仁爱思想，罗国杰先生重点阐述了孔子的"爱人"观、义利观以及道德行为观。孔子将"类"的角度作为考察"人"的依据，由此提出了人与人之间的应然道德原则与道德规范，"爱人"应包括利民与惠民两个基本内容。罗国杰先生认为孔子的仁爱思想作为中国古代早期的人本主义思想，尽管无法摆脱阶级桎梏，但确实在一定程度上反映了"仁爱"对于社会稳定的重要价值，而孔子所强调的"利民"与"惠民"是在维护统治阶级利益的基础上给百姓带来实际利益。罗国杰先生指出，全面认识孔子的仁爱思想，既要看到孔子所强调的人与人之间彼此相爱的思想维度，也要看到关注百姓实际利益的思想维度。孔子的仁爱思想中还包含了"己所不欲，勿施于人"的思想，这既是如何"爱人"的道德要求与准则，也是"仁爱"思想的方法论原则。①

关于"礼"的思想，罗国杰先生将这一思想放在儒家尤其是孔子伦理思想的首位，他认为孔子的"礼"强调一种人伦价值，是当时历史条件下各种社会关系之间形成的各种规范的总和。其中，孔子提出的"克己复礼为仁"既有维护社会安定的作用，也具备实现个人价值的意义。在对"礼"进行进一步分析的基础上，罗国杰先生指出，当前对于传统儒家所规定的"五伦"

---

① 参见《罗国杰文集》第四卷，中国人民大学出版社 2016 年版，第 74—80 页。

关系应予以具体分析：一是排斥等级观念，由"父子有亲"转变为"父慈子孝"；二是扬弃君臣伦理，由"君臣有义"转变为"上下有义"；三是批判封建思想，由"夫妇有别"转变为"夫妇有爱"；四是讲究"长幼有序"；五是重视"朋友有信"①，罗国杰先生的这些思想为当前思想道德建设中对中国传统伦理的借鉴指明了具体的路向。

关于重视整体利益，罗国杰先生认为这是一种贯穿于儒家思想的重视民族和国家整体利益的精神。这种维护国家安全与祖国统一的整体主义精神对中国人民有着根深蒂固的影响。当下，主张祖国统一，反对任何分裂国家，反对一切背叛祖国与民族的行为，至今仍是我们所要坚持的。罗国杰先生指出，由于儒家的整体主义精神产生并服务于封建社会，其思想不可避免具有历史局限性，经过新时期的推进与新理论的批判，应该辩证地分析儒家的这一传统伦理思想，吸收其有利于国家、民族、社会统一的有益养分。

关于如何正确认识儒家伦理思想的价值取向，罗国杰先生指出，重视精神境界是儒家伦理思想所追求的价值取向，道德需要是人们最为迫切的需要，正因为如此，儒家在义利关系上强调义重于利。这种强调精神境界的价值取向在中国历史上发挥过积极影响，对于陶冶民族性格具有一定提升作用，但也要注意谨防将儒家的伦理取向作为维护阶级统治的工具，谨防将这种价值取向片面化和绝对化，以致成为禁锢人们"枷锁"。

关于道德修养，罗国杰先生指出中国传统儒学的目的在于学为人，儒家从孔子开始注重在内心的反省即"内省"。儒家强调个人要在道德修养方面注重"自省"，为使道德修养得到实际效果，坚持艰苦锻炼才能达到"功夫"。因此，儒家特别重视道德主体自觉的艰苦锤炼，否则认为不会形成真正的道德修养。

关于儒家伦理思想的方法论，罗国杰先生认为，从方法论维度看，"推己及人""能近取譬""设身处地"以及"将心比心"等方法论原则在儒家伦理思想中具有重要意义。其中，"推己及人"是从自身需求出发，推想到他人可能会产生的需求，从而理解他人并自觉调解自我与他人的关系；而"能近取

---

① 参见《罗国杰文集》第四卷，中国人民大学出版社 2016 年版，第 86—89 页。

譬"包括两个方面的意义：一是从自身需求推知他人需求，强调对同类群体的同情和关注；二是从自身不能接受的条件出发，体会正处于此种境况的他人的感受，从而对他人"雪中送炭"。

关于儒家伦理思想的当代意义，罗国杰先生认为至少存在五个方面的积极意义。第一，儒家伦理思想中的整体意识和大局观念是一种为民族和为国家整体利益不屈不挠的奋发向上的精神力量，始终鼓舞着中华民族自强不息；第二，儒家伦理思想中的仁者爱人和待人以和是强调"以和为贵"的为人处世的伦理原则；第三，儒家伦理思想中注重人伦、敬事而信的责任意识与敬业精神，是个人对家庭和社会负责任的重要人伦原则，也是遵守社会职业道德的责任要求；第四，儒家伦理思想中对崇尚理想人格和精神境界的追求，是实现人生价值的关键，这种追求精神背后所包含的百折不挠利于人格的塑造；第五，儒家伦理思想中的践履笃行是形成个人道德修养的重要途径，其认为只有通过克己践履这一实践途径才能成为一名真正具有社会道德的人。

关于应采取怎样的正确态度对待中国传统儒家伦理思想，罗国杰先生认为，这一态度经历了曲折的发展过程，而要实事求是地正确评价中国传统儒家伦理思想，要以坚持马克思主义为指导思想，批判地继承中华优秀传统文化中的伦理道德思想。罗国杰先生指出，正确对待中国传统儒家伦理思想，有利于社会主义精神文明建设和道德文明建设，因此，首先必须形成具有现代意义的社会主义精神文明和道德文明。他强调，着眼于未来长远发展的国家必然不能抛弃本民族的优良道德传统，而是要在继承并发扬本民族优良道德传统的基础上，脚踏实地建设符合当今时代发展需要的精神文明和道德文明。其次，社会主义精神文明建设和道德文明建设应是集开放性、先进性和世界性于一体的文化建设，因此，要避免种种狭隘的保守主义态度，主动克服文化恐惧意识，以开放且包容的文化心态积极学习其他民族的优秀文化，不断汲取人类文明的优秀发展成果，从而推动社会主义精神文明和道德文明的发展水平。最后，中国传统儒家伦理思想对于加强社会主义思想道德建设与文化建设具有重要意义，无论是思想道德建设还是文化建设，都需要通过继承并弘扬中国传统儒家伦理思想中的优秀伦理道德思想进行自身的发展建设，中国传统儒家伦理思想中的优秀伦理道德思想，对于当今维护社会秩序和增强国家凝聚力具有现实意义，仍能够不断发挥其应有的精神作用。

此外，罗国杰先生还对中国伦理思想史上墨子、老子、庄子和法家伦理思想进行了全面研究，对中国传统伦理思想史上的经典著作如《大学》《中庸》《礼运》《孝经》等中的伦理思想进行了深入思考，对中国伦理思想史的发展历程进行了系统的梳理，这些内容都体现在其 2008 年主编的《中国伦理思想史》一书之中，该书 125 万字，始于 1988 年，历经 20 年，经过不断的丰富和完善，最终以一部"涵盖时间较长、内容较为丰富"① 的精品力作呈现在读者面前。罗国杰先生对中国传统伦理思想研究的这一坚持乃至执着，为我们全面呈现了中国伦理思想史的风貌，也树立运用马克思主义的立场、观点和方法来分析中国伦理思想的典范。

2. 对中国革命道德的继承发扬②

罗国杰先生在对中国传统伦理思想进行全面梳理的同时，也对中国革命道德进行了系统的总结与思考。他在两卷本的《中国伦理思想史》中就已经论述到了马克思主义伦理思想在中国的传播，分析了毛泽东伦理思想的产生和发展，他还在《中国革命道德》丛书中更为详细地梳理了中国革命道德形成与发展的脉络，阐明了中国革命道德的核心、原则与奋斗精神，并指出了继承和弘扬中国革命道德的重要意义。

关于中国革命道德的形成与发展，罗国杰先生指出，中国革命道德是由中国共产党人、人民军队、一切先进分子以及人民群众在中国革命和建设的伟大实践中形成的优良道德。中国革命道德是对中国古代优良传统道德的继承与发展，是在新民主主义革命、社会主义革命与建设的历史时期中对中国古代优良传统道德的升华与飞跃。先生认为，中国革命道德于五四运动前后萌芽，于中国共产党成立后的工人运动和农民运动发端，经土地革命战争、抗日战争、解放战争、社会主义革命和建设的长期发展不断得以发展壮大。

---

① 罗国杰主编：《中国伦理思想史》下卷，中国人民大学出版社 2008 年版，第 1077 页。
② 参见罗国杰编著《中国革命道德》，中国人民大学出版社 2013 年版，第 9—14 页。

关于中国革命道德的内容，罗国杰先生指出，中国革命道德的核心是全心全意为人民服务，其原则是集体主义，在革命与建设的实践过程中逐渐形成了"坚韧不拔、不怕牺牲、排除万难去争取胜利"的革命奋斗精神。

关于如何对待中国革命道德，罗国杰先生指出，大力弘扬中国革命道德具有十分重要的现实意义：一是有利于加强、巩固社会主义理想信念和共产主义理想信念，二是有助于培养有理想、有道德、有文化和有纪律的社会主义接班人，三是有助于提高广大人民群众的思想道德素质水平，进一步改善社会道德风尚，一定程度上抵制腐朽思想的侵蚀。同时，他还指出，弘扬中国革命道德要注意同中国古代的优良道德传统相结合，延续和发展中国古代优良传统道德中的思想精华，并依据具体时代条件进行创新。

（二）西方伦理思想史的线条勾勒

罗国杰先生细致考察了西方伦理思想的发展脉络，在借鉴不同类型伦理学有益成果的基础上系统研究了西方伦理思想的著作，他同宋希仁先生共同撰写了《西方伦理思想史》，在二十多年时间中主持并翻译了十几本外国伦理学名著译丛，为我国伦理学的教学与学科建设拓宽了借鉴学习西方伦理思想有益成果的途径。

在《西方伦理思想史》上卷本中，罗国杰先生和宋希仁先生对马克思主义伦理思想诞生之前的西方伦理思想的发展进程进行了分析研究。《西方伦理思想史》上卷的内容涉及西方伦理思想的产生、发展阶段、基本规律，如毕达哥拉斯和赫拉克利特的伦理思想，早期智者派和苏格拉底的伦理思想，德谟克利特和柏拉图的伦理思想，亚里士多德和伊壁鸠鲁的伦理思想，斯多葛学派和怀疑主义的伦理思想，奥古斯丁和托马斯·阿奎那的伦理思想，文艺复兴时期的伦理思想。罗国杰先生运用马克思主义的立场、观点及方法对西方伦理思想作了较为系统而深刻的分析，是伦理学的重要参考教材。在《西方伦理思想史》下卷本中，罗国杰先生对近代英国、法国、德国的主要伦理学家的主要伦理思想，作了较为系统而深入的理论分析和批判，揭示了近代西方伦理思想发展的基本趋势、主要历程和一般规律。下卷本的内容广泛，涉及培根和霍布斯的伦理思想、剑桥学派、洛克和孟德维尔的伦理思想、斯宾诺莎和莱布尼茨的伦理思想、道德情感论和直觉主义伦理学，包括伏尔泰、孟德斯鸠、卢梭、爱尔维修、霍尔巴赫在内的 18 世纪法国启蒙伦理思想，包括边沁和密尔的英国功利主义伦理思想，包括康德、费希特、黑格尔、费尔巴哈的德国古典伦理学等。在上述分析的基础上，全书对西方传统伦理文化的批判作了一次有价值的尝试。因此，常年被作为高等院校专业教材用书以及并适用于西方哲学与西方文化、西方伦理史的研究。

关于西方伦理道德观念与我国社会主义道德建设之间的关系，罗国杰先生分别从西方伦理观念对我国青年学生的影响、如何看待个人主义、怎样培养符合社会主义社会发展的伦理思想与道德观念等方面进行了阐述。从西方伦理道德观念对我国青年的影响来看，罗国杰先生指出，中国传统道德文化重视整体、崇尚理想、强调精神的能动作用，我国传统的伦理道德思想趋向于绝对的整体主义，未真正关注个人的正当利益。在中外对比中，罗国杰先生着重介绍了对我国青年影响较大的几种伦理思潮，其中包括叔本华和尼采的意志论哲学、萨特的存在主义思想和弗洛姆的个人与自我的观念等。罗国杰先生指出，这三位著名思想家的共同之处在于强调了个人价值、个人利益、人是目的而不是手段、自我的主动性、自我奋斗以及反对为社会而牺牲个人，这些西方伦理道德思想和人生价值取向既有积极作用也有消极影响。这些西方伦理思想在一定程度上能够帮助青年们认识到个人价值的重要性，从而促使青年实现自身价值。然而强调以个人为中心，甚至发展为极端的利己主义则是需要加以批判的。针对青年人中存在的个人主义和利己主义思想，罗国杰先生指出，这既与青年对自由和尊严的情感共鸣有关，也与社会存在的消极现象有关，还与青年的心理、知识结构和思维方式的特殊性有关。如何看待个人主义，罗国杰先生指出，主要应从理论上对此加以阐明。为此，他首先从个人主义的广义与狭义层面深刻解读了究竟何为个人主义，广义的个人主义强调个性的发展、个人权利和个人利益以及个人的尊严和价值，这三个方面贯穿于以个人为中心、个人具有至上性的逻辑思路；而狭义的个人主义是个人至上、以个人为中心的主义，是反对国家、社会对个人过多干涉的主义。在上述分析的基础上，罗国杰先生指出，不论是广义的个人主义还是狭义的个人主义，因其把个人的价值、尊严视为至上，把个人的活动、个人的自我选择和自我奋斗当作推动历史的动力，故而终将深入历史唯心主义，并在个人与集体的关系方面表现为个人自由主义和无政府主义，这将是我们所要反对的价值取向。怎样培养符合社会主义社会发展的伦理思想与道德观念，罗国杰先生认为，首先必须正确理解与处理个人与社会之间的关系，既注重集体利益，也重视个人价值；其次必须承认整体应当保证个体具有充分活力，在不断改造集体的同时，也能促使个人利益更好地实现；最后必须强调个人利益服从于集体利益。①

综上，自罗国杰先生开创了新中国伦理学事业的崭新局面以来，我国马克思主义伦理学的理论研究体系由初具规模走向渐趋完善，逐渐形成了自己的学科研究范式，取得丰硕的系列研究成果，这主要体现在罗国杰先生作为开拓和奠基中国伦理学的代表性人物，在系统性构建马克思主义伦理学理论体系的过程中，对我国马克思主义伦理学的理论研究作出了开拓性贡献。罗国杰先生改变了以往仅以片面的道德内容或道德现象作为研究对象的伦理学理论体系，科学建构了以研究对象、基本问题、研究方法、研究任务和理论内容为理论基点的马克思主义伦理学理论体系；以其"新德性论"伦理思想的原创性突破对伦理学核心问题进行了回应和思考，在社会主义道德建设理论的探索过程中，对思想道德体系进行了丰富与完善，在对道德原则全面考察的基础上，罗国杰先生围绕集体主义原则展开了深入剖析，针对"为人民服务"的社会主义道德核心，进行了系统的理论分析，并从社会主义公德、职业道德以及家庭美德三个方面对社会主义道德领域建设进行了系统思考。罗国杰先生一生注重将伦理学理论研究与社会现实相结合，多次建言献策被中央采纳，其中他所提出的"德治论"思想为"依法治国与以德治国相结合"的治国方略提供了深厚的理论支撑。另外，罗国杰先生广纳了不同文化视域下的学术资源，在对中国传统伦理思想的提炼升华中，批判并继承了中国古代传统道德，继承发扬了中国革命道德，由此构建了独立的中西伦理思想史理论框架。由此，基于对马克思主义伦理学理论体系的系统性构建、"新德性论"伦理思想的原创性突破、社会主义道德建设理论的创造性探索和中西伦理思想史的框架性梳理等方

---

① 参见《罗国杰文集》第二卷，中国人民大学出版社 2016 年版，第 90—98 页。

面进行总结与分析，有助于站在"前人的肩膀"上建构更具解释力的马克思主义伦理学理论体系，从而更加有效地发现当前马克思主义伦理学理论体系发展过程中存在的不足，适时化解新时代背景下面临的新问题，推动马克思主义伦理学理论体系长效发展的存续。

第二节　学科发展的奠基性成就

马克思主义伦理学在不断发展中取得的丰富成就，是建立在以罗国杰先生为代表的马克思主义伦理学研究成果的基础上而不断取得的。罗国杰先生在马克思主义伦理学的学科化与系统化等方面进行了开创性的探索，负责并筹建了新中国第一个伦理学教研室，培育并组建了中国马克思主义伦理学的第一支教研队伍，在中国人民大学建立了最早的伦理学专业硕士、博士学位授权点，并构建了最早的完整的伦理学专业培养体系，带领队伍积极推动伦理学学科共同体的规范化建设，为新中国的伦理学事业作出了突出的贡献。

一　组建了新中国第一个伦理学教研室

受 1959 年苏联成立的第一个伦理学教研室的影响，20 世纪 60 年代初，在国内伦理学领域没有任何可借鉴的情况下，罗国杰先生担任中国人民大学伦理学教研室的副主任期间，带头负责并筹建了由法律系、国政系和哲学系调入的包含罗国杰先生等在内的八位青年教师所组成的新中国第一个伦理学教研室，为后期组建中国马克思主义伦理学的第一支教研队伍，建立伦理学专业硕士、博士学位授权点，构建完整的伦理学专业培养体系，推动伦理学学科共同体的规范化建设，打下了坚实的学科建设基础。[①]

二　培育并组建了伦理学的第一支教研队伍

马克思主义伦理学的发展离不开专业的教学科研队伍。罗国杰先生受教育部委托，在中国人民大学组建了新中国马克思主义伦理学的第一支教学科

---

① 　参见《罗国杰文集》第六卷，中国人民大学出版社 2016 年版，第 50—51 页。

研队伍，并不遗余力地开办了高校伦理学骨干师资培训班，在 1980 年至 1983 年开办期间，吸纳了全国高校的伦理学骨干师资，后期高校伦理学骨干师资培训班中的许多学员逐渐成长为中国伦理学界的重要力量和中流砥柱。

三 最早建立了伦理学硕士博士学位授权点

在学科建设方面，罗国杰先生为此做了很多工作，为了使中国人民大学哲学系能够设立更多得到社会承认的硕士点和博士点，罗国杰先生作为国务院哲学学科评议组的召集人和成员之一，在同中国人民大学哲学系老师们的共同努力下，伦理学专业成为全国最早被批准的博士点，在此基础上，中国人民大学哲学系最早获得了一级学科的博士学位授予权，哲学一级学科下设的所有二级学科全部获得了博士招生资格。为使中国人民大学哲学系能够得到更加全面的发展，罗国杰先生等人特此向国家教委申请批准增设了全国唯一从本科开始招生的伦理学专业。由此，为伦理学的学科发展充实了新的发展力量。罗国杰先生作为我国恢复研究生教育后首批培养伦理学硕士研究生和博士研究生的导师，是当时招收研究生最多的伦理学专业点的导师。在罗国杰先生担任全国高校伦理学研究中心首席学术顾问期间，其学生遍布了大江南北，其中很多人日后成为中国众多高校、研究机构等伦理学领域的学科带头人或学术骨干。

四 最早构建了完整的伦理学专业培养体系

1981 年，在罗国杰先生的带领下，中国人民大学的伦理学教研室获得了硕士学位的授予权，成为我国当时最早具有硕士授予资格的单位之一。在建立了伦理学专业硕士、博士学位授权点后，罗国杰先生作为中国人民大学伦理学教研室的主要负责人，牵头构建了完整的本、硕、博三级伦理学专业人才培养体系。在中国人民大学伦理学专业作为国家教委最早的重点学科之一后，罗国杰先生成为"文化大革命"后的第一批教授中伦理学专业的第一个博士生导师。1978 年至 1984 年，罗国杰先生带领构建的博士生、硕士生和本科生三级伦理学专门人才培养体系，为缓解我国当时缺乏伦理学教研专门人才的状况作出了突出贡献。

五　积极推动伦理学学科共同体的规范化建设

（一）成立伦理学研究的学术团体

1980 年夏天，由罗国杰先生等人牵头在无锡召开了第一次全国伦理学研讨会，并成立了中国伦理学会。在 1984 年召开的全国伦理学会上，罗国杰先生当选中国伦理学会的会长，在后来担任会长的 20 年里，罗国杰先生力求将中国伦理学会发展成为坚持马克思主义理论指导、紧密结合学术研究和生活实践的学术团体。在罗国杰先生担任中国伦理学会会长期间，为学会举办了十次全国性的理论研讨会，每次会上，他在主旨报告中都力求将学术研究和现实问题相结合，以期引导学界在面对种种思想道德方面的问题时能够沿着正确的道路向前发展。每次会后，学会都出版了论文集，并通过这些论文进一步彰显中国伦理学会在理论和实践方面所坚持的原则。在个人主义、金钱至上等思想一度盛行的情况下，罗国杰先生坚定拒绝了通过为企业评奖等方式为学会获取资金赞助的多次提议，坚守了为中国特色社会主义事业作贡献的办会宗旨。在罗国杰先生担任会长期间，中国伦理学会积极参加党和国家的各项建设工作，并同中宣部和共青团等单位联合发起"五讲、四美、三热爱"系列活动。后期不仅参与《中共中央关于加强社会主义精神文明建设若干重要问题的决议》和《公民道德建设实施纲要》的起草，还与中宣部等单位合作，将每年的 9 月 20 日确定为"公民道德建设宣传日"。在国际交流方面，罗国杰先生带领中国伦理学会同韩国、日本和中国台湾地区的伦理学机构进行学术讨论和交流，一定程度上扩大了中国伦理学会的国际影响力。

（二）开展伦理学专题研讨活动

罗国杰先生担任全国伦理学会会长期间，精心规划并积极开展了系列伦理学专题研讨活动，为形成规范性和制度化的全国伦理学学科共同体机制积累了丰富的实践经验。1980 年 6 月，中国伦理学会在无锡成立后，也推动了各省市级伦理学会的繁荣发展，罗国杰先生牵头成立的全国伦理学会先后围绕不同的时代主题举行了系列研讨会，其中有 1985 年于华南师范大学举办的"经济体制改革与道德进步讨论会"、1998 年于东南大学举行的"经济伦理与跨世纪发展国际学术研讨会"等各类主题研讨会等。后来伦理学与道德建设研究中心承接了开展伦理学研讨会的学术传统，坚持实行一年一度的与各地高校合作共办的全国性伦理学学术研讨会，于 2008 年和东北林业大学共同联合举办了"全国德性伦理学术研讨会"，于 2009 年与安徽师范大学合作举办了"回顾与展望：中华人民共和国成立以来伦理学研究与道德建设学术研讨会"，于 2015 年和南昌工程学院共同合作举办了"社会治理中的'法治与德治'研讨会"等研讨会，这些围绕时代专题举办的系列研讨会为在全国范围内聚集伦理学专业人才、促进中国伦理学科学共同体的发展具有十分重要的建设意义。

综上，面对新时代我国伦理学的现实发展态势，需要承继罗国杰先生在马克思主义伦理学的学科化与系统化方面进行的开创性探索成果，并在伦理学教研队伍的培育、伦理学专业硕博学位授权点建设、伦理学专业培养体系和伦理学学科共同体的规范化建设等方面进一步完善和创新，坚持以马克思主义为理论指导，结合我国社会发展的实际情况，批判地继承并吸收中华优秀传统伦理思想和国外优秀伦理思想，在紧密结合具体实践的前提下，以学术创新的积极姿态推进新时代背景下马克思主义伦理学学科的更好发展。

第三节　教材体系的创造性建构

教材体系的建构是伦理学教育、教学和教研的关键要素。罗国杰先生在开创我国马克思主义伦理学教科书体例和体系的范本、建设中西伦理思想史的教材和拓展延伸伦理学教育领域等方面发挥了自己的突出作用，为我国伦理学学科教材体系的建构作出了创造性贡献。

一　开创我国伦理学教科书体例和体系的范本

在对伦理学教材体系进行创造性建构的过程中，罗国杰先生编制了新中国第一个伦理学教学大纲，并主编了新中国第一部伦理学教材，开创了我国马克思主义伦理学教科书体例和体系的范本。

面对当时我国伦理学教研刚起步、可借鉴资源匮乏、之前出版的教材不能很好适应我国教学需要的发展情况，在我国一切从头开始的新基础上，建立一门区别于以往西方资产阶级伦理学的马克思主义伦理学新学科，是一项十分具有开创性的艰巨任务。为此，罗国杰先生在初建伦理学教研室后，首要任务便是组织全体教师分工学习马克思主义相关经典著作，带领伦理学教研室的同志们共同攻读、学习马列原著，围绕马克思主义经典作家的相关论述，最终形成了三十多万字的关于道德的论述，并围绕道德这一主题汇编成了《马克思主义经典作家论道德》一书，写就了第一份伦理学讲义，由此制定了新中国第一个伦理学教学大纲，其中的主要内容包括伦理道德与社会意识形态的关系问题、批判与继承传统道德遗产、原则与规范等，为后期《马克思主义伦理学教学大纲》的编写打下了良好基础。在之前并没有可借鉴的马克思主义伦理学参考资料的前提下，能够编写一本系统的马克思主义伦理学教学大纲，是一项面临诸多困难的开创性工作。因此，马克思主义伦理学教学大纲的编成对我国当时的理论界和高校产生了重大影响。

大纲编写完成之后，罗国杰先生就开始尝试对马克思主义伦理学学科教材体系的探索，他所主编的新中国第一部伦理学教材作为我国不同时期伦理学课程的通用教材和伦理学界学人的入门必读书目，是马克思主义伦理学教科书体例和学科体系的范本，对中国伦理学界的长久发展具有重大的影响。20 世纪 60 年代初，罗国杰先生在创建中国人民大学伦理学教研室之时，很早就开始牵头围绕道德这一主题汇编成了《马克思主义经典作家论道德》一书，写成了第一份伦理学讲义，并形成了新中国第一个伦理学教学大纲。《马克思主义伦理学讲义》包括十二章的内容，涉及社会意识形态、文艺、西方伦理思想史、中国伦理思想史、学科的建立与发展、共产主义道德、现代资本主义伦理思想以及道德教育等，该讲义始终立足马克思主义的观点、立场和方法，对于新中国马克思主义伦理学的学科发展具有十分重要的历史意义，《马克思主义伦理学讲义》为形成具有中国特色的马克思主义伦理学学科体系奠定了重要基础，也为后期马克思主义伦理学的教材构建和教学研究指明了正确的方向。①

----

① 　参见《罗国杰文集》第六卷，中国人民大学出版社 2016 年版，第 99—100 页。

1978 年 9 月，为了能构建一本具有中国特色的伦理学教材，罗国杰先生带领教研队伍一起编写了包含上、下两册的《马克思主义伦理学》教材，于 1980 年年底成为新中国第一本正式出版的伦理学教科书。后来，罗国杰先生带领伦理学教研室的同志们共同编写了第一部伦理学内部使用教材——1982 年版的《马克思主义伦理学》。作为我国第一部公开出版的马克思主义伦理学教科书，该教材获得了学界的一致认可，在我国伦理学发展历程中具有里程碑的地位，并荣获全国高等学校优秀教材奖、北京市哲学社会科学和政策研究优秀成果奖一等奖和中国人民大学优秀教材奖。罗国杰先生对马克思主义伦理学学科教材体系的探索并未就此止步，在 1982 年版《马克思主义伦理学》教材的基础上，罗国杰先生根据时代的发展要求，对马克思主义伦理学的研究对象和学科结构体系进行了新的思考和探索，后经修订，在 1982 年版《马克思主义伦理学》教材的基础上，于 1985 年出版了《伦理学教程》，1989 年又出版了《伦理学》，这三本马克思主义伦理学教材对基本问题的探讨、基本理论的厘清和道德实践的思考都具有一脉相承性，为以后我国马克思主义伦理学的学科发展奠定了重要基础。时至今日，《伦理学》一书的编写体系与研究体系成为一直以来国内各地教材编写的参照模本和学习范本。除此之外，罗国杰先生还不断鼓励和支持院校编写具有的办学特色的教材，他认为只有在教材的编写过程中培养出专业性的教研队伍，才能促使教学体系、学科体系和学术共同体在真正意义上的相互促进与共同发展。

在这一过程中，我们可见，罗国杰先生对于进一步改进伦理学教材的编写、伦理学学科发展存在哪些问题以及面对学科发展存在的问题该以怎样的对策建议促进其发展等都进行了深入的思考，这对于编写伦理学教材乃至发展马克思主义伦理学学科具有十分重要的指导意义。

二　重视中西伦理思想史的教材建设

罗国杰先生始终重视中西伦理思想史的教材建设，强调通过自己对中国伦理思想史的研究与归纳，建构了融通古今中西，包含伦理学的基本问题、结构形式、基本原则等在内的伦理学体系，建构并最终形成了自己的伦理思想，在一定程度上推动了我国伦理学学科的发展。罗国杰先生对于中国伦理思想史教材建设的贡献主要在于梳理了中国伦理思想史之源流，总括了中国伦理思想史的主要内容，在把握各阶段中国伦理思想史精神的基础上，分析了中国传统道德所具有的两重性和矛盾性特征，研究了中国传统道德的立场、方法与原则。罗国杰先生对中国传统伦理思想的六个基本特点进行了全面的总结，并将"重人伦关系或人伦价值、重精神境界、重人道精神、重整体观念、重修养践履和重推己及人"① 等中国传统伦理思想的基本特点作为"绪论"部分的主要内容写入其所主编的中国伦理思想史相关教材之中。

　　在罗国杰先生看来，自己在研究过程中不断领悟到中国伦理思想史所蕴含着的深奥的理论和玄妙体验。罗国杰先生曾将中国伦理思想史划分为三个阶段，分别是"崇儒墨"、"重理学"和"尚道家"，在他看来，对待中国古代的儒、墨、道、法的伦理思想，既要认识到它们在中国历史上的重要意义，也要认识到它们自身所存在的时代局限性。作为一名马克思主义伦理学学者，罗国杰先生灵魂深处有着对中华优秀传统文化的强烈的伦理追求，他在从事伦理学教研工作的过程中坚守并继承了中华优秀传统文化中的道德基因，将鲜明的中国特色贯穿于中国伦理思想史相关教材的始终。正因罗国杰先生自身有着高度的思想与道德自觉，始终扎根于中华优秀传统文化，才在批判与继承的道路上真正坚守了中华民族的"根"与"魂"。

　　不仅如此，罗国杰先生在重视中国伦理思想史教材建设的同时，还大力弘扬了我国的优良革命道德。在《中国传统道德》出版后，罗国杰先生紧接着开始着手《中国革命道德》的编写，其中《中国革命道德》以1919年五四运动为起始点，按照"规范卷""理论卷""教育修养卷""名言卷"和"德行卷"的体例，对中国革命道德的具体内容进行了科学概括。从总体上看，在虚无主义和复古主义等社会思潮错误倾向盛行的环境下，罗国杰先生明确提出了"批判继承、弃糟取精、综合创新、古为今用"的立场和原则，为中国伦理思想史的教学和研究指明了一条清晰的发展道路。罗国杰先生始终反对"全盘否定"和"全盘肯定"的两种对待传统伦理道德的错误倾向，他认为，无论是"全盘否定"还是"全盘肯定"的价值取向，都是过度并非适度

---

① 罗国杰主编：《中国伦理思想史》上卷，中国人民大学出版社 2008 年版，第 13 页。

的价值立场和价值态度。

罗国杰先生在长期的教研工作中始终坚持以马克思主义为指导的开放性和时代性视野，主动吸取西方伦理学思想的有益成果，在担任"西方伦理思想史"课教师期间，罗国杰先生精读了大量关于西方伦理学的经典著作，不仅组织编写并出版了系列西方伦理思想的相关书籍，包括"外国伦理学名著译丛"、《道德百科全书》、《人道主义思想论库》等，还编写并出版了《西方伦理思想史》教材。该书详细考察了上起古希腊的伦理思想，下至以黑格尔为代表的德国古典伦理学，力求从马克思主义的立场、观点和方法出发，对西方伦理思想进行全新思考与梳理。出版后的《西方伦理思想史》作为当时全国唯一一部西方伦理思想教材，在一定意义上填补了伦理学教学的空白。在开展上述研究的过程中，罗国杰先生认为，西方伦理思想史中蕴含着大量有影响力的思想资源，其中康德和黑格尔对于德性、理性和道德命令的肯定，对罗国杰先生的学术思想产生了巨大的影响。罗国杰先生强调，对于西方伦理学思想的吸取，一定要在合理借鉴的前提之下进行借鉴和学习，要注意剖析西方伦理思想中的腐朽成分，防止其成为西方敌对势力进行分化的思想工具。罗国杰先生始终从中国的实际情况出发，在坚守原则立场的前提下批判改造和消化吸收西方的伦理学名著，高度警惕并坚决与全盘西化的社会思潮作斗争。时至今日，罗国杰先生所主编的关于西方伦理思想史的专著与教材仍需要我们在其原有基础上继续努力往前推进，在当今时代，随着中国在世界舞台上所发挥的作用日益显著，中西文化"势能"逐渐发生着质的变化，如何更好地在人类文明新形态中联合构建人类命运共同体，以实现美好生活诉求，相互包容且深入地同各种伦理文明进行交流互鉴，仍需学习罗国杰先生借鉴西方伦理学思想史的立场、方法和观点。

罗国杰先生在落实伦理思想史及其教材建设的过程中，既注重中国伦理思想史的教材建设，也兼顾西方伦理思想史的教材建设，对西方伦理思想的发展脉络进行了系统勾勒，亲自写西方伦理学史的讲稿，形成了十几万字的教学讲稿，在教材建设中以代表人物的主要学说为主线，按照各时代西方伦理思想的发展顺序，在教学与写教材中不断讨论和修改书稿，最终形成了七十多万字的两卷本书稿，带动整个教研室以一种"守职责、顾大局、讲团结、知难而上"的精神攻克繁杂艰难的工作，同宋希仁先生共同编著了《西方伦理学思想史》，为我国伦理学的教学与研究提供了重要参考。

三　推进伦理学教育领域的拓展延伸

高校思想政治理论课作为我国高校意识形态建设的主阵地，从 20 世纪 80 年代开始，加强大学生思想政治教育并开设相关课程便是我国高校的重要迫切任务之一。1993 年，应当时国家教委思想政治司要求，罗国杰先生担任《思想道德修养》一书的主编，并由先生拟定了概述大纲与章节目录。罗国杰先生在长达十年的教材编写过程中，对大学生的思想道德修养有了越来越深的认识，先生结合不同历史时期大学生的实际思想状况，力求将人生价值、人生目的、社会主义道德原则和道德规范、道德修养与道德教育等伦理学内容有机融入其所撰写的内容之中。罗国杰先生在编撰《思想道德修养》教材中注意到大学生思想道德教育的着力点应在于提高和养成大学生个人的道德品质，从而达到有效提高思想道德素质的教学目的。

罗国杰先生通过编写《思想道德修养》教材，在一定程度上推进了思想政治理论课改革，促使伦理学专业进入了国民教育体系的方方面面，对我国青少年与大学生的思想道德状况产生了重要影响。从 1998 年中宣部和教育部颁布的《关于普通高等学校"两课"课程设置的规定及其实施工作的意见》，到 2005 年中宣部和教育部联合颁布的《关于进一步加强和改进高等学校思想政治理论课的意见》，罗国杰先生所编写的《思想道德修养》教材，同《法律基础》一起作为思想品德课的基本教材被并入高等院校思想政治课程体系之中，成为我国高校大学生的必修公共基础课，并获国家级教学成果奖二等奖。后来，罗国杰先生主编的《思想道德修养》与《法律基础》合并为《思想道德修养与法律基础》。"05 方案"出台后，为适应新时期条件下高校思想政治理论课教材改革的迫切需要，年近八旬的罗国杰先生仍抱病担任《思想道德修养与法律基础》这一教材的首席专家，负责牵头教材的系列编写工作。直至生命尽头，罗国杰先生仍在为《思想道德修养与法律基础》这部教材贡献智慧。该教材以马克思主义伦理学学术研究前沿为站位，将大学生的实际思想状况作为一切教研工作开展的逻辑起点，强调"问题意识""针对性"

"吸引力"与"感染力"的思想政治教育课的实效要求，是一本广受大学生欢迎的思政课教材。

罗国杰先生为高校思想政治理论课程建设所做出的探索不仅体现在《思想道德修养与法律基础》一书将其伦理思想付诸实际的教学实践之中，而且在道德教育问题上，罗国杰先生主张将"德治"与"法治"相统一，把"道德教化"和"法律制裁"紧密地结合了起来，认为要自觉地以法治建设和道德建设相互为用，达到约束教育对象的不良行为从而形成社会主义新道德风尚的目的。

实际上，罗国杰先生曾专门讨论了伦理学与思想政治教育学科的关系，总结并归纳了伦理学与思想政治教育的教研情况，并认为伦理学是和思想政治教育学紧密联系的学科，而思想政治教育这门学科必须在准确把握教育对象客观实际的基础上，探索教育对象思想的实际情况，旗帜鲜明地揭示出问题的本质，力求以理论教育和实践教育相结合的教育方法将相关理论为教育对象所把握，并最终转化为教育对象思想道德品质中的内在稳定因素。①

关于人生观教育、价值观教育和道德观教育的深刻观点，在罗国杰先生的相关文献与著作中俯拾皆是。罗国杰先生认为，只有通过有目的和有组织的宣传与教育，才能促使广大人民群众接受我国所倡导的人生观、价值观和道德观。在罗国杰先生看来，人生观教育和价值观教育关系着我国当前改革开放的形势下能否坚持社会主义方向的问题，关系着能否坚持集体主义原则并坚决地反对各种拜金主义、利己主义等错误倾向的问题。② 罗国杰先生指出，精神文明建设在保证物质文明建设方向的同时，为物质文明提供了强大智力支持，而思想道德建设规定着整个精神文明的性质和方向，其中人生观与价值观处于思想道德建设的核心地位，决定了人生观教育与价值观教育所具有的保证社会主义方向的重要意义。③ 关于青年的人生观教育和价值观教育，罗国杰先生认为价值导向的一元化和价值取向多元化的相辅相成关系就

---

① 参见《罗国杰文集》第一卷，中国人民大学出版社2016年版，第102—111页。
② 参见《罗国杰文集》第三卷，中国人民大学出版社2016年版，第273—289页。
③ 参见《罗国杰文集》第三卷，中国人民大学出版社2016年版，第273—276页。

是在坚持集体主义原则的基础上正确处理国家、社会和个人的双向关系。① 青年只有明确了如何正确处理国家、社会和个人的双向关系，才能在真正意义上明确自己的人生意义与目标。

关于《公民道德建设实施纲要》的重要意义，罗国杰先生有着很深的认识，社会主义公民道德建设作为社会主义精神文明建设的重要内容之一，是顺应时代发展、符合先进文化内在需求的关键性工程，《公民道德建设实施纲要》的颁布与落实正是推进我国精神文明建设与道德文明建设的重要举措，是我国历史上第一个针对道德建设的纲领性文件。他认为《公民道德建设实施纲要》在彰显道德建设的战略高度、利于以德治国更好实施、完善社会主义道德体系和理论实践创新等方面具有重要意义。②

第一，《公民道德建设实施纲要》将社会主义道德建设提高到了更重要的战略高度。罗国杰先生指出，《公民道德建设实施纲要》充分体现着我国先进文化的前进方向，在其根本上体现了我国最广大人民群众的根本利益，因而《公民道德建设实施纲要》的颁布与实施对于形成高尚、健康的社会风气和不断提高全社会思想政治素质水平具有十分重要的意义。第二，《公民道德建设实施纲要》同以德治国的重要内容高度匹配。国家治理离不开法治与德治的相辅相成与相互促进，我们既要看到"刑罚"之警示作用，也要注重"德教"在提高道德自觉、启迪人心等方面的重要作用。因此，《公民道德建设实施纲要》的颁布与落实，对于更好实施以德治国有着重大意义。第三，《公民道德建设实施纲要》所强调的公民道德建设是社会主义道德体系的重要一环。"依法治国"需要建立并加强社会主义法律体系，以此顺利推进"法治"建设，而"以德治国"则必须建立起同我国社会主义初级阶段的具体国情相符合的社会主义道德体系。第四，《公民道德建设实施纲要》既是对我国道德建设内容的重要补充，也是社会主义道德实践建设的重要突破。其中，从实践建设的突破来看，在明确了社会主义道德的核心、原则与基本要求的基础上，针对社会公德、职业道德和家庭美德三大领域，分别提出了三个层面的道德

---

① 参见《罗国杰文集》第五卷，中国人民大学出版社 2016 年版，第 258—273 页。
② 参见《罗国杰文集》第五卷，中国人民大学出版社 2016 年版，第 373—375 页。

规范体系。

综上，马克思主义伦理思想体系未来的发展可以从历史轨迹中找到延展的方向，梳理和总结中华人民共和国成立以来的马克思主义伦理学教材建设史具有重要的历史意义和时代价值。罗国杰先生所建构起的与我国具体国情相适应的马克思主义伦理学教材体系，为未来我国马克思主义伦理学教科书的编写、中西伦理思想史的教材建设、伦理学教育领域的拓展延伸打下了坚实基础；罗国杰先生所建构的马克思主义伦理学教材体系对我国马克思主义伦理学的学科发展和创新具有重要价值，其编写方式对马克思主义伦理学教材的编写体例作出了新规范，关于中西伦理思想史的教材建设为马克思主义伦理学教材的编写进行了新定位，关于高校思想政治理论课的教材编写、人生观教育、价值观教育和道德观教育的深刻观点、公民道德建设实施纲要的深刻认识等，将马克思主义伦理学提升到了新的学科高度，也为马克思主义伦理学的内容拓展指引了新方向。

第三章　构建中国化马克思主义伦理学的理论框架

　　罗国杰先生一生致力于伦理学的研究，在六十多年的学术生涯中，先生都本着认真务实、严谨治学的学术品德，带领着一批批心怀学术志向的青年教师潜心问道，不仅开创了马克思主义伦理学研究的先河，奠定了中国化马克思主义伦理学学科体系的基础，同时也为我国社会主义思想道德建设和发展提供了理论指引和实践指导。在此过程中，先生逐步建立、形成和完善了自己的伦理学思想体系，并在晚年的学术自述中将之称为"新德性主义"，即"马克思主义新德性论"。

　　从先生的自述中可知，"新德性主义"的形成源自1962年开始编写一系列教学大纲、教学讲义以及相关书目的过程中，它是先生对自己伦理思想的高度总结和概括。因此，"对它的理解不仅是研究罗国杰思想的重要环节，也是研究当代马克思主义伦理思想中国化的重要任务"①。从"新德性论"的提法来看，顾名思义，其是对人之德性问题的再度关注和重新重视。一方面，这体现了先生晚年对道德问题思考的思维方式的转变，他不仅仅把道德作为一种社会意识形态加以研究，而且深入个体的精神世界内部去寻找答案，以主体普遍性和能动性的德性为视角考察道德，从而进一步探讨伦理学的最终任务和使命，即"实现'人之所以为人'的要求"②；另一方面，先生对于个体德性或个体道德修养的深入思考是基于对我国社会主义初级阶段社会整体道德现状的准确把握，力求以马克思主义理论观照我国社会现实的结果，也

---

　　① 王文东：《德性主义的重叙和再建——罗国杰德性伦理思想简论》，《道德与文明》2016年第3期。

　　② 《罗国杰文集》第一卷，中国人民大学出版社2016年版，第486页。

是为提升个体道德水平，改善社会道德风气以及为实现共产主义道德所作出
的努力。"新德性论"的产生并不是一蹴而就的，而是与罗国杰先生毕生研究
马克思主义伦理学的学术经历密不可分，两者相辅相成。在伦理学教研室刚
成立之际，先生就带着其他教师埋头苦读马克思恩格斯经典原著，从中摘录
了近 30 万字关于道德问题的相关论述，这个工作为后来的研究奠定了坚实的
基础。除此之外，罗国杰先生指明中国古代的各派思想家都是以不同方式在
讨论人的德性，他既看到了中国传统伦理思想蕴含的陈旧糟粕，也独具慧眼
地挖掘出其中的精华之处，认为应该以历史唯物主义为基本立场，坚持"批
判继承、弃糟取精、综合创新、古为今用"的方针。同样，在世界各国文化交
流日益频繁的时代，先生已然秉持着理性借鉴的态度吸收西方伦理思想中的有
益成分为我所用。因此，他说："'新德性论'理论渊源主要有三个方面：以马
克思主义为理论指导，吸收中国古代丰富的传统伦理思想、西方古代和近代伦
理思想的合理成分。"① 可见，先生的"新德性论"伦理思想的形成和发展既离
不开"马中西"深厚的思想史理论基础，也有赖于其个人扎实的学术功底。

此外，"新德性主义"的提出开辟了德性主义研究的新视野、新范式、新
方向，丰富和发展了中国化马克思主义伦理学研究成果。罗国杰先生始终坚
持从马克思主义的理论视角，重新审视并定义了伦理学这门学科的性质、功
能和使命。他认为，伦理学"就是一门关于人的德性形成的理论和实践的科
学"②，旨在让人之德性不断提升并付诸生活实践，这为我国社会主义初级阶
段的道德建设提供了现实方案，也为共产主义道德的实现指明了前进方向。
因此，对罗国杰先生"新德性论"理论框架的具体建构以及其核心内容的揭
示和分析有其重要的理论价值和现实意义。

第一节　立足马克思主义，揭示马克思主义
伦理学的基本内容

罗国杰先生是中华人民共和国成立以后致力于研究中国化马克思主义伦

---

① 《罗国杰文集》第一卷，中国人民大学出版社 2016 年版，第 485 页。
② 《罗国杰文集》第一卷，中国人民大学出版社 2016 年版，第 485 页。

理学的第一人，为我国伦理学学科体系的搭建及发展奠定了良好的基础。他的"新德性主义"伦理思想不是凭空想象的产物，而是立足于马克思主义的指导思想，结合对我国道德状况的认识逐渐形成、丰富和完善的。一门成熟的学科必然包括研究对象、基本问题以及学科的性质、地位、任务及使命等基本构成要素，这对伦理学来说也不例外。为此，在开展马克思主义伦理学研究中，只有首先了解和把握伦理学研究什么、为什么研究以及怎样研究才能牢牢抓住学科的核心问题，才能较为系统地、科学地构建伦理学的框架体系，在此基础上，先生将道德与利益的关系问题确立为伦理学的基本问题；其次，道德总是以广泛渗透的形式出现在社会生活中，诸如经济生活、政治生活、文化生活等，并以现象的形式去呈现和反映一个社会的道德风貌及个体的道德水平。因此，把握伦理学的研究对象就是要从对道德现象的认识开始，鉴于此，先生以道德现象为切入点进行了细致的探讨。

一 视道德与利益关系为基本问题

作为伦理学研究对象，在众多而又复杂的道德现象中，有且仅有一个最基本的问题，只有找出这个规定和影响其他问题的基本问题，才能够顺利解决其他相关问题。

伦理学的基本问题最早由冯友兰先生提出，之后引起伦理学界的广泛关注和探讨。因为"伦理学基本问题，是伦理学诸理论中的核心问题，是人们的道德生活经常面对且必须采取应对措施的现实问题，而且也是中外伦理思想史上思想家们普遍谈论和用心思考的基本道德命题"①。对这一问题的不同回答，决定着一个社会中道德原则和规范的基本性质，也决定着道德活动的评判标准。古往今来，学界对伦理学的基本问题都作了诸多探讨，有将善恶的矛盾视为伦理学基本问题，有将个人与集体关系问题视为伦理学的基本问题，也有将道德与社会历史条件关系问题视为伦理学的基本问题，但罗国杰先生认为马克思主义伦理学以道德与利益的关系作为伦理学的基本问题，这

---

① 王泽应：《论义利问题之为伦理学的基本问题》，《华中科技大学学报》（社会科学版）2011年第4期。

是在深入理解伦理学的学科使命的基础上作出的回答。

罗国杰先生用历史唯物主义的方法在对道德进行历史考察的基础上认为，不同的时代造就不同的道德。在人类社会历史发展的过程中，大致经历了五个历史时期，相应地也就产生了五种道德历史类型：原始社会的道德、奴隶社会的道德、封建社会的道德、资本主义社会的道德和社会主义社会的道德。① 对此，马克思曾说："一切以往的道德论归根到底都是当时的社会经济状况的产物。"② 这说明道德作为一种社会意识或思想上的上层建筑，是由一定经济基础所决定的，带有特定社会经济关系的烙印。从禁忌、图腾到礼仪、风俗、箴言，再到义务、责任、道德规范，从不成文到成文的条例，道德虽然以不同形式呈现，但其作用却具有相似性，即都是为了"调整个人与社会以及个人与个人的利益关系"③。例如，原始社会的道德是为了维护氏族的长久稳定，奴隶社会的道德是巩固奴隶主的统治，封建社会的道德是维护封建王朝的统治……每个时期的道德都是为经济基础所服务的。除了从道德的演变视角以外，从中西方道德的功能中也能体现这点，如在我国传统社会中，道德始终与政治环境、社会结构紧密联系在一起，"三纲五常"等道德条目是巩固统治者政权的化身，"为政以德""敬德保民"是那个时代赋予道德的使命和功用，于是道德带有政治化的色彩。又如，在古希腊城邦社会中，最先对有关善恶等道德问题进行系统讨论的是古希腊三杰，他们一致认为为了寻求城邦的安定与团结，个人必须服从城邦，并提出智慧、勇敢、节制、正义"四主德"。公民以节制做好分内的事情，护卫者以勇敢保卫好国家，统治者以智慧管理国家，只有每个人尽到自己的义务，保持自己的德性才是一个正义城邦该有的样子。此外，道德也能够反作用于经济基础，优良的道德促进经济发展，为经济的繁荣提供软性保障，反之则会阻碍社会经济的发展。可见，无论是古代中国还是西方传统社会，道德的出现都是为了维护国家或城邦的统一与安定。

马克思主义认为，"人的本质不是单个人所固有的抽象物，在其现实性

---

① 参见罗国杰主编《伦理学》，人民出版社 1989 年版，第 99—113 页。

② 《马克思恩格斯选集》第 3 卷，人民出版社 2012 年版，第 471 页。

③ 罗国杰主编：《伦理学》，人民出版社 1989 年版，第 11 页。

上，它是一切社会关系的总和"①。这表明现实中的人总是处于一定的社会关系中，进行着各种社会活动，而"把他们连接起来的唯一纽带是自然的必然性，是需要和私人利益"②。由于需要满足自身的需求和利益，也就需要与他人产生这样或那样的联系，可以说，人的全部活动的最终动力和内在根据是满足个体利益。在这样的关系中就会产生各种各样的交集，矛盾冲突也不可避免。这些矛盾和冲突归根到底就是利益冲突，为了维护社会的稳定，维持人际和谐就需要对人们的行为进行调节或制约。如果没有一定的规范，就像霍布斯所描述的那样，在自然状态下人与人像狼一样，就不会拥有良善社会以及人际的和谐，也就不能保全每个人的正当利益。因此，道德的出现即为了调整人们的利益关系，保证个体的合法权益，才能最终促进社会、国家的良性发展。这也印证了马克思所说的："人们为之奋斗的一切，都同他们的利益有关。"③ 调节人们之间利益关系有很多方法，例如法律法规，但法律法规是以他律的形式存在，并不能使人们自觉形成约束，对此，罗国杰先生认为，道德作为一种特殊的利益调节方式可以起到法律所不具备的作用。他说："道德调解的特点在于，它不是通过强制性的手段，而是通过社会舆论、风俗习惯、榜样感化和思想教育等手段，使人们形成内心的善恶观念、情感和信念，自觉地按照维护整体利益的原则和规范去行动，从而自动地调整人们之间的相互关系"④，从而起到"内心法庭"的作用，使主体自觉服膺于道德规范，从而外化于行，内化于心。由此来看，伦理学作为一门追求善、追求幸福的学问，必然使人类朝着更好的方向发展，因而处理好道德与利益的关系显得至关重要，这就构成了其作为伦理学基本问题的重要原因。因此，关于伦理学基本问题的争议虽然至今都存在，但不管是善恶之辨、义利之辨还是道德与伦理等范畴，都是道德与利益关系问题的细化或拓展，远远未能超出这个基本问题的定位。

　　罗国杰先生认为，作为马克思主义伦理学的基本问题，道德与利益的关

---

①　《马克思恩格斯选集》第1卷，人民出版社2012年版，第135页。
②　《马克思恩格斯文集》第1卷，人民出版社2009年版，第42页。
③　《马克思格斯全集》第1卷，人民出版社1995年版，第187页。
④　罗国杰主编：《伦理学》，人民出版社1989年版，第11页。

系问题具体又包括两个方面。一是经济利益和道德关系的问题。对这个问题的回答决定着道德的基本问题，也是马克思主义伦理学同唯心主义、旧唯物主义的根本区别。唯心主义道德观可分为客观唯心主义道德观与主观唯心主义道德观，前者欲通过人之外的客观意志去认识道德，例如我国古代的天意论，西方中世纪的神启论，认为道德起源于上天的命令或上帝的意志。这个观点的本质在于：不论是天的指令还是神的提示，都是寻求人之外的客观意志。道德终究是人的道德，离开了人的活动，就很难给予道德的起源一个科学的说明，而当我们把道德的起源归于天意、神启的时候，最终就会走向不可知论，神秘论。主观唯心主义的道德观诉诸人类的主观精神和意志，认为道德是人与生俱来的、先天存在的理念。它虽然把道德的起源回归于人本身，但是撇开了人的现实活动，脱离社会实践，并且缺乏统一的道德标准，易走向相对主义和怀疑论。旧唯物主义的道德观虽认为世界是物质的，但以静止的眼光看待事物，将道德视为一成不变的存在，没有在运动发展的历史中去理解道德的起源与本质，道德是僵化的。罗国杰先生立足马克思主义，自觉运用历史唯物主义和辩证唯物主义的方法论原则考察道德的历史演变。如从原始社会道德到社会主义道德的发展历程，由此也揭示了道德贯穿于人类的整个生活生产过程中，是人类社会发展的产物。另外，道德对经济关系具有能动性或反作用，表现在先进的道德水平会促进经济的发展，而落后的道德水平则会阻碍经济的发展。因此，道德是变化发展的，需要我们摒弃陈旧腐朽的道德观念以适应时代发展的潮流。

二是个人利益与社会整体利益的关系问题。这个问题涉及如何认识个人利益与社会整体利益，以及怎样处理两者的关系。第一，正确认识个人利益和社会整体利益是前提。在马克思主义伦理思想出现之前，有的思想家存在错误地理解两者的内涵与关系的现象，将社会整体利益视为是个人利益的简单相加，只有尽可能满足每个人的利益，社会利益才能实现，未能认识两者关系的实质。在马克思主义伦理学中，个人利益是指满足个人生存和发展的各种需要，是个体进行其他一切活动的前提和动力，包括物质需要和精神需要。社会整体利益也就是集体利益，是与个人利益相对立，即整个社会成员的共同利益。个人利益与社会整体利益没有优劣、高低之分，并不能仅强调个人的利益而忽视社会整体的利益，反之亦然。个人与社会是相对的范畴，是整体与部分的关系，两者既对立又统一，反映到个人利益与社会整体利益的关系上，亦是如此。第二，如何处理个人利益和社会整体利益是关键。以往有的伦理思想将个人利益和社会整体利益完全分裂开来，认为两者是对立的、不可兼得，并试图通过对两者的对比分出孰优孰劣、孰高孰低。马克思主义伦理学以辩证统一的视角看待两者的关系，认为两者是有机统一的，个人利益是寓于集体利益之中的，社会整体利益是个人利益的集中体现；社会整体利益的实现为个人利益发展提供保障，个人利益的实现也为集体利益的实现创造条件，两者相辅相成。起初，在原始社会中，利益之间没有明确的划分，部落成员视整个氏族为一个共同体，为这一个共同体而努力，但随着社会分工和私有制的出现，利益分化的加剧，也就有了个人利益与集体利益、国家利益的区分。从奴隶社会开始，一些个人利益逐渐演变、上升成阶级利益，他们往往打着"共同利益"的旗帜谋私人利益，在奴隶社会是奴隶主阶级的利益高于一切，在封建社会是封建阶级的利益占据主导地位，到了资本主义社会，资本家善于剥削工人阶级剩余价值，造成社会矛盾激化。对此，罗国杰先生强调："对于马克思主义以前的伦理学说或伦理思想，一定要做历史的、具体的分析。"[1]　这句话给我们厘清个人利益和社会整体利益的本质，以及正确看待两者的关系指明了方向。

　　"一门学科的基本问题是与该学科的其他问题相比较而言的，相较于其他问题，基本问题是在归根结底的意义上不能回避、必须回答的问题，它的回答决定着对其他问题的看法和解决。"[2]　因此，弄清伦理学的基本问题是深入理解和解决其他一切伦理问题的起点，也是开展伦理学研究必须回答的、不能回避的关键问题和核心问题。正是基于对这一问题的清晰定位，罗国杰先生立足马克思主义，在结合我国社会主义初级阶段的道德现状基础上，指明了马克思主义伦理学的基本问题，即道德与利益关系的问题，科学回答了伦理学是什么，为什么的价值和使命，对伦理学的后续发展具有重要意义。

---

①　《罗国杰文集》第一卷，中国人民大学出版社 2016 年版，第 47 页。
②　赵昆：《关于"伦理学基本问题"的思考》，《道德与文明》2013 年第 1 期。

二 以道德现象的划分为研究起点

社会现象分为多种,有经济现象、政治现象、文化现象、道德现象等等,无论哪种社会现象都是人类对现实生活中不同环境、领域所呈现的不同的整体面貌。伦理学以道德作为自己的研究对象,而道德是人类活动的一部分,依据一定的道德现象表现出来,反映了人类在道德领域的基本样貌,是一种特殊的社会现象。道德现象与其他现象的相同之处在于都是人类社会活动的真实反映,由经济基础所决定,相较于其他社会现象所不同的是,道德现象是以善恶的矛盾和对立所构成的,以善恶作为评价标准,依靠社会舆论、传统习惯和内心信念来维持。

道德现象伴随着其他社会现象而产生并贯穿于人们的各种意识和行为中,人们可以通过善恶、正当或不正当等范畴去感知和把握道德现象。罗国杰先生将道德现象分为三个方面。一是道德意识现象,“它是指个人和社会的道德心理、道德观念、道德思想和道德理论体系”[1]。道德意识是人们在社会实践中逐渐形成的对道德的一系列看法,或者是个体内心信念,或者是约定俗成的道德理论,并且对人们的道德实践产生一定程度的影响。二是道德规范现象,“它是指在一定社会条件下所形成的人和人之间应当怎样和不应当怎样的道德关系,亦指以善恶为标准来评价和指导人们行为的道德准则”[2]。也就是说,这些准则既内含应当与不应当的客观要求,也包括一定社会和阶级对于人们行为善恶标准的制定。符合这些准则的思想和行为就是善的,反之就是恶的。道德规范是社会规范的一种形式,是从一定的社会或阶级利益出发,用以调节人们之间利益关系或道德行为的一种方式,是社会发展的客观需求和人们主观意识相统一的产物。三是道德活动现象,“它是指人类生活中,联系到一定的善恶观念所进行的个体或整体的活动”[3]。人类活动的形式多样,内容也非常丰富,但并不是所有的活动都与道德相关,只有与道德相关的那些活动才称为道德活动。例如见义勇为属于道德活动,而吃饭、睡觉则是非

---

[1] 《罗国杰文集》第一卷,中国人民大学出版社 2016 年版,第 6 页。
[2] 《罗国杰文集》第一卷,中国人民大学出版社 2016 年版,第 6 页。
[3] 《罗国杰文集》第一卷,中国人民大学出版社 2016 年版,第 5 页。

道德活动。需要注意的是道德活动与善恶联系在一起，那么不仅包括善的道德行为，也有恶的道德行为，即有道德的行为和不道德的行为之分。

道德现象三个层面的划分是全面、系统了解人们之间道德关系及其现实表现的关键，而且在道德实践中，这三个方面是紧密相连的。道德活动是人们道德意识产生与发展的基础，并且在实践中不断深化、巩固道德意识，使道德意识能够与时俱进，得到提高。道德意识一经形成就会对道德活动起着指导或制约的作用，先进、正确的道德意识会推动道德活动更好地实现，而落后的、错误的道德思想则会阻碍道德活动的完成。道德规范是在道德意识和道德活动的过程中形成的，是道德意识和道德行为的集中反映，对道德意识和道德行为起着规范的作用。道德意识、道德规范以及道德活动的划分是相对的，三者是相互联系且可以互相转化。从人类的发展历程来看，道德虽然经历了不同的历史时期，具体形式和内容也都各不相同，但不外乎是道德意识、道德规范以及道德活动的统一。道德现象和其他社会现象一样，都是由一定的经济基础所决定，在特定历史时期会形成特定的道德现象，人们总会自觉或不自觉地依据他们所处的实际形成相应的道德意识，制定道德规范以及实现道德活动。

罗国杰先生对道德现象的划分大致囊括了马克思主义伦理学的三个主要部分：道德的基本理论、道德规范体系和道德实践。其中，道德的基本理论即对伦理学的对象、道德的起源和本质、道德的结构和功能以及运行机制、道德的历史发展及其规律等的认识，是研究马克思主义伦理学首先要掌握的基本理论。道德规范体系即以道德原则为核心，以具体领域的道德规范为基本遵循。我国是社会主义国家，目前尚处于社会主义初级阶段，这一阶段道德的基本要求是在马克思主义的指导下，结合初级阶段的道德实际状况所确立的，以集体主义为道德原则，包括职业道德及爱情、婚姻和家庭道德等各个领域的道德规范。道德实践则关乎人们在具体道德活动中所进行的道德选择、道德评价等一系列道德行为以及所开展的道德教育、道德修养、道德建设等具体的道德活动。不论是道德基本理论还是道德规范体系都是一种理论层面上的建构，从终极目标来说，它们都是为道德实践提供理论依据，是为道德实践中如何提高人的道德修养和道德境界提供理论遵循。在理论—规范—实践的逻辑进程中，罗国杰先生所构建的马克思主义伦理学是理论的科学、规范的科学，体现了理论知识与行为准则的内在统一。

马克思主义伦理学是马克思主义与中国具体实际相结合的产物。作为马克思主义伦理学的创设人和奠基者，罗国杰先生开创了中国化马克思主义伦理学研究的先河，并始终立足马克思主义的基本立场和观点，以历史唯物主义和辩证唯物主义的方法论看待道德问题。在伦理学的基本问题上，他以灵敏的学术思维以及深厚的理论基础，洞察了基本问题对于伦理学研究的重要性，他在辩证看待历代伦理学家的伦理学说和思想主张的基础上提出道德与利益关系问题是伦理学的基本问题，成为研究伦理学所不可避免的一个关键环节。基本问题关乎对于道德的起源、本质、功能等基础问题的看法，是开展马克思主义伦理学研究的前提，并决定着伦理学的目标、任务和使命，对于道德现象的划分也是如此。道德现象是社会现象中的一种，它伴随着人们生产生活的全过程，是人们道德关系在社会中的反映。罗国杰先生通过对道德做历史的、具体的考察，将道德现象划分为道德意识现象、道德规范现象以及道德活动现象具有深刻的理论和实践意义。在理论方面，细致地划分道德现象的不同表现形式，能够对伦理学的对象作更进一步的理解，把握人们道德现象的实际面貌，科学地认识道德的本质；在实践方面，针对人们道德领域的不同现象，可以具体问题具体分析，对不同的现象作出具体的指导，更好以理论指导实践。先生在充分研习马克思主义原典的基础上，对马克思主义伦理学的基本问题所作的细致探讨，奠定了马克思主义伦理学的研究基点，并据此逐步建立了马克思主义伦理学的学科框架。

第二节　坚持集体主义，探究马克思主义伦理学的核心

罗国杰先生是马克思主义伦理学的开拓者，除了廓清伦理学的基本问题，清晰划分道德现象之外，在他的伦理思想体系中，集体主义无疑是其思想的核心部分。对先生集体主义思想的深入研究，一方面可以全面系统把握先生的伦理思想，另一方面也可以推进对社会主义思想道德建设路径的认识。

先生认为，"道德的基本原则是道德规范体系中的最根本的指导原则，它

统率着一切道德规范和范畴，体现在调整人们之间的关系的各个方面，贯串于一个道德体系的始终"①。可见，道德原则在道德规范体系中的重要地位，对道德规范的制定与运作有着指向作用。自阶级社会产生以来，不同阶级遵循的道德原则不同，资产阶级与无产阶级遵循的道德原则是有本质区别的，马克思主义伦理学的道德原则和其他伦理学说的道德原则也有所区别。从社会主义社会道德规范体系所应遵循的道德原则来看，就不得不提及集体主义这一道德规范的核心，其也是人们从事道德生活实践所应遵循的基本道德原则。罗国杰先生集体主义思想的主要内容包括他对集体主义的理论来源的详细探究、集体主义主要内容的深入剖析以及积极探索集体主义的落实路径三个方面。

一　详细探究集体主义的理论来源

罗国杰先生曾提到："十年改革在伦理道德领域中引起的最深刻、最重大和人们最关心的问题，莫过于整体与个人关系的问题。"② 先生对这十年的改革进行了深刻全面的思考，认为一个国家实现繁荣富强、实现现代化除了依靠经济动力，更为重要的是必须依赖正确的价值目标作为发展风向标，尤其是道德价值目标。因为经济的现代化只是一个实现更高价值目标的手段，而不能将其视为一个国家的最终目标。我国是社会主义国家，正处于社会主义发展的初级阶段，既要一手抓物质文明，也要一手抓精神文明建设，两者缺一不可。在这样的现实背景下，整体与个人的关系问题成为亟待阐明的重心，由此开始了对集体主义的重新思索与探究。而罗国杰先生立足马克思主义的基本立场，在批判继承中国传统整体主义思想的同时，合理吸收借鉴西方个人主义思想，系统、科学地阐发了集体主义的来源和实质。重新认识与准确把握集体主义的关键就是要合理看待整体与个人的关系，尤其是如何理解集体和个人的内涵，怎样处理整体利益与个人利益。

首先，需要对中国传统伦理思想中整体主义原则、集体主义原则进行辩证的分析。整体主义的道德原则是中国传统社会的核心，遵循着君君、臣臣、

---

① 《罗国杰文集》第一卷，中国人民大学出版社 2016 年版，第 136 页。
② 《罗国杰文集》第一卷，中国人民大学出版社 2016 年版，第 161 页。

父父、子子的伦理纲常，以"君为臣纲、夫为妻纲、父为子纲"的形式，一方面是巩固封建君主的统治，维系社会安定；另一方面也体现了整体主义的倾向，一切为了国家、社会、家族的利益，君主的绝对权威和家长的权威神圣不可侵犯。虽然，整体主义原则在一定程度上，是对集体利益的重视，发挥着维护国家大一统局面的重要作用。但是，这种整体主义对集体利益的重视，一定程度上而言往往是以压抑个人权利、尊严、贬低个人合法利益为基础的。在当今追求个人主体性，重视个体性的时代，显然不能一味承袭这种整体主义，不能忽视个体的合理发展，需要整个社会以进步的、发展的眼光看待整体与个人的关系。整体主义与集体主义的区别不仅在于形成的社会背景和经济基础不同，更在于对整体与个人关系的理解。整体主义只强调整体，不重视个体，要求个人无条件地完全服从整体，将整体视为至高无上的地位，而集体主义指明了集体与个体之间的辩证统一关系，即两者之间并不是互为对立的，要辩证地看待两者之间的关系。集体主义认为整体为个体发展提供保障，个体的发展可以促进整体的前进，整体利益是个人利益的有机统一，整体利益固然重要，但保障个体合理利益同样重要，强调集体主义并不意味着对个人利益的忽视，个人利益的实现以不能损害整体利益为前提，在整体与个人利益产生冲突时，必要时把个体为集体所作出的牺牲视为一种高尚的行为。罗国杰先生也强调："我们党一直倡导的集体主义道德原则，本质上不同于封建主义的整体主义原则。把这两者混同起来，在理论上是不能成立的，在实践中更是极其有害的。"①

其次，如何准确理解"集体"这个概念是坚守集体主义道德原则所需回答的关键问题。马克思恩格斯在《德意志意识形态》一书中，首次提出"真实的集体"和"虚构的集体"两个概念，认为共产主义所追求的是"真实的集体"，而深刻揭露和批判了"虚假的集体"，"虚假的集体"为了实现某些特定阶级的利益或私人的利益而把其说成是社会全体成员的整体利益。在此基础上，马克思恩格斯明确提出："只有在共同体中，个人才能获得全面发展

---

① 《罗国杰文集》第一卷，中国人民大学出版社 2016 年版，第 163 页。

其才能的手段，也就是说，只有在共同体中才可能有个人自由。"① 也就是说，只有在真实的集体中才能实现个体的自由而全面的发展。罗国杰先生承袭马克思主义的集体观认为，要在"真实的集体"中而非"虚假的集体"谈集体主义原则，要正确理解集体主义原则中集体的科学内涵，准确区分真实集体与虚假集体的实质。先生指明："判断集体是否真实的最可靠的方法，莫过于看这个集体是否真像它所宣称的那样为最大多数人谋利益，而不是仅为少数人谋利益。"② 由此，不能仅仅将宣称重视大多数人利益的集体都视为真实的集体，要深入其本质去了解这个集体是否真正的为广大人民的利益着想。在资本主义社会中，资本家所宣扬的"共同利益"实际上是阶级的或私人利益的代表，只是打着为全体公民的利益为幌子，实现自己的欲望。他们所倡导的一切人自由、平等，只是实现团体利益的手段。在这种虚假的集体中，集体与个人处于相对立的状态，并伴随着社会矛盾的加重而愈演愈烈。集体主义的集体是建立在"真实的集体"之上的，是切实为最大多数人谋幸福。此外，除了厘清集体的内涵，个人的地位也是需要明晰的。以前在整体主义中，个体总是受到整体的压制，个人的合法权利受到禁锢，而随着集体主义的确立，个人主体意识的增强，当前更加需要正确、辩证地看待集体与个人的关系。罗国杰先生强调：要"从一个全新的高度来认识个人活力与集体活力的辩证关系，认识个人活力与改革成功与否的辩证关系，从而彻底纠正以往对个人作用和地位所作的不正确的理解"③。这给我们正确认识以及处理集体与个人关系的问题指明了方向，集体主义不是仅仅重视集体，而是集体与个人的辩证统一。

最后，要将重视个人地位、价值和个人主义、利己主义区分开来，理性对待西方伦理思潮的涌入。在改革发展的过程中，随着西方个人主义、功利主义、利己主义等思潮的侵入和渗透，一些人曲解集体主义，甚或主张不谈集体主义，这对我国的改革与发展事业带来了很大的阻碍作用，并且对人们的价值观造成一定程度的冲击，尤其在道德建设领域，呈现出了坚持个人主

---

① 《马克思恩格斯选集》第 1 卷，人民出版社 2012 年版，第 199 页。
② 《罗国杰文集》第一卷，中国人民大学出版社 2016 年版，第 164 页。
③ 《罗国杰文集》第一卷，中国人民大学出版社 2016 年版，第 164—165 页。

义还是集体主义的争论。在这样的境况下，罗国杰先生不仅致力于纠正人们关于集体主义的错误解读，也对个人主义和利己主义的实质作了详细的阐发，并指明其中的危害。在经历中世纪对个体思想、欲望、尊严等禁锢的幽暗时代后，个人主义从文艺复兴和启蒙运动之际，便成为西方文化的主流价值观，大力倡导个体价值、尊严、权利，主张人的自由、平等。个人主义的核心内容大致包括三个意思：一是强调个性的发展；二是强调个人权利和个人利益的至上性；三是强调个人的尊严和价值，个人是一切的出发点，个人是目的而不是凌驾于他之上的他物的手段。[①] 利己主义以自我为中心，以个人利益作为思想和行为的原则和标准，将私人利益视为一切行动的出发点。个人主义与利己主义虽有不同，但两者在本质上都是强调个体利益，以实现个人幸福为最终目标。从表面上看，个人主义所主张个体价值、尊严的实现是满足个体发展的要求，也是改革开放以来人们主体意识提升和发扬的表现，是重视个人合理权利的体现，但一些人却忽视了个人主义在一定条件下会转化为极端个人主义或者利己主义，即当个人利益与集体利益发生冲突时，往往会导致视集体利益于不顾以保全个人利益为重。久而久之，"这种不顾整体、不顾社会利益的个人主义思想，已经严重地淡化了人们的社会责任意识，严重地淡化了人们的历史使命意识……从而使整个社会失去凝聚力而成为一盘散沙"[②]。因此，在西方各种伦理思潮的渗透过程中，要理性辨别其真伪，不能盲目跟从，合理吸收借鉴其有益成分，更重要的是要立足中国实际，坚持集体主义原则不动摇。

罗国杰先生以马克思主义的立场、观点和方法，在批判继承中国传统整体主义以及合理吸收借鉴西方个人主义中的有益成分，对集体主义的形成与发展的理论渊源作了全面而深入的探析。在为集体主义做论证的过程中，先生展示了他深厚的理论功底、广阔的学术视野以及海纳百川的胸怀，在顺应时代潮流和立足社会主义实际的基础上，抵御一切不良思想对集体主义的侵蚀，纠正人们关于集体与个人关系的不当理解，为集体主义的完善奠定了基础。

---

① 参见《罗国杰文集》第一卷，中国人民大学出版社 2016 年版，第 165 页。
② 《罗国杰文集》第一卷，中国人民大学出版社 2016 年版，第 166 页。

二　深入剖析集体主义的主要内容

集体主义在社会主义的土壤下生根发芽，是社会主义社会发展的产物，也是在社会主义中逐渐发展和完善的。因此，罗国杰先生认为对集体主义的认识也应当在社会主义中去理解。

先生是这样给集体主义下定义的："集体主义不是一般的整体主义，而是一种新型的、在公有制基础上建立起来的、能代表集体成员真实利益的那种真正的集体所奉行的价值原则。"[1] 这就与虚假的集体，即资本主义社会中所倡导的集体主义区别开来，是真正的为广大人民群众谋利益的集体；也与中国古代社会整体主义相区别，是充分尊重个人合法权利，保障个体正当利益的集体。先生指出，集体主义是我国在革命、建设和改革时期，乃至今后都是一以贯之的原则，但也要看到不同时期对集体主义的理解有所不同，各有特点，那么对集体主义的认识也会随着社会的发展而不断深化，其内容也会越来越丰富和完善。要准确认识集体主义的本质及其主要内容，对集体主义的逻辑起点、核心观点及其对社会发展的影响等方面的探讨是必不可少的。

首先，罗国杰先生阐明了集体主义的逻辑起点，即以人的本质为出发点。道德是社会意识形态，是上层建筑，而道德原则是道德规范体系的核心组成部分，一个社会选择何种道德原则，一方面是由经济基础所决定，我国是社会主义国家，以公有制经济为主导，以实现共同富裕为目标，坚持集体主义的价值导向和基本原则是社会主义经济制度的使然；另一方面，集体主义最根本的出发点是人的本质，即"一切社会关系的总和"。现实的人总是处于社会关系中，总是与他人产生这样或那样的联系，这是人类得以生存与发展的前提。同时，在马克思主义视域下，人的本性是随着社会历史的前进而不断发展变化的。此外，罗国杰先生认为一个阶级的道德原则的建立都有其出发点，资产阶级的道德原则和无产阶级的道德原则在性质上不同，其建立的前提也不同。资本主义社会中，个人主义、利己主义是基本的价值遵循，他们将"人的本性是自私的"视为道德原则的出发点。正如爱尔维修所说："在任

---

[1]　《罗国杰文集》第一卷，中国人民大学出版社 2016 年版，第 327 页。

何时代、任何国家，人们过去、现在和未来都是爱自己胜于爱别人的。"① 可见，资产阶级社会将人自私自利的一面无限放大，认为这种自私是人们的共同本性，是人们一切行为的出发点。而无产阶级自觉站在历史唯物主义的立场上，认为人的本性是随着历史的变化而不同的。资产阶级社会中人的自私自利只是短暂的，随着阶级的消灭，私有制的消失，最终会进入生产资料公有的共产主义社会，因而人的本性就不会是自私的。可见，在马克思主义伦理学中，"无产阶级一方面承认一些人的'自私'只是一定经济关系下的产物，另一方面更要在公有制的经济关系中，为促进新的思想、新的道德而不断努力，绝不应该去做资产阶级思想家的应声虫"②。如果说，强调人性本恶，自私自利的利己主义是资产阶级道德原则的出发点，那么满足个人的利益，强调个人利益至上，社会利益是为个人利益服务便是其落脚点。所不同的是，无产阶级道德原则的出发点是人民利益至上，其核心是为广大人民群众谋利益和幸福，那么其落脚点就是为实现共产主义而奋斗，在个人利益与集体利益关系上，既强调集体利益，又不忽视个人正当利益的满足。相对于以利己主义为核心的资产阶级的道德原则来说，无产阶级的道德核心只能是集体主义，两者的产生背景不同，本质上也存在差异，不能忽视两者建立的出发点，更不能固守己见，而要在立足社会主义实际中，不断丰富集体主义的内涵和内容。

其次，罗国杰先生揭示了集体主义的主要内容，即辩证看待集体与个人、集体利益与个人利益的关系，并实现二者的有机统一。作为社会主义社会的本质要求与社会主义市场经济发展的客观要求的集体主义道德原则，要求处理好国家、社会和个人之间的利益关系问题。第一，强调两者的辩证统一。集体与个人的关系即整体与部分的关系，集体是由个人组成的，集体为个人利益的实现提供基本前提和重要保障，个人的发展离不开集体，同样，离开个体，集体也就不复存在，个人的发展和进步亦会促进集体的发展。作为无数个人共同利益的代表的集体利益与作为集体利益的组成部分的个人利益，两者之间是相辅相成、互补互促的有机统一体。第二，强调集体利益高于个

---

① 北京大学哲学系外国哲学史教研室编译：《十八世纪法国哲学》，商务印书馆1963年版，第501页。

② 《罗国杰文集》第一卷，中国人民大学出版社2016年版，第139页。

人利益。一般情况下，两者之间并没有实质性的冲突，但少数情况下，也会产生矛盾冲突。当矛盾冲突发生时，需要坚持集体主义道德原则，即要以集体利益为重，必要时需要为集体利益作出相应的牺牲。这个"少数情况"是当两者完全不能共存的时候，集体主义才会要求牺牲个人利益。但总的来说，强调集体的共同利益也是为了更好地保障个人的根本利益。第三，强调重视和保障个人的正当利益。集体主义不是中国传统社会整体主义的翻版，只要求个人服从整体，整体利益高于个人利益，完全忽视个人的权利和价值。集体主义在重视集体利益的同时，也强调和保障个人的合法权益。那种宣称集体主义是对个人利益的压制和束缚的思想，显然是对集体主义的误读与误解。实际上，正是集体主义才充分考虑个人利益，为个人利益的实现提供前提保障，而那些打着共同利益旗号的资产阶级道德原则，却是为某些人的利益服务。因此，要全面、深入地认识集体主义道德原则的实质，不能随意误读，唯此才能抵御西方不良社会思潮的侵蚀。

三　积极探索集体主义的落实路径

集体主义作为马克思主义伦理学的核心以及社会主义社会的道德原则，在推动我国物质文明和精神文明建设，提高人们道德素质和水平等方面具有重要作用。只有将集体主义原则外化于行，内化于心，发挥集体主义的精神力量，才能营造良好的社会氛围，为国家发展注入生机。罗国杰先生看到了坚持集体主义原则在社会主义初级阶段的重要性和必要性，并大力提倡以集体主义为原则，具体探讨了集体主义的落实路径，为社会主义道德建设提供了指引。

第一，要全面认识发展社会主义的商品经济或市场经济在我国产生的效应。经济基础决定上层建筑，经济的发展形势和发展水平影响道德的形式和水平。罗国杰先生认为只有全面认识我国目前采取的商品经济发展模式及其对我国的积极效应和消极效应，才能充分发扬它的积极性，不断缩小其消极影响，才能让社会主义事业沿着正确的道路前进。先生在认真分析市场经济之后，客观全面地总结了市场经济对我国各方面的影响，他认为实施改革开放以及发展社会主义市场经济，带来的影响是多方面的。一方面，先生看到市场经济的积极影响，市场经济中的合理利益观、公平竞争观、权责统一等先进思想给经济发展注入活力，也在不断更新和推动个体思想的进步，提高个体的素质。个人观念的转变以及个人素质的提高，对于营造良好的社会发展氛围，推动我国经济发展起着有力的促进作用。另一方面，先生也看到了市场经济所带来的负面效应。由于市场经济倡导的是自由、平等的市场环境，市场竞争、利益得失、金钱交易等容易引发人们产生自私自利、损公肥私等不正当的价值取向，导致个人主义、功利主义、拜金主义以及享乐主义等不良社会思潮泛滥，人们的价值观出现偏差，金钱至上、贪图享乐等观念腐蚀着人们，社会道德风尚出现滑坡。因此，对市场经济的积极影响需要加以保持和完善，对不良效应要提高警惕，加以引导和抵御。先生认为加强集体主义教育，发扬关心集体、关心国家的集体主义精神，提倡共产主义理想信念，发挥正确价值观的引导对纠正不合理的思想观念具有重要意义。

第二，要更好地发挥广大人民群众在建设中国特色社会主义事业中的创造性作用。集体主义也充分尊重个体的价值和尊严，将个人利益的实现视为实现集体利益的一个重要前提。罗国杰先生认为，在推动我国特色社会主义道路的前进过程中，广大人民群众始终发挥着至关重要的作用，要提高个体积极性和创造性，为集体利益、国家利益的实现添砖加瓦，将小我融入大我，将个人理想与国家、民族的命运紧密结合在一起，自觉自愿为实现共产主义社会而接续奋斗。同时，也应该说明的是，这个集体为个人的价值的发挥，为个人利益的实现提供了根本保障，这个集体不是束缚个体、限制个体自由的团体，而是给每个人自由而全面发展创造一片天地。同样，每个个体价值的实现是促进集体发展和国家进步的力量源泉。唯物史观曾强调，广大人民群众是历史的创造者，在社会历史发展过程中，人民群众起着决定性作用，其不仅是社会物质财富的创造者，也是社会精神财富的创造者。罗国杰先生作为马克思主义的忠实信仰者，坚持马克思主义立场，既看到了广大人民群众的历史作用，也看到现实中无数个体的能动性和主动性。他认为在社会主义现代化的建设过程中，必须凝心聚力，必须充分意识到广大人民群众的中坚力量，以人民群众为社会主义事业的生力军，这样才能发挥人民群众在中国特色社会主义建设中的积极作用。

第三，要坚持集体主义的价值导向。价值导向是一个社会、一个国家应该朝着什么样的方向发展的基本遵循，社会主义道德要沿着正确的方向前进须坚持正确的价值导向。集体主义价值导向是以人民利益为重，而不是少数集团的利益，坚持集体利益与个人利益相统一，未忽视个体的正当权益。集体主义价值导向是以为广大人民群众谋幸福为最终目标，致力于实现社会主义现代化建设，在国家的建设和改革过程中发挥着至关重要的作用。集体主义的价值导向让我们学会关心他人，爱护集体、国家，做有爱国情和报国志之人，不能与西方的价值取向相提并论。纵观我国历史发展的长河，无论是传统社会的整体主义，还是如今的集体主义，都是为了维护国家和民族的利益，都是推动民族团结繁荣的基本价值原则。而西方社会是以个人主义为价值导向，看不到个人和集体的关系，看不到个体和社会、国家的联系，一切从自我出发易发展出自私自利、损人利己的人性，个人和集体的矛盾冲突也随之愈演愈烈。五四运动之际，中国在寻求救亡图存的方法时，有部分仁人志士倡导西方化，一度认为西方的制度、思想就是先进、科学的象征，以西方化来救中国。现在，也有人将社会主义现代化建设同西方化混为一谈，即推崇个人主义为价值导向。殊不知，西方国家正是以价值观的渗透为手段，逐渐腐蚀我国国民的思想意识。"几十年来的现实说明，在现代化过程中，凡是全盘接受了个人主义价值观的国家，不是沦为西方国家的附庸，就是使自己的国家陷入政治混乱、社会动荡和经济停滞的泥潭之中。"[①] 我国是社会主义国家，在国家建设方面要缩小社会贫富差距，消除两极分化的现状，实现共产主义；在国际上倡导和平与发展，构建和平的国际关系，与西方国家打着所谓的"和平演变"的幌子，而实际上意图称霸的野心存在本质上的差异。坚持集体主义的价值导向，是破除唯西方论的有力武器，是实现共同富裕的有效路径，也是为社会主义现代化建设凝心聚力。

第四，要继承和发扬优秀的中国传统伦理思想。罗国杰先生认为，中国伦理文化中蕴含着丰富的集体主义优良道德传统，将其与现今的集体主义精神相结合，可以形成符合时代潮流，具有中国特色的伦理精神。中国传统伦

[①] 《罗国杰文集》第二卷，中国人民大学出版社 2016 年版，第 68 页。

理思想中既有"先天下之忧而忧，后天下之乐而乐"的爱国情怀，也有"天下兴亡，匹夫有责"的豪情壮志，这都体现了仁人志士将国家利益、民族利益切实与自己的生命结合起来，视国家利益高于个人利益的表现，甚至甘愿为国家、民族大业牺牲自己。此外，义利之辨是传统社会争论的重要命题，在义利之间怎样取舍也体现了如何处理个人与集体、个人利益与集体利益的关系问题。《论语》中就曾提到："君子喻于义，小人喻于利"，孟子也论述："生，亦我所欲也；义，亦我所欲也；二者不可得兼，舍生而取义者也。"（《孟子·告子上》）可见，在个人物质利益和社会、国家的整体利益关系上，中国传统道德强调先义后利、以义为先、舍生取义的价值主张。先生一方面看到了中国传统道德思想中的精华之处，也注意到其中的糟粕。在处理个人利益与整体利益关系时，这个整体利益是以封建国家为中心，以封建统治者的利益为代表，要求个人无条件的服从整体利益，往往成为压抑人性、忽略个体权益的束缚。因此，先生强调要辩证看待中国传统文化，始终本着弃其糟粕、取其精华的态度，在弘扬集体主义精神时，要批判继承传统道德中先义后利、先公后私的合理内容，使得在进行集体主义教育时既有时代性，也具有民族性。

第五，要大力弘扬爱国主义思想。爱国主义是个体或集体对祖国的一种积极维护的态度和情感，揭示了个人与祖国相互依存、共生共融的关系，集中表现为民族自尊心和民族自信心，是中华民族持续发展的精神纽带。罗国杰先生高度重视发挥爱国主义情感的重要作用，将集体主义与爱国主义紧密联系在一起，并说道："集体主义有助于爱国主义思想的形成，而爱国主义还应当上升为集体主义。如果一个人没有起码的爱自己祖国的情感和责任，不能做到爱护自己的祖国，当然也就不可能有集体主义的精神。"[1] 集体有很多种呈现形式，家庭是社会的细胞，是一个小集体，社会是由无数家庭组成的大集体，而国家则是更大的集体。爱国在一定程度上就是爱祖国、爱民族这个大集体，是集体主义的一种表现方式。同时，在社会主义国家中，爱国和爱社会主义是相统一的。我国是人民民主专政的社会主义国家，爱社会主义

---

[1] 《罗国杰文集》第二卷，中国人民大学出版社 2016 年版，第 70 页。

相当于爱广大人民群众，爱五十六个民族，爱国家的制度、文化等各个方面。爱社会主义国家是爱国主义最高的表现，而坚持集体主义则是爱社会主义国家的精神支柱，爱国主义、集体主义与爱社会主义是三位一体、相互促进的关系。大力发扬爱国主义是坚持集体主义价值导向的基础，增强人们对于祖国的认同感和归属感，也就极大提升了集体主义精神，才能进一步形成对社会主义国家的热爱，形成与祖国同呼吸共命运的自觉情感，从而为社会主义现代化建设、为中华民族伟大复兴添砖加瓦，贡献绵薄之力。

总的来说，坚持集体主义的道德原则，最重要的是进行集体主义精神的培育和弘扬，只有立足我国现实经济基础，充分发挥广大人民群众的力量，在坚持正确的价值观导向的前提下，继承优秀的传统文化，自觉将爱国、爱集体、爱社会主义三者紧密结合，才能让集体主义道德原则成为人们行动的向导，让集体主义精神根植于人们的内心。

第三节 重视思想道德教育，推动马克思主义伦理学的运用

罗国杰先生一生致力于马克思主义伦理学的研究，除了在理论上构建了中国化马克思主义伦理学的学科体系，为我国社会主义道德建设作出了杰出贡献之外，在实践层面也大力推动了马克思主义伦理学的具体运用，将马克思主义伦理学扎根中国大地，为经济建设、政治建设以及文化建设等各个方面服务，尤其体现在他致力于提高大学生的思想道德水平，并积极编撰了《思想道德修养》等相关教材书目，完善了思想政治教育理论课的课程体系，为学科建设和发展奠定了坚实基础。

一 厘清思想政治教育和伦理学的关系

从学科分类上讲，伦理学是哲学的二级分支，奠基于哲学价值论之上的学科。一般来看，伦理学与思想政治教育学科不属于同一学科门类，但为何伦理学与思想道德教育学科有着如此紧密的关系是先要阐明的逻辑前提。

首先，罗国杰先生从伦理学的学科性质和使命角度对其和思想政治教育

学科的关系进行了详细的分析。他认为伦理学是一门古老而悠久的学问，自亚里士多德起就有系统的著作，并且西方极其重视伦理学。斯多亚学派曾把哲学分为三个部分：物理学、逻辑学、伦理学，并在此基础上作了排序和定位，把哲学比喻为"果树园"，逻辑学是"栅栏"，物理学是"树"，伦理学是"果子"，所以伦理学是最贴近人的学问，能够为人们的生活和行为实践提供知识和价值的指导，帮助人们确立正确的价值观念，追求好的生活，更关键的是成为一个好人。伦理学作为一门研究道德的学问，既有对道德基本原理、道德规范、道德发展及其规律等进行理论上的分析，更重要的是运用于道德实践中，将理论联系实际，从而为社会主义道德建设、为社会风貌的改善，为个体道德水平的提高发挥其应有的作用。因此，伦理学不仅仅是教授道德知识的学问，更是教做人做事之理，既立足于当下如何待人接物的现实，也指向人应该朝向哪里的未来思索。可见，伦理学与人的发展息息相关，而思想政治教育的最终目标也是立德树人，指导人们树立正确的人生观和价值观，所以伦理学与思想道德教育学科具有密不可分的关系，二者相辅相成。其次，罗国杰先生为了深入说明二者在实际工作中的关系，还着重探讨了西方国家、日本、苏联以及中国台湾在伦理学与道德品质教育关系上的具体现状。这些国家和地区的伦理学教材虽不同，但都非常重视伦理学这门学科，并且在很多高校都被列为必修课程。他们将伦理学的讲授视为青年思想政治教育的主要方式，以伦理学或教育学作为培育青年人道德品质，养成良好道德行为的重要课程。从伦理学与思想政治教育的关系来看，伦理学可以也必须成为青年思想道德教育的一个重要载体。最后，罗国杰先生结合中国具体实际，总结了我国伦理学的发展状况。中华人民共和国成立之前，我国还未形成马克思主义伦理学的学科体系和理论框架，也没有在学校开设相应的伦理学课程。并且，一度受到苏联的影响，我国伦理学的研究曾一度停滞不前，甚至陷于予以废除的窘境。20世纪60年代后，虽然对此进行了恢复与重建，但经过十年的文化浩劫，伦理学的研究依旧没有明显起色，处于艰难的探索之中。因此，现阶段我们应该如何推进马克思主义伦理学的应用，如何针对大学生开展思想政治教育是亟待回答的时代课题。

由于当前还处于中国化马克思主义伦理学的探索过程中，思想政治教育体系亦处于完善之中，罗国杰先生洞察了目前未能在全国高校开展马克思主义伦理学课程的几个重要因素。一方面是客观条件不足，主要包括师资力量短缺、教材未普及；另一方面是大学生自身的成长特性，大学阶段正是形成世界观、人生观和价值观的重要时期，随着眼界的开阔，接触的事物繁杂，极易影响他们独立思考和判断的能力。这个时期的大学生对马克思主义理论缺乏了解，容易被事物表面现象所迷惑。于是，为了解决以上难题，先生曾写了《关于高等学校马克思主义伦理学教学的几点意见》，建议在全国高校逐渐开展马克思主义伦理学课程，并针对上述问题提出了自己的解决方案。第一，针对师资力量的稀缺，他认为可以在政治工作干部中选拔人才，特别是辅导员，进行针对性的培训。一是由于辅导员与学生有长时间的相处，了解学生的思想情况；二是辅导员已经具备一定的知识和理论素养，且对伦理学有较高的兴趣。第二，针对教材的缺乏，先生认为部分学校已经编写内部使用的教材，可以暂时进行讲授。此外，教育部已经开始组织编写德育大纲，且很多学校已经逐步建立思想道德修养课程，在此之前，伦理学可以成为培养学生思想品德的重要理论课，待思想政治教育学科建立起来后，伦理学也可以成为哲学专业学生的一门专业理论课。第三，针对大学生群体中出现的一些不良思想，诸如"主观为自己，客观为别人""人是自私的"等，先生认为在很大程度上会腐蚀青年人对集体主义的认知，动摇爱国、爱社会主义的理想信念，误导青年朝着错误的方向发展。对于这个问题，先生明确指出对这些不良思潮要从历史和理论两个维度加以探究，从而全面、深刻认识这些错误思想的来源和实质，以更好抵制其对青年群体的消极影响。总之，伦理学可以为提高大学生的思想道德水平而贡献力量。

二　确立思想政治教育学科建立的原则

确立以及建立一门学科需要进行深入的探索，而秉持什么样的原则设立是至关重要的前提。罗国杰先生在总结伦理学学科研究经验的基础上，指明了思想政治教育学科建立过程中应该坚持的五个原则：客观性、全面性、科学性、逻辑性以及彻底性原则。客观性即研究问题要从客观实际出发，不能空谈空想。思想政治教育指向谁，需要解决什么问题，有什么功能和使命是一门学科的基础性问题。青年群体，尤其是大学生是这门学科的对象，提升大学生的思想道德修养是其最终目标，那么思想政治教育就必须立足大学生的思想政治现状，符合大学生身心发展规律，有规律、有计划、有目的地去开展教学。全面性即一门学科的成立要尽可能地囊括所可能涉及的各个方面的问题，对于思想政治教育中的最一般性、普遍性的基础问题要进行仔细的探究，这样才能形成系统完备的知识体系和理论结构。除此之外，要对大学生思想道德素养的现状有全面的认识和把握，综合考虑到影响其思想道德品质的各方面因素，以较好实施思想道德教育。科学性即力求真实、准确，思想政治教育学科应积极探索大学生思想道德发展的内在规律，并反映思想政治教育的实质和核心，形成对道德规律、大学生身心规律的正确认识。此外，要从道德现象中挖掘事物之间普遍的、本质的、必然的联系，提炼出属于该学科领域的系列概念、范畴、原理和规律等科学性知识，并随着时代的革新而不断丰富和完善，从而为大学生思想道德教育提供较好的理论资源。逻辑性即在科学地抽象出这些概念、范畴、原理和规律等的基础上，根据它们的地位、作用和关系进一步将这些理论的内在逻辑梳理清楚，既要厘清其中的关联，又要进行适当的组合或排序，让知识形成一定的体系，使理论成为不可分割的有机统一体。彻底性即在理论探讨上要彻底，全面、透彻地分析客观实际，抓住事物的核心要义。在思想政治教育中就要善于、勇于揭示其中的实质问题，不仅要让理论联系实际，还要将理论付诸道德行动中，让大学生运用科学的思想理论武装头脑，外化于行，内化于心，成为我国社会建设的推动力量。

三　编写思想政治教育理论课课程教材

随着改革开放进程的不断加快，社会主义现代化建设的迫切需要，对我国社会主义道德的建设、公民道德素质的提高等精神文明方面提出了新的要求。在党中央的高度支持下，教育部和中宣部相继颁布关于高等院校逐步开展思想政治教育理论课的意见、规定，明确指出要运用马克思主义的立场和方法加强对大学生共产主义道德教育。之后，很多高校开设了共产主义思想品德课，教授思想修养、法律基础、形势与政策等内容。1992年，在总结以往学科建设和课程开展的经验基础上，国家教委对高等学校思想政治理论课程做出了进一步完善，将课程分为：思想道德修养、法律基础、形势与政策。1998 年教育部和中宣部发布《关于普通高等学校"两课"课程设置的规定及其实施工作的意见》中对课程的内容和教学要求作了详细的规定。经过十几年广大德育工作者的努力，思想政治教育学科日渐完善，师资力量逐渐扩大，也编写了适用大学本科和专科的各类教材，推动我国思想道德建设达到了一个新的高度。但是，罗国杰先生指出思想道德教育依旧任重道远，不能取得一点成就便止步不前，要紧跟社会主义市场经济的步伐，同时代发展趋势相适应，让思想政治教育理论课程不断改进和提高。

高等学校开设的"两课"指马克思主义理论课和思想品德课。思想品德课作为其中的一门重要课程，旨在对大学生的世界观、人生观和价值观，思想素质、道德素质以及法律素质进行教育和引导，为社会主义建设培养"四有新人"。可见，思想道德教育不仅是个体成长发展的需要，也是形成良好的社会风貌，构建和谐美好国家的关键。罗国杰先生认为，只有对思想品德课程有一个全面而系统的认识，才能促进该学科的建设。首先，从思想品德课本身来看，它的任务和使命即提高大学生的道德素养。高校是培养社会主义建设者和接班人的重要场所，以德为先、德才兼备是教育的根本目的，个体只有先立德，才可成才。先生既意识到思想品德课的独特地位和重要作用，也注意到其现阶段存在的不足，例如教育过程中重智育、轻德育等问题，他强调思想品德课是大学生的必修课，需要教育者予以高度重视，这样才能不断优化思想品德课程，培育德智体等全面发展的社会主义建设的后备军。其次，在教学内容方面，罗国杰先生认为思想品德课程的内容要结合大学生的思想道德实际情况，能够切实解决他们成长过程中面临的学习困惑、为人处世、恋爱婚姻、求职就业等各个阶段的问题，要引导他们树立正确的世界观、人生观和价值观，增强法律意识，帮助他们树立远大理想和崇高的人生追求。此外，思想品德课还需应时而变，应时而新，根据新形势、新问题继续补充和修订新的内容。再次，思想品德课建设的基本条件在于教师队伍，先生指出要尽最大能力培养一批合格的思想品德课教师队伍。教师是教学过程中传情达意的重要人物，也是衡量一门学科教学效果的关键一环，思想政治教育课中尤其要重视教师的数量和质量，既要配齐也要配好，在大学生群体中起到带头和引领的作用。先生认为伦理学和思想政治教育既然有着密切的相关性，那么就可以通过伦理学专业来培养一批思想道德修养课的教师。最后，教学方法是思想品德课行之有效的关键，每个学科都各有其特点，也应根据其特殊性制定相应的教学方法。思想品德课是理论性和实践性相统一，不仅让学生理解马克思主义的思想理论，以马克思主义武装自己的头脑，更要学会将这些理论、方法运用到实际行动中。罗国杰先生也认为，教学方法的有效实施，是提升思想品德课教育实效性的重中之重。第一，要根据社会主义市场经济条件，有针对性地对大学生群体产生的新问题进行关注，并加以启发和引导；第二，不能照本宣科，要联系大学生实际情况进行教学，在他们面临的现实困境中，抓住问题的关键节点展开教育，以达到答疑解惑、增进信心等效果，帮助大学生树立积极的人生态度，自觉创造精彩的人生；第三，在开展教学过程中，要充分发挥教师主导性和学生的主体性，教师要做学生学习的引导者和学生发展的促进者，而不是传统意义上的教书匠，在与学生的交流中、课堂的讨论中不断促进对学生的了解，从而提高学生的主动性和能动性。

在遵循学科建设的基本原则的基础上，罗国杰先生不断探究改进和完善思想政治教育学科的整体方案和具体措施，力求将思想品德课开设为大学生成长发展的必修课，促进大学生思想道德素养提升，为社会主义道德的建设，为社会主义事业培养后备军。为了适应时代的发展趋势和新形势下大学生面临的新问题，在继编写出全国高等学校思想品德课的示范教材《思想道德修养教程》和《法律基础教程》后，罗国杰先生依旧本着刻苦钻研的学术态度，带领着教材编写组全体成员完成了《思想道德修养与法律基础》这一书目的编写。这本教材的出版体现了继承与创新的统一，一方面这门课吸收了以往编写教材中的丰富经验和成果，将原先《思想道德修养》和《法律基础》两门课有机地融合在一起；也根据新的学科目标和学科定位，对以往的教学内容进行了创新性的阐发和补充，以马克思主义思想政治教育学科为依托，致力于将大学生的思想道德素质和法律素养的培育融为一体，既要让大学生形成正确的人生观和价值观，提高思想品德修养，也要让其树立法制观念和法律意识。另一方面，更加旗帜鲜明地强调对于中华优秀传统文化的继承和弘扬，培育大学生的民族精神和时代精神，树立民族自信和文化自信，涵养爱国情感，践行爱国之志，将个人命运与实现共产主义理想结合起来，为实现中华民族伟大复兴而奋斗。除此之外，《思想道德修养与法律基础》一书与前两本教材相比，更加突出了其鲜明的思想性、理论性以及实践性，敦促大学生在科学的、正确的、先进的思想理论指导下，做到知行合一，化知识为德性，化德性为行为。先生将这门课程教材编写的体例巧妙地概括为"三个结合"："力求把大学生进行社会主义思想道德教育和法制教育紧紧地结合在一起，把增强社会主义法制观念和提高社会主义道德觉悟紧紧地结合在一起，把提高思想道德素质和法律素质紧紧地结合在一起。"[1] 这表明了《思想道德修养与法律基础》一书的编写是对以往教材的突破和超越，是促进大学生综合素质的提高，推动思想政治教育学科进一步完善，适应时代发展的正确举措。

　　除了积极编写适应时代、符合大学生实际的教材之外，先生还强调思想品德课教师的重要作用，他说："高质量地实施新课程方案，关键在教师。"[2] 广大思想政治课教师要全身心投入教育教学中，为思想政治教育学科的发展，为大学生道德和法律素质的提高作出贡献。第一，高校思想政治理论课教师要以高度的责任感和使命感，积极投身于思想政治教育理论课的建设和发展中，切实意识到这门学科的重要性与必要性。不仅要牢牢把握党中央关于改进高校思想政治理论课的决策，更要深入贯彻和落实其精神，要牢记自己教书育人的任务和使命，吃透吃准教材，方能在具体教学过程中得心应手。第二，高校思想政治理论课的教师要提高自己的思想道德素养，真正做到学生发展的引路人。教师要以身作则，言传身教，不仅在知识上能够教人，更要在品行上育人，在生活中做学生为人处世的榜样模范，亦可谓"经师"，也要为"人师"。因此，先生认为高校思想政治理论课的教师要具备以下四个素质：过硬的思想政治素质、良好的职业道德素质、丰厚的理论业务素质以及与时俱进的创新素质，这样才能切实做学生各方面的模范，才是一名合格的

---

①　《罗国杰文集》第三卷，中国人民大学出版社 2016 年版，第 518 页。
②　《罗国杰文集》第三卷，中国人民大学出版社 2016 年版，第 520 页。

思想政治理论课的教师。第三，高校思想政治理论课的教师要树立问题意识，结合大学生实际，以更好发挥思想政治理论课的实效性。先生强调，任课教师要提高教学的针对性、实效性、感染力与吸引力，在强调思想的完整性、理论的科学性的同时，也要贴近生活，贴近学生，将思想政治教育与解决实际问题相结合，真正能够帮助解决大学生成长发展过程中所面临的问题和困惑。一本好的教材是思想政治理论课开展的基础条件，而一名好的教师确是思想政治理论课有效实施的关键，教师在教学过程中不仅起着理论传输的作用，更重要的是发挥立德树人的功能。因此，作为一名思想政治教育课的教师，"应是学生的良师益友，是学生品德形成的引导者、心灵发展的疏导者、生活选择的参谋者、学生成才的指导者"①。应本着爱岗敬业的精神，不断提高自己的理论和道德素养，以培养德才兼备的优秀人才为己任，为社会主义道德建设建言献策。

　　罗国杰先生借鉴马克思主义伦理学学科建立的经验和成果，对思想政治教育学科的建设贡献了自己的学术智慧。从洞察伦理学和思想政治教育的密切关联，到构建思想政治教育学科的基本原则，再到思想政治教育理论课的具体设置，包括课程的性质、功能和使命、结构体系、主要内容等方面的详细阐发，最后对思想政治教育理论课教师的要求和期许，都体现了先生将"做学问"和"践真知"相统一，真正践行了为国家、为社会育人才的崇高追求和宏大志向。

---

　　① 《罗国杰文集》第三卷，中国人民大学出版社 2016 年版，第 521 页。

第四章　坚持和发展历史唯物主义方法论原则

马克思主义伦理学是研究关于人与自然、人与社会、人与人之间道德关系的科学体系，具有科学的理论基础与方法论原则。历史唯物主义科学地阐明了人与自然、人与社会，即人与世界的关系，从而揭示了人类社会历史的本质和发展规律，它是"科学思想中的最大成果"①。这一科学的理论为马克思主义伦理学研究提供了方法论指导，推动了马克思主义伦理学的研究和发展。具体表现在，历史唯物主义为明确马克思主义伦理学的研究对象提供了科学依据；为选择科学的研究方法提供了基本遵循；为明确马克思主义伦理学的研究任务提供了价值导向；为马克思主义伦理学的应用提供了规范引导。正是基于此，罗国杰先生从历史唯物主义的视角出发，探讨了道德的起源、道德的本质、道德的发展、道德的变化以及道德社会作用等理论问题，对这些问题的探讨和回答，为马克思主义伦理学的研究和发展奠定了基础。罗国杰先生主张将历史唯物主义方法论原则运用于马克思主义伦理学研究的始终，既要注重理论基础研究，又要重视实证分析。他致力于马克思主义伦理学的运用研究，始终坚持推进马克思主义伦理思想中国化和批判地继承吸收中华民族优秀道德传统，推动建设以人民为中心的社会主义道德体系，并且坚持在实践中推动应用伦理学的发展。不仅如此，先生还坚持从历史发展的视角考察道德状况、运用辩证统一的方法来分析社会的善恶现象、始终以实事求是的原则来探究社会道德规范、坚持以革命实践的方式进行道德修养、贯彻人民群众的观点开展道德建设，做到了对唯物主义方法论原则的自觉遵守。

---

① 《列宁专题文集·论马克思主义》，人民出版社 2009 年版，第 68 页。

第一节　历史唯物主义方法论对于发展马克思主义
伦理学的意义

作为马克思主义科学体系的有机组成部分，马克思主义伦理学亦需要遵循马克思主义理论的科学方法来研究伦理学。其中，历史唯物主义为马克思主义伦理学的研究提供了方法论指导，对于马克思主义伦理学的发展具有重要意义。罗国杰先生立足于历史唯物主义，对马克思主义伦理学的对象、方法、任务以及应用伦理作了详细的探讨，为伦理学的研究提供了科学的范式。

一　为马克思主义伦理学研究对象的明确提供了科学依据

任何一门学科的形成和发展，并能在理论研究和社会实践中发挥其作用，首要的问题就是要确立该学科的研究对象。伦理学作为一门独立的科学也不例外，必须清晰地定位其自身的研究对象，而在伦理学的发展史上，对于伦理学的研究对象在不同的时期有不同的理解和规定。

罗国杰先生在对马克思主义伦理学研究对象的阐述中，区分了旧伦理学和马克思主义伦理学，这两者研究对象有着根本的区别，具有科学与非科学之分。他认为，在旧伦理学中许多思想家以"善"和"至善"作为主要的研究对象，如亚里士多德认为："至善即是幸福"，为了研究"至善"，他还探讨了"理智的德性"以及如何达到"至善"等问题。在近代，伦理学的研究对象趋于多样化，如托马斯·阿奎那主张以上帝和神学的德性为研究对象；弗朗西斯·培根认为要以心灵的情感为研究对象；康德以善良意志为主要的研究对象；黑格尔提出以抽象的法、伦理、道德为研究对象等等，这些思想家们虽有不同的见解和主张，但总的来说都是围绕"道德"这一根本问题而提出的，其最终的目的都是建立一套调整人与人之间的关系、维护社会和谐的理论。基于此，他提出，马克思主义伦理学以道德现象为主要研究对象，注重对道德现象进行社会的、历史的研究，并且在马克思主义科学的世界观和方法论的指导下探究道德现象的本质问题，坚持历史唯物主义方法论原则，揭示道德的社会实质和发展规律，科学地阐明了伦理学的研究对象。罗国杰先生的伦理思想是建立在历史唯物主义方法论原则之上的，主要表现在他立足于社会关系来研究道德关系、通过社会基本矛盾揭示社会道德现象的本质、致力于调节人与人之间的关系这三个主要方面，将社会道德关系、社会道德现象、人与人的关系明确为道德的研究对象，更加科学地研究"道德现象"这一对象，从而探索道德的起源、本质、发展、变化和社会作用等重要问题。

第一，立足于社会关系来研究道德关系。马克思主义从社会生活的各个领域中划分出经济领域，从一切社会关系中划分出生产关系，把一切社会关系归结于生产关系，并进一步归结于生产力发展。马克思主义理论系统地阐明了社会关系的根源，科学地揭示了人类社会发展的规律，这为马克思主义伦理学的研究对象提供了科学的理论基础和依据。马克思主义唯物史观"科学地解答了人与自然的关系和人与社会的关系，即人与世界的关系。在这个意义上，唯物主义历史观又是唯物主义世界观，一种'真正批判的世界观'"。① 罗国杰先生的伦理思想正是建立在科学的唯物史观之上，基于社会关系来分析人与人之间的道德关系、基于经济基础来考察道德的发展规律、基于社会的发展着的历史来研究道德的发展，为马克思主义伦理学的对象研究提供了科学的依据。社会关系是研究道德关系的基础，马克思认为道德是一种特殊的社会意识形态，总是受着社会关系特别是经济关系的制约。鉴于此，社会关系是进行马克思主义伦理学研究的重要方面，是研究道德关系的基础，为道德关系的研究提供了科学依据。

第二，通过社会基本矛盾揭示道德现象的本质。历史唯物主义突破了唯心主义的历史局限，没有停留在"精神动力"的表层，而是更深入地探寻社会历史深处的动力，指出了生产力与生产关系的矛盾、经济基础与上层建筑的矛盾是社会的基本矛盾，这一基本矛盾从根本上决定了各种社会矛盾的产生和发展，充分揭示了社会历史发展的规律，指出了社会基本矛盾是推动社会发展的根本动力，是产生一切社会关系的根源。在这一科学理论的指导下，马克思主义伦理学立足于社会基本矛盾的发展分析社会道德现象，充分认识

---

① 杨耕：《马克思主义历史观研究》，北京师范大学出版社 2017 年版，总序第 19 页。

到"道德是在一定的经济关系基础上形成的社会意识形态之一"①，开始将社会道德现象与经济关系联系起来，在社会经济关系中探讨社会道德现象。马克思主义伦理学主张全面地、系统地研究社会的道德现象，而不是断章取义，仅仅研究道德现象的某个方面，这是马克思主义伦理学区别旧伦理学的关键所在。罗国杰先生强调："马克思主义伦理学的使命是从实际的道德现象出发，给这些现象以规律性和规范性的概括，从理论形态和行为准则上再现道德。"② 由此可见，马克思主义伦理学具有科学的理论基础，并将历史唯物主义方法论原则贯穿研究的始终。

第三，调节人与人之间的关系。历史唯物主义与以前的一切历史理论不同，它承认历史的主体是人，从个人以及人与人之间的关系出发来分析和考察社会历史。马克思主义认为，道德产生的根源只能从现实的人出发，考察人类赖以生存的物质生活资料和生产方式，从中考察人与人之间产生的利益关系和利益矛盾。基于马克思主义的观点，道德作为社会意识形态的组成部分，是在社会关系中形成和发展的，是调节人与人之间矛盾的重要方式。为此，罗国杰先生认为，马克思主义伦理学的主要研究对象是处在一定社会关系中的人与人之间的道德关系，而道德作为一种社会意识指导着人与人之间的关系和人们的行为。在社会历史发展的各个阶段，人与人之间的利益关系一直是道德关系的中心问题，尤其是在现代社会主义市场经济之下，这种利益关系表现得尤为突出。基于此，罗国杰先生以历史发展的观点，重点考察了在社会主义市场经济条件下，如何根据时代的特征调节人与人之间的关系，并且指出了社会主义道德的原则和规范，为伦理学的发展提供了基本范式。

二 为马克思主义伦理学研究方法的选择提供了基本遵循

马克思主义伦理学强调，"一般的科学方法、社会科学的方法和伦理学的特殊方法，构成了研究伦理学的方法论的总的体系，从而使伦理学能够在正确方法的指导下不断发展"③。不难看出，伦理学的研究具有科学的系统的方

---

① 《罗国杰文集》第一卷，中国人民大学出版社 2016 年版，第 25 页。
② 《罗国杰文集》第一卷，中国人民大学出版社 2016 年版，第 25 页。
③ 《罗国杰文集》第一卷，中国人民大学出版社 2016 年版，第 47 页。

法论体系，正是有着科学方法论的指导，才使得伦理学成为一门独立的学科体系，为调节社会道德关系提供了科学的指南，促进了人类社会的和谐发展。

从伦理学研究的一般科学方法来看，最根本的方法就是唯物主义辩证法，其为马克思主义伦理学方法的选择提供了基本遵循。唯物主义辩证法是对整个自然界、人类社会和人的思维的发展所概括出来最完整、最系统、最深刻的方法论，强调世界上的一切事物都是由于内部的自我运动的矛盾而发展变化的，是新事物不断代替旧事物推动事物变化发展的一个永无止境的过程。罗国杰先生十分重视唯物主义辩证法和历史唯物主义方法论在伦理学方法中的运用，明确指出了"在唯物主义辩证法的指导下，自觉地运用这些方法来研究伦理学，无疑是有重要作用的"①。他详细地分析了唯物主义辩证法的科学观点，阐述了伦理学的一般科学方法和社会科学方法研究中的重要地位，并且将这一科学的研究方法贯穿伦理学研究的始终。

第一，坚持历史的方法。马克思主义伦理学指出，历史的方法是社会科学的重要方法，在社会历史发展的进程中剖析社会道德现象，注重将社会的道德现象放在特定的历史时期和时代背景下进行研究，具有科学性和进步性。从根本上讲，历史唯物主义就是马克思主义伦理学研究道德问题的根本方法。唯物史观强调人民群众是推动社会发展的根本动力，马克思主义伦理学正是从唯物史观的这一基本原理出发，揭示了现实的人是研究道德问题的中心，主张立足于具体的人来分析道德的起源、本质和发展等基本问题。马克思主义历史的方法的科学之处就在于对社会历史发展规律进行科学的考察，从经济、政治、文化、伦理等多个角度进行全面的分析。而在马克思主义伦理学诞生之前，旧伦理学在方法论上都存在一个共同的误区，其在研究道德关系时不是从现实的人及现实的社会实践和经济关系出发，而是"抽象的人"，从人的自然属性出发去研究道德问题。如黑格尔主张以抽象的法、道德来研究伦理学，在这里，研究的形式是唯心主义的，使得伦理学的研究对象脱离了社会实际，完全成为一种思想上的思辨。可见，旧伦理学在方法论上的根本错误在于其坚持的是历史唯心主义，在马克思主义产生之后，部分思想家开

---

① 《罗国杰文集》第一卷，中国人民大学出版社 2016 年版，第 49 页。

始反对以抽象的人性论来研究道德现象和道德规律，罗国杰先生认为，作为以历史唯物主义为基础的马克思主义伦理学，既不能抽象地研究人们行为的善恶，也不能孤立、静止、片面地研究道德现象。罗国杰先生始终站在宏大的历史视野当中，研究道德现象和道德规律。

第二，坚持阶级分析的方法。阶级分析法是各门社会科学进行研究的基本方法，也是进行马克思主义伦理学研究的重要方法之一。在马克思主义那里，阶级社会里存在着各种不同的道德观念和伦理思想，从根本上说，这些观念和思想都反映着一定阶级的利益和要求。因此，在进行伦理学分析时，要注重采用阶级分析的方法，剖析阶级社会存在的道德现象和道德问题。罗国杰先生进一步明确了道德所具有的阶级本性与阶级斗争的特性，"在共产主义者看来，全部道德就在于这种团结一致的纪律和反对剥削者的自觉的群众斗争"[1]。除此之外，罗国杰先生看到了无产阶级的道德力量，即能够转化为推动新社会发展的实践力量，在这里，他指出道德具有为人类摆脱劳动剥削的社会功能。具体而言，道德社会功能主要包括调节、教育、认识、评价、命令、指导、激励、沟通、预测等，这些社会功能充分彰显了道德在社会发展中的重要地位和作用。马克思主义伦理学认为，道德本质的彰显、道德功能的发挥和道德价值的实现等都需要坚守道德原则，罗国杰先生对社会主义的平等、民主、集体主义、社会主义道德、无产阶级道德等道德原则的具体研究更在道德实践层面为马克思主义伦理学在中国的发展奠定了基础。因而可知，阶级分析方法为马克思主义伦理学的研究提供了科学的方法论指导。

第三，坚持理论联系实际的方法。理论联系实际的方法是学习和运用马克思主义的基本方法，对于马克思主义伦理学研究来说，就是要结合我国伦理道德生活的实际情况来研究伦理学，将现实生活中的道德现象、道德问题等上升到理论层面进行探究，以为解决道德问题、推进社会主义道德建设提供理论指导。在这方面，罗国杰先生在遵循历史唯物主义方法论原则的基础上，充分将理论联系实际的方法贯穿到马克思主义伦理学研究的始终，为研究者提供了引导作用。罗国杰先生将理论联系实际的方法运用在他毕生的研

---

[1] 《列宁全集》第三十九卷，人民出版社 2017 年版，第 341 页。

究中，主要表现在以下几个方面。首先，罗国杰先生能够认真学习马克思主义，并始终坚持用马克思主义的立场、观点和方法研究伦理学。罗先生在他的专著中始终以马克思主义为理论基础，探讨道德的起源、本质和发展，特别注重从历史和现实两个角度出发考察道德关系，并且从现实的道德关系中引出道德规律。其次，罗国杰先生能够灵活地运用马克思主义。他认为，马克思主义基本原理是颠扑不破的，应该将其运用到伦理学研究的各个方面，在实际中，道德现象和道德关系都是在不断变化发展的，在马克思主义伦理学的理论研究中，尤其需要注意正在发展着的实际。最后，罗国杰先生十分注重在实践中发展马克思主义，用发展了的马克思主义解决道德问题。他根据发展着的实际情况，尤其是当下中国正在进行着的改革实际，强调马克思主义伦理学要与时俱进，要同中国的具体实际相结合，以不断推进马克思主义伦理学中国化的新进程。

三 为马克思主义伦理学研究任务的明确提供了价值导向

关于马克思主义伦理学的任务，对这个问题的回答，在我国伦理学界存在着不同的认识。罗国杰先生基于历史唯物主义的视角，认为"伦理学以全部的社会道德现象作为研究对象，而我国现在正值社会主义建设的重要时期，有着建设社会主义精神文明的特殊要求"[1]，在阐明了我国伦理学研究背景基础上指出"科学的伦理学主要应从我国社会道德现象的最本质、最重要的规律性问题，特别是与我国'四化'建设有关的最本质、最重要的规律性问题出发，来确定自己的任务"[2]。在这里，他基本明确了马克思主义伦理学在我国研究的基本任务，为落实我国伦理学的任务提供了价值导向。

第一，为科学地论证和阐述道德的起源、本质和发展及其规律提供了基本方向。马克思主义认为，道德不是脱离历史发展的一种抽象的观念，而是经济基础的反映，明确从经济角度出发去看待社会道德现象和道德问题，具有客观性和历史性。罗国杰先生坚持以辩证唯物主义和历史唯物主义方法论

---

① 《罗国杰文集》第一卷，中国人民大学出版社 2016 年版，第 54 页。
② 《罗国杰文集》第一卷，中国人民大学出版社 2016 年版，第 54 页。

原则为导向，深入人类历史发展的进程来探究道德的根源、本质和发展方向，考究了道德发展的社会动因，以及社会动因最深处的经济根源。在此基础上，他认为，从整个人类发展的历史进程来看，人类道德的产生与发展经历了不同的阶段，从原始社会、奴隶社会到封建社会、资本主义社会，再到共产主义社会，经过了一个从全民道德到阶级道德，最后又向全民道德过渡的历程。在历史唯物主义的指导下，他开始系统、全面地考察人类历史发展中出现的各种道德现象，着重考察不同时期道德类型的演变。同时，在探究道德类型的过程中，他深刻剖析产生这一道德类型的社会根源，试图揭示出道德的本质，为深入分析道德发展的规律奠定了基础，从而探索出社会主义道德和共产主义道德的规范和准则，为马克思主义伦理学研究的任务指明了前进的方向。

第二，为概括和阐明社会主义、共产主义道德的规范体系明确了价值遵循。马克思主义作为实现共产主义社会的最高指导思想，为人们实现什么样的共产主义提供了价值导向。同时，作为科学的方法论指导，马克思主义尤其是唯物史观，为社会主义道德和共产主义道德建设提供了明确的价值规范，为建设社会主义道德体系和共产主义规范体系提供了基本的价值遵循。罗国杰先生指出，共产主义道德包括"萌发于资本主义条件下的无产阶级道德；在社会主义阶段的社会主义道德和未来共产主义社会的共产主义道德"[①]，对共产主义道德的发展阶段和最终方向做了详细的解释和说明。建立科学的道德规范体系是马克思主义伦理学的一个重要任务，在一个社会或者阶级中，人们的道德原则、道德规范以及人与人在交往中的准则和特殊要求等，共同构成了这个社会或者这一阶级的道德规范体系，在这一体系中，要以调节人与人之间的利益关系为重点任务，解决好个人利益与整体利益，个人利益与他人利益之间的关系；此外，研究善与恶之间的关系，也是道德规范需要解决的问题，既要规范约束人们的行为，又要启迪人们的思想，既要利用善来引导人们的德性，又要通过规范恶来约束人的行为。因此，道德规范体系的建立是在解决社会发展中存在问题的基础之上的，必须解决好社会规范体系中的许多辩证关系和重要的伦理问题，只有这样才能为马克思主义伦理学的

---

① 《罗国杰文集》第一卷，中国人民大学出版社 2016 年版，第 55 页。

研究提供正确的价值导向。

第三，为研究适应社会主义现代化建设的有理想、有道德的新人的成长规律提供了价值标准。唯物史观最核心的观点就是肯定人民群众在历史中的地位和作用，注重从具体的人出发来考察社会历史，这也为马克思主义伦理学的研究提供了参考。罗国杰先生强调，纵观古今历史，从无数次历史中改革的成功与失败的经验充分表明，推动社会进步的成功与否与是否具有高素质的人才密切相关，他从现实的人出发来探讨社会道德，并且指出马克思主义伦理学的一项重要任务就在于研究适应社会主义现代化建设的有道德有理想的新人的成长规律，为解决现代化建设中关于人的问题作出贡献。根据邓小平同志提出的"四有"新人理论，罗国杰先生认为，加强青少年的思想道德建设和提高全民族的思想道德素质具有极其重要的意义，为此，他强调"要加强世界观、人生观和价值观的教育，反对个人主义、拜金主义和享乐主义，抵御资本主义和封建主义腐朽思想的侵蚀，以达到提高广大人民群众的思想水平和建设高素质的干部队伍的目的"①。在这里，罗国杰先生将世界观、人生观和价值观作为提高人的道德素质的关键，并且指出加强社会主义精神文明建设的主要目的是培育"四有"新人。这也启示我们，在新时代，培育有理想、有本领、有担当的"时代新人"是现阶段社会主义道德建设的重要目标和任务。

第四，为批判旧道德、更新旧观念提供了基本原则。马克思主义伦理学的发展离不开对旧道德的批判，对先进思想的吸收和借鉴。罗国杰先生强调，马克思主义伦理学不能脱离人类文明发展的总进程，它不是封闭的，而是开放的；马克思主义伦理学的发展与完善离不开对人类思想史上优秀成果的批判继承，同时也要立足于中国现实发展的实际，充分研究当下的道德现象和道德问题。如罗国杰先生主张要注重研究日本伦理思想，他认为，中日两国一衣带水，在民族心理、风俗习惯和道德风貌等方面都有许多相似的地方，加强对日本伦理思想的探讨，是我国伦理学建设不可忽视的一项工作。此外，马克思主义伦理学要注重更新旧观念，宣传新思想，社会是不断发展的，基

---

① 《罗国杰文集》第三卷，中国人民大学出版社 2016 年版，第 177 页。

于社会存在决定社会意识这一原理，作为社会意识形态的道德观念也是处在不断发展之中的，旧道德的存在会阻碍社会主义道德建设的步伐，必须加以更新。新观念是顺应社会发展进程、符合社会发展要求的思想观点和道德理念，以提高广大人民群众的道德水平为目标，需要根据时代发展需要与实践发展要求的变化不断更新，以实现马克思主义伦理学的新突破。

四　为应用伦理学的发展提供了规范引导

马克思主义强调，探讨与研究道德的目的在于运用道德规范人们的行为、指导人们的实践，在于为人类创造出更加美好的、和谐的生活。基于此，随着人类社会生产实践的纵深发展，道德于人类来说有了更为广泛的应用空间，应用伦理学亦随之有了更为广阔的发展空间。尤其是工业革命以来，人类的工业技术和科学技术发展迅速，由此也产生了许多新的道德问题。社会的发展呼唤着应用伦理学的发展，以期为解决新的伦理道德问题提供借鉴和指引。

应用伦理学具有三个突出的特点。第一，在于它的实践性。应用伦理学不但要研究道德的起源、发展和变化规律，更重要的是关注当下，根据道德发展的客观规律，制定出符合社会经济基础和时代特点的道德标准和道德规范。第二，在于它的规范性。在罗国杰先生看来，伦理学是一门规范学科，其关键点在于要将科学的规范体系运用于道德教育的实践中去，使人们的道德达到一个新的高度，尤其是伦理学在生命、科技以及生态环境等领域的应用，给这些长期发展的或者新兴的领域注入了新的道德思想，为其解决新的伦理道德问题提供了规范性的引导。第三，在于它的党性和阶级性。对于任何一门研究人的学科，都离不开阶级性的探讨，伦理学尤为如此。作为研究人的精神生活、研究人的道德问题的学科来说，它历来被一切统治阶级所重视。在无产阶级社会中也不例外，为了巩固和完善社会主义建设事业，我们必须牢牢掌握伦理学，使其为社会主义建设事业服务，为人民大众服务。基于这种认知，为以下的应用伦理学领域提供了规约方向。

第一，为生命伦理的发展提供规范引导。生命伦理是人类一直关注的话题，贯穿人类社会发展的始终。历史唯物主义站在人类社会发展的历史进程中，探讨过人类生命以及其他一切生物的生命发展历程，从出生到死亡，是每个生命都需经历的必然之路。在伦理学领域，生命伦理是一个关乎医学和生物技术的研究科学，主要内容包括人类生命体的生殖、健康、长寿、死亡等有关的伦理问题。在一定意义上，生命伦理涉及生命科学技术如何应用的价值选择和行为规范的问题，尤其是在人应该如何看待自己生命和他人生命的问题上存在的价值观和道德观方面的问题。在科学技术迅速发展的时代背景下，生命伦理中产生了新的研究方向和问题，如生殖技术中人工授精的伦理问题、生育控制中的伦理问题、器官移植中的伦理问题、安乐死的伦理争议等，这些生命技术的产生和运用，一方面为人类生命的延续作出了巨大贡献，但另一方面，部分技术的应用是不符合人类社会发展客观规律的，有违人类伦理道德规范的，因此也引起人类社会的广泛争议和质疑。如生殖技术中，通过人工授精技术可使丧失生育能力的夫妻实现孕育生命的梦想，这在一定程度上缓解了部分家庭的矛盾问题和社会问题，帮助人类繁衍后代等，具有一定的进步意义。但由于经济利益的驱使，在部分国家和地区，通过"人工代孕"等手段赚取金钱，由此造成了一系列的问题。鉴于此，必须以科学的马克思主义思想为指导，规范生命技术的研究和运用，要对生命存在敬畏之心，而不能将其沦为赚钱的工具。

第二，为科技伦理的发展提供规范引导。科技的进步是20世纪以来影响人们生活的最大因素，迄今为止，科技已经深入社会生活和人们日常生活的方方面面。根据马克思主义的基本原理，可以认为科学是通过人的认识成果来反映客观世界的事实及其规律的知识体系，而技术则是为某一特定目的共同协作组成的各种工具和规则的体系。随着科技的深入发展，提出了许多有关人类生产和发展的重大伦理问题，伦理学在科技领域的运用也呼之欲出。一直以来，科技的发展与道德进步之间的关系是广大伦理学家研究和探索的问题。在罗国杰先生看来，科技伦理涉及科学技术的方方面面，包括科技人员的职业道德问题、人民群众如何对待科技研究和科技成果的道德观念问题等。因此，需要辩证地看待两者的问题，而不是孤立、片面地看待两者之间的关系。在社会主义现代化的建设中，离不开科学技术的发展与创新，一方面依赖于科技带来的发展成果，另一方面也要注意科技运用中产生的道德问题。从科技的历史发展进程中带来的一系列灾难性后果中，人们逐渐认识到不加约束的科学是非常危险的，任何国家或个人都无法承担其可怕的后果。在这里，科技伦理的重要作用就开始显现出来，需要在进行科学技术研究的同时对其加以规范引导，在一定程度上，科学规范与科学实践的矛盾正是推动科技发展的内在动力。目前看来，在科技伦理领域的研究还有很大的上升空间，需要在科学的思想以及方法论的指导下，继续规范其在各个环节上的伦理边界，以适应社会的发展。

第三，为生态伦理的发展提供规范引导。生态环境与人类生产和发展密切相关，由此生发出的生态伦理就是处理人与自然关系问题的重要应用伦理学分支。从历史唯物主义的观点来看，在整个自然大环境中，除了人类，其他一切有机物和无机物都不能看作道德的主体。因此，罗国杰先生认为，自然中的任何矿物、植物和动物"不可能被视为具有同样的生存和发展的权利"①。那为何要反对人类对大自然无节制地开采呢？其目的就在于实现可持续发展，以维护人类最根本的、最长远的利益。生态伦理的产生和发展是由于人类对生态环境的破坏，造成了严重的环境危机，危害到了一部分人甚至整个人类的生存和发展环境，在此情况下，为了调整人与人以及人与自然环境之间的关系，必须规范人们的道德责任，不能以牺牲环境为代价换取短暂的利益。马克思认为，人类在利用自然、改造自然的过程中，需要调节人与自然的矛盾，尽量避免改造的盲目性，以获得人类在改造物质世界这一领域中的"自由"。在人类社会发展的今天，尤其是在我国社会主义现代化建设的今天，保护生态环境，加强人与自然关系中的道德建设显得尤为重要。在生态伦理的研究中，就需要注重加强人们的道德观念引导，倡导建设人与自然和谐共生的新型关系，既要看重眼前利益，更要注重长远利益；不仅要满足个人利益，更要符合大众的利益，在人与生态环境长期的发展中不断提高道德水平。

第二节　历史唯物主义方法论在马克思主义伦理学领域的具体运用

马克思主义伦理学的产生是伴随着马克思主义理论的形成而形成的，罗

---

① 《罗国杰文集》第一卷，中国人民大学出版社 2016 年版，第 278 页。

国杰先生在论述马克思主义伦理的形成和发展中，强调"无产阶级为了清除剥削阶级旧道德和各种非无产阶级思想对工人阶级道德面貌的腐蚀，培养大批无产阶级新人，迫切需要新的道德理论。马克思和恩格斯适应这种需要，从辩证唯物主义和历史唯物主义的基本理论出发，创立了马克思主义伦理学"①。在这个意义上，辩证唯物主义和历史唯物主义是马克思主义伦理学形成和发展的基础，在后续的研究和发展中，马克思主义伦理学始终坚持辩证唯物主义基本原理和历史唯物主义方法论，为探究道德理论奠定了科学的理论和方法论基础。罗国杰先生在马克思主义伦理学的研究中，注重分析具体的道德问题，注重将历史唯物主义方法论运用到马克思主义伦理学研究的现实问题中来，致力于实现马克思主义伦理思想中国化，在批判中继承和发展中华民族的优秀传统道德，并在实践中构建社会主义道德体系和推进应用伦理学研究，使马克思主义伦理学在中国实现了新的发展。

一　坚持推进马克思主义伦理思想中国化

从古至今，伦理思想一直是我国思想宝库中的重要组成部分，从孔子、老子、墨子等古代先贤的伦理思想到近代刘师培、蔡元培等理论家的伦理思想，伦理文明在我国发展了五千多年。直到马克思主义理论在中国的传播和发展，随之也迎来了伦理学领域研究的新发展，以罗国杰先生为代表的理论研究者开启了我国马克思主义伦理学研究的先河。随着马克思主义中国化的深入发展，马克思主义伦理学的研究也在不断实现中国化，尤其是改革开放以来，中国的伦理学者从马克思、恩格斯的经典文献入手研究中国化的马克思主义伦理学，以中国正在发展着的实际来考察社会道德发展状况和规律，建立更加科学的道德规范体系。

1960 年，罗国杰先生在中国人民大学组建了伦理学教研室。首要的任务就是要形成一本能够适应新中国大学开展伦理学教学需要的伦理学教材，但是，当时可供参考的资料非常少，特别是从马克思主义视角来研究伦理学的教材几近于无。为此，罗国杰先生和他的同事们潜心攻读了几百万字的马列

---

① 《罗国杰文集》第一卷，中国人民大学出版社 2016 年版，第 34 页。

经典著作,从中汇编整理出了《马克思主义经典作家论道德》一书。在此基础上,通过不断努力,制定了新中国第一个《马克思主义伦理学讲义》和《马克思主义伦理学教学大纲》,为新中国伦理学的教学研究工作和学科建设事业奠定了理论基础。在此后的研究中,罗国杰先生始终将马克思主义伦理学研究与中国的发展实际相结合,在其主编的中华人民共和国成立以来第一本马克思主义伦理学教科书——《马克思主义伦理学》(人民出版社 1982 年版)中,他从历史唯物主义的视角论述了马克思主义伦理思想要与社会经济基础和上层建筑相适应,并将共产主义道德列为马克思主义伦理学研究的核心内容之一。

首先,马克思主义伦理思想中国化必须基于中国历史和现实的道德国情。从历史和现实出发认识我国道德发展国情是马克思主义伦理学实现中国化的基础。罗国杰先生在进行道德分析和研究的过程中,始终站在中国道德发展的客观立场上,针对我国道德领域的现实问题做出回答。立足于我国正处于社会主义初级阶段这个最大国情,罗国杰先生指出:"我国现在要进行的道德建设,既然是社会主义初级阶段的道德建设,那么,与我国社会主义初级阶段的现实状况相联系,就不能不产生这一阶段在道德建设方面的某些特点。"①并且在历史唯物主义思想的指导下,充分认识到社会主义道德的发展离不开社会生产力的发展,在我国现阶段,应该认识到一切有利于社会生产力发展的东西,都是符合人民根本利益的;相反,一切不利于社会生产力发展的东西都是违背社会主义道德建设的,是社会主义所不允许的。因此,道德标准的制定应以适合生产力发展要求为检验其是否合适的标准,道德标准在于调节一定利益对于人们及社会有利或是有害的价值趋向。此外,从我国社会主义的基本道德国情出发,还要进一步明确我国道德建设的重点任务与重要领域,以为更好地加强社会主义道德建设指明前进方向。由此可见,罗国杰先生在探索马克思主义中国化的过程中始终立足于中国的基本国情,探索符合中国实际的道德标准和规范,这也充分彰显了理论与实际相结合的方法论在马克思主义伦理学中的运用。

---

① 《罗国杰文集》第三卷,中国人民大学出版社 2016 年版,第 4 页。

其次，马克思主义伦理思想中国化必须紧密联系中国道德文化历史和社会道德现实，开展社会主义道德建设。马克思主义认为，现实是当下的客观存在，标志着事物的当前状况，在实践中要立足于现实，一切从现实存在的实际出发。在这一理论的指导下，要实现马克思主义伦理思想中国化，就必须从中国道德存在的现实状况出发，而不可主观臆想。罗国杰先生指出："我们在进行马克思主义伦理学的研究时，要从现实而不是从想象出发"①，从人们的具体生活出发，而不是从抽象的理论出发研究社会道德现象，才能使马克思主义伦理学真正地深入中国当下的生活实际，探索符合中国历史传统和现实状况的道德规律，同社会的发展要求相结合，在实践中发展马克思主义的伦理道德。当前，面对今天中国的社会道德现实，我们可以发现，当下社会的道德问题仍然存在，拜金主义、享乐主义等不良风气在社会上蔓延，各种挥霍浪费、奢侈成风的不良现象长期存在，在不少地方尤其是广大农村地区，还存在着搞封建迷信等错误倾向……这些道德现象的存在严重影响了当前社会主义道德建设，不利于社会主义精神文明建设。因此，在社会主义发展的过程中，要充分重视社会中存在的道德问题，从现实的道德情况出发，借鉴历史经验，批判吸收中国道德文化传统，推进道德建设的现代化，助推社会主义精神文明建设。

最后，必须推进马克思主义伦理学大众化、时代化。在马克思主义伦理思想中国化的进程中，还要注重推进马克思主义伦理学大众化、时代化，这也是我国社会主义现代化建设的必然要求。社会主义道德体系建设的最终目的是调节人与人、人与社会、人与自然之间的关系，其落脚点仍然是人民群众，提高广大人民群众的道德素质和道德涵养至关重要，基于此，推进马克思主义伦理学大众化是实现这一目标的现实要求。中华人民共和国成立以来的伦理学研究中，始终将"为人民服务"作为道德建设的重要内容，罗国杰先生提出，"社会主义道德建设以'为人民服务为核心'，反映了社会主义政治制度和经济制度的根本要求，体现着社会主义道德建设的出发点和归

① 《罗国杰文集》第三卷，中国人民大学出版社 2016 年版，第 4 页。

宿"①，从这一点上来说，充分体现了罗国杰先生注重推进马克思主义伦理学的大众化。另外，罗国杰先生以宽广的视野，立足于国际发展大势和国内基本国情，着眼于当下中国道德发展存在的问题，认为马克思主义伦理学要根据时代发展不断迎接新情况、新问题和新矛盾，在推进马克思主义伦理思想时代化的进程中，根据马克思主义的立场、观点和方法，创造性地对这些问题加以认真的分析和研究，从而找出解决对策。总之，罗国杰先生在推进马克思主义伦理思想中国化、大众化、时代化的过程中，充分以历史唯物主义方法论为指导，科学地发展了伦理学，对社会主义现代化建设进程中遇到的伦理道德问题进行了深刻的分析和预测，为具体的伦理道德问题的解决提供了借鉴。

二　坚持批判继承中华民族传统道德

中华民族传统道德中蕴含着丰富的伦理道德思想，是促进现代伦理学发展的重要思想源泉。对中华民族传统道德进行批判性继承是马克思主义伦理学在中国发展的重要方面，正如罗国杰先生所说，研究中国伦理学思想史，实质上就是一个批判继承的过程。从根本上而言，中国伦理道德的发展离不开中国传统道德伦理的奠基，但囿于特定的历史背景和当时的经济发展水平，中国传统伦理思想中还存在着许多不科学和不完善的地方，因此，对中华民族几千年来的伦理思想进行批判的继承和吸收是当代伦理思想研究的必然要求。为此，罗国杰先生在对中国伦理思想的探索研究中总结和概括了研究的重要内容和方向，主要包括以下五个方面。

第一，划分出中国伦理思想史的分期。中国伦理思想从封建社会时期就开始产生，最早追溯到殷商时期，在后期的发展中每个时期都有不同的特点。罗国杰先生经过钻研和总结后，将我国的伦理学思想史大体划分殷商至春秋、春秋至秦、两汉、魏晋南北朝、北宋至明中叶、明中叶至鸦片战争、鸦片战争至五四运动、五四运动至中华人民共和国成立这八个时期。这是根据不同历史时期，我国社会生产力发展水平和人们的思想道德发展状况而做出的分

---

① 《罗国杰文集》第三卷，中国人民大学出版社 2016 年版，第 19 页。

析和探索，根据这八个历史时期，我们能够清楚地认识到我国伦理思想发展的水平和程度，对于研究者有选择地借鉴传统道德思想具有重要的指导意义。如在魏晋至隋唐这一时期，是我国封建伦理思想演变的重要时期，在这一时期由于对外交流的不断加深，外域思想不断传入我国，对当时的社会产生了重要的影响，包括玄学伦理思想对封建正统伦理思想的冲击以及儒、道、佛等伦理思想的相互斗争和相互渗透。由此，在这一时期，研究外国伦理思想对我国传统道德的影响具有重要的价值，对于这一时期伦理思想如何实现兼收并蓄并得以发展也是可供现代伦理学借鉴的重要经验。

第二，总结出中国伦理思想史研究的主要问题。从古至今，我国伦理思想一直以研究人的伦理道德为核心内容，集中探讨了"天人合一"的人与自然之间的关系、"民为贵，社稷次之，君为轻"的民本思想理念、"修身，齐家，治国，平天下"的个人道德追求等，这些优秀的传统思想是中国伦理思想史中的宝贵成果，也是一直以来研究的重点。罗国杰先生在做了大量工作后将我国的伦理思想史研究的主要内容概括为十个方面，指出道德原则同物质利益的关系问题是我国伦理思想史上的一个基本问题。随后，具体阐释了我国传统道德中的最高道德理想问题、人性问题、道德修养问题、道德品质的形成问题、道德评价问题、人生的意义问题、道德的必然和自由的关系问题、道德规范问题、德治和法治等问题，其中关于道德规范、德治和法治等内容对于今天伦理学的发展具有重要的借鉴意义。此外，罗国杰先生还看到了"这些问题都是围绕着伦理学的基本问题即道德同利益的关系问题而展开的。这说明，中国古代思想家对伦理学的研究并不是零碎的、肤浅的，而是系统的、深刻的，并且涉及的领域也是十分广泛的"[1]。在这里，罗国杰先生不仅看到了中国传统伦理思想的研究内容，还注重分析了整个伦理思想体系的优势，这对于我们批判继承中华传统道德思想具有更深的指导意义。

第三，归纳出中国伦理思想的基本特点。罗国杰先生在研究中国传统伦理思想的过程中，强调要克服"片面夸大中国伦理传统、民族心理的消极因素"以及"只有儒家的思想才能救中国"的两种思想倾向。批判了那种认为

---

[1]　《罗国杰文集》第四卷，中国人民大学出版社 2016 年版，第 12—13 页。

中国的传统伦理以至传统文化，都是阻碍中国改革的消极因素和错误思想，纠正了一些人的"民族自卑心理"。在此基础上，罗国杰先生归纳出了我国传统道德思想的六个特点，即重人伦关系或人伦价值、重精神境界、重人道精神、重整体观念、重修养践履和重推己及人。这六个方面的特点，从其相互关系来说，是相互联系的，从而构成了一个整体、自成一个系统。从这些特点中可以充分看到我国传统道德思想中的侧重点和优势，对当代研究马克思主义伦理学具有重要的借鉴意义。在分析中国传统伦理思想的特点中，罗国杰先生详细地阐发了我国传统伦理道德中的代表思想，批判地分析了以孔子、孟子、老子、墨子等人为代表的古代杰出思想家的观点，对其观点进行了正反面的剖析，并对这一思想是否符合当下社会的道德要求和规范等都进行了具体的分析。

第四，概括出中国传统道德规范的发生与演变。中国传统道德规范的发生与演变是一个长期的发展过程，经过了长达几千年的演变，具有非常重要的借鉴价值。在我国古代，人们就十分重视把遵守道德规范作为为人、处世、持家和治国的一个重要方面，因此，在我国古代的国家治理中，德治占有重要的地位。站在历史唯物主义方法论原则上，通过对中国历史当中的道德规范所进行的系统考察，既提供了一个对道德规范的演变和梳理过程，又对现下建立社会主义道德规范体系提供了有益的借鉴。在这里，罗国杰先生注重考察当时的社会状况、政治需要和道德关系，强调道德教育的作用，指出了"仁"和"礼"是我国古代社会重要的道德原则，并对关于"礼"的道德要求进行了细致的介绍和说明。他以时间为轴线，系统地阐述了我国传统道德思想中道德规范的发生与演变规律，以期能够借鉴相关有用经验运用于当今的社会生活之中。

第五，阐明研究伦理思想史的态度和方法。罗国杰先生认为中国伦理思想史作为一门社会科学，马克思主义的方法是最根本的研究方法。在批判继承中华传统道德思想的过程中，不仅要批判吸收对现代社会有益的道德思想内容，更需要进一步地批判继承传统伦理思想在发展过程中采取的态度和方法，这对于我们今天探索马克思主义伦理学具有更加深刻的意义。为此，罗国杰先生在分析了中国传统道德思想的分期、主要内容、特点以及演变规律后，对研究中国伦理思想史的态度和方法也做了具体的介绍。罗国杰先生认为，研究中国传统道德必须依据辩证唯物主义和历史唯物主义的基本原理和方法，要把它们放在一定的经济生活和政治制度下加以考察，根据阶级分析法探讨各个学派的观点和学说。他强调，以马克思主义的基本理论为指导来批判继承中华传统道德思想，最重要的是要考虑不同历史时代的不同情况，以宏观的、全局的视角来分析不同时代背景下的道德观念的特殊性，从而为当下建设中国特色社会主义道德体系服务。

三　坚持以为人民服务为核心构建道德体系

构建社会主义和谐社会，是我们党立足中国特色社会主义事业发展实际所提出的重大战略任务，体现了全党和全国各族人民的共同愿望。社会主义和谐社会的构建内蕴高度的精神文明、先进的思想道德的要求。正如胡锦涛同志在讲话中强调："一个社会是否和谐，一个国家能否实现长治久安，很大程度上取决于全体社会成员的思想道德素质。没有共同的理想信念，没有良好的道德规范，是无法实现社会和谐的。"[①] 可见，良好的道德规范和道德秩序对于构建社会主义和谐社会的重要作用。因此，在构建社会主义和谐社会的进程中，要把社会主义道德建设放在头等重要的位置，要努力构建起与社会发展相适应的社会主义道德规范体系。在这里，罗国杰先生强调，"社会主义道德体系，必须与社会主义市场经济相适应"，"以为人民服务为核心，以集体主义为原则，是社会主义道德区别和优越于其他社会形态道德的显著标志"[②]。因此，罗国杰先生立足中国实际，提出要构建以人民为中心，以集体主义为原则的社会主义道德体系，这是马克思主义伦理学中国化的体现，也正是有了罗国杰先生等优秀的伦理学专家不断探索，才使得目前的社会主义道德体系建设具有较好的理论基础。

首先，建设与社会主义市场经济相适应的道德体系。在改革开放后，我国根据自身的特殊国情，逐步建立起了社会主义市场经济体系，这是符合我

[①] 胡锦涛：《在省部级主要领导干部提高构建社会主义和谐社会能力专题研讨班上的讲话》，人民出版社 2005 年版，第 19 页。

[②] 《罗国杰文集》第二卷，中国人民大学出版社 2016 年版，第 36 页。

国社会历史发展规律和客观情况的选择，通过改革开放 40 多年的历史证明中国的选择是十分正确的。罗国杰先生站在历史唯物主义的视角，通过分析我国道德发展历史以及西方伦理思想史等，立足于当时的社会经济状况，指出："根据历史唯物主义'社会存在决定社会意识'的原理，市场经济体制的建立，必然要引起人们道德观念的变化。"① 建立适合中国国情的社会主义道德体系，必须与社会主义市场经济相符合，这也是我国社会发展的必然要求，是马克思主义伦理学发展的内在客观规律。根据经济基础决定上层建筑的方法论原则，一定社会的经济制度、体制、生产和分配方式以及社会分工等问题都会影响到人们的思想观念和价值选择。如改革开放以来，随着市场经济的发展，商品交换过程中容易滋生权钱交易、见利忘义、贪污腐败等不良风气，在一定程度上导致国家意识、集体精神和互助意识减弱。在此情况下，为了使社会主义道德建设更加适应社会主义市场经济的发展，罗国杰先生提出了要正确处理"个人合法权利和承担社会责任的关系、道德的群众性同先进性的关系"等关乎社会主义道德建设的方方面面的矛盾问题，为处理人与人之间的利益关系，为建立社会主义道德体系提供了基本方向。

其次，坚持以人民为中心是社会主义道德体系的核心。马克思主义唯物史观认为，人民群众是社会历史的创造者，在社会主义的建设以及共产主义的建设过程中要坚持以人民为中心，同样，建设社会主义道德体系必须坚持"为人民服务"这一核心展开。罗国杰先生立足于历史唯物主义方法论原则，强调为人民服务反映了社会主义社会的经济基础和人际关系的客观要求。在我国，实行的是公有制为主体，多种所有制经济共同发展的基本经济制度，在这一经济制度下，每个劳动者都通过发挥自身不同的力量来贡献社会，在日常的生产和劳动中逐步形成了团结友好、互帮互助、共同进步的人际关系。同时，罗国杰先生强调，为人民服务不仅仅是对党员干部的要求，而是对一切先进分子的要求。他还提出了具体的为人民服务的要求，"一心为公、无私奉献是为人民服务"，"顾全大局、先公后私也是为人民服务"。对"为人民服务"这一核心的具体阐释，使人们认识到社会主义道德体系建设的至关重

---

① 《罗国杰文集》第二卷，中国人民大学出版社 2016 年版，第 17—18 页。

要性以及与自身利益紧密关联。通过不断努力，在为人民服务这一思想的引领下，涌现出一批批全心全意为大众服务的先进道德模范，在良好的道德风气影响下，社会风气积极向上，为社会主义道德体系的建设形成了良好的社会基础。

再次，坚持集体主义是社会主义道德建设的原则。从根本上来说，坚持集体主义的基本原则是社会主义建设的本质要求，同时也是社会主义市场经济发展的客观需要。坚持集体主义的基本原则就是要处理好集体与个人的利益关系。在这一点上，罗国杰先生尤其强调在构建社会主义道德体系的过程中注重集体主义，要注重集体利益和个人利益的辩证统一，强调集体利益高于个人利益、重视和保障个人的正当利益等要求，逻辑清晰地阐明了集体主义的基本原则。在当前，实施以集体主义为原则的价值导向，必须根据社会主义发展的现实要求和社会主义市场经济的发展状况对其注入新的内容，使其发展具有先进性。在这里，集体主义的关系对象需要有所扩展，提倡个体利益服从于整体利益、局部利益服从于全局利益，坚决反对本位主义和极端个人主义；要强调先进性与广泛性的统一，要以先进性的道德要求为追求，在实践中更好地践履道德要求。总之，罗国杰先生在探索集体主义道德原则的过程中，强调要把集体主义精神渗入社会生产和生活的各个层面，引导人们正确认识和处理国家、集体和个人的利益关系，他对集体主义原则的考察为马克思主义伦理学的发展贡献了智慧。

最后，注重社会主义道德的层次性。从一定意义上说，社会主义道德体系具有层次性，是由一系列的道德规范所构成的，这些道德规范体系的建立，根据主体的不同和要求的不同而具有层次性。罗国杰先生根据当前我国道德现状和人们的道德水平，将社会主义道德划分为三个层次，其中，既有高要求，又有一般层次的基本要求。这三个层次是从人们的道德生活实际出发进行划分的，指引人们追求不同层次的道德要求，能够避免超越人们的道德觉悟水平，使人们的道德教育能够起到实效。根据道德主体不同，从加强领导干部的道德建设、加强未成年人和大学生道德建设两个层次出发，对这两个特殊的群体的道德建设提出了具体的观点。根据职业道德的不同层次，区分具体职业的道德规范，如工人的道德规范、农民的道德规范、教师的道德规范等,对具体的行业和职业提出了有针对性的道德要求。罗国杰先生从唯物史观出发,根据当下社会发展的实际,科学地划分出社会主义道德的不同层次,对社会主义道德体系的构建具有重要意义。

四 坚持在实践中推动应用伦理学研究

人类从实践中所探索和总结出来的认识在长期的实践检验中形成了系统的理论,而要实现理论的发展与创新,最终还要回到实践中,在实践中检验和应用。根据这一循环发展的过程,我们所得出的结论可能会越来越科学,伦理学的探索与研究更是如此。我们所研究的关于人的道德现象和道德行为,均是从现实的社会生活实践中得到的,同样,根据一定社会经济状况和社会发展情况所做出的道德规范和道德标准,也需要在实践中加以检验。在此,罗国杰先生十分重视在实践中推动社会道德体系建设,同时也注重将应用伦理学放在现实的社会实践中考察。在应用伦理学的探讨中,他不仅讨论了纯理论性的问题,更强调了如何在现实的社会生活中规范应用伦理学,如在生命伦理、科技伦理、生态伦理等各个方面都做出了具体的解释。

一方面,人工生殖技术应用的道德思考。在科学技术的迅速发展之下,各种在以往几乎想象不到的技术在现代社会发明并运用。诸如心脏移植、试管婴儿、人工智能等现代科技的发明,一方面为人类生命的延长和生活的改善起到了重要的作用,但是另一方面,有些技术的使用对人类社会发展的客观规律产生威胁,对社会道德产生一定的破坏。罗国杰先生在科技伦理的应用中对人工生殖技术做了详细的探讨,并就这项技术如何在现代社会实践中的有效运用做出了说明。人工授精和试管婴儿是现代技术中较为成熟的人工生殖技术,这项技术的发明和出现是一项严肃而又复杂的高科技项目,同时,也是一个涉及面很广,涉及多个方面的社会问题。罗国杰先生十分重视科技在人类社会中的运用,因为一项科学技术一旦在社会中运用,就从单纯的、孤立的科技问题,成为一个普遍的、联系的社会问题。在实际工作中,一项新技术的出台,常常对社会生活的各个方面产生着广泛而深刻的影响,除了积极的效果,还会出现许多意想不到的其他效果,甚至出现违背发明初衷的负面影响。人工授精和试管婴儿在医学上给那些不能生育的夫妇带来了福音,显而易见，这是这项技术发明的积极意义。与此同时，由于市场经济具有逐利性，部分技术被用作赚取金钱的手段，在相关法规及措施不完善的情况下，出现了一些始料未及的复杂情况，一度造成了某种混乱，甚至带来了一些恶果。

根据当下的情况，对于人工授精和试管婴儿这项技术应该采取什么样的态度，在出现道德问题后应该采取何种对策，是马克思主义伦理学需要探讨和研究的新问题。在传统"不孝有三，无后为大"的道德观念之下，当前人们对于生育问题还是十分重视的，尤其是老年人给不育的年轻子女带来了极大的心理压力和精神痛苦，严重的甚至会破坏婚姻和家庭。罗国杰先生强调在这项技术的应用过程中，一定要做好一系列的配套工作。他从我国的现实国情出发，根据国民经济的发展状况、国民的文化素养、人们的社会心态以及社会的道德水准等各方面的实际情况，既肯定其价值，又针对其可能产生的负面影响指出，要严格遵守道德要求，制定与之配套的法律法规，将其纳入法治化的轨道。概言之，罗国杰先生认为，在实践中运用人工生殖技术，最重要的是要同我国的生育政策、社会的道德水平，以及协调社会人际关系、维护社会整体利益的道德要求结合起来，只有这样，人工授精和试管婴儿等人工生殖技术的应用才能沿着正确的轨道向前发展，为社会主义建设作出贡献。

另一方面，加强生态环境保护。在应用伦理学的研究中，罗国杰先生直面人类面临的生态环境问题，根据当前中国以及全球共同面临的生态破坏，环境污染等日趋严重地摆在人们眼前的现实性问题，对生态伦理的应用做了大量的探讨。罗国杰先生认为，在我国伦理学的学科建设中，要加强对生态伦理学的研究，在构建社会主义道德体系的过程中，要加强对环境道德的关注。环境道德既是相对独立的道德思想和道德规范体系，又是同一定社会的整体道德体系结合在一起的，是作为一定社会道德体系的一个组成部分而存在的。在此，我国社会主义的环境道德建设必须与生态环境建设的实践相适应，要有利于引导人们贯彻国家环境保护和生态建设的方针、政策，有利于实现国家制定的生态环境建设的奋斗目标。

马克思主义认为，人类的重大问题在于改造世界，改造世界就是改造主观世界和客观世界，改造客观世界就包括改造社会和改造自然。在一定程度上而言，环境保护和生态环境建设与"改造自然"的思想是统一的。大量的历史证明，人类是可以认识自然、改造自然的，人与动物的最大区别就是能够劳动和创造，就是能够改造自然、发展生产，以求得更好地生存。因此，不能认为保护生态环境就否定和放弃"改造自然"，不能将生态建设与生产发展对立起来。事实上，生态建设本身也是改造自然，为了人类更好地生存和发展，不能不从自然界中获得生产和生活所需的物质资料。但在对自然的开采中，要提倡"取之有度，用之有节"的环境道德规范。罗国杰先生强调，要将环境伦理与社会的可持续发展结合起来，既要满足当代人的需要，又要充分考虑子孙后代的生存和发展的需要。总之，在生态伦理的应用中，不仅要注重生态环境的保护，更要注重人类之间以及人类与自然之间的和谐相处。

第三节　贯彻落实历史唯物主义方法论原则

历史唯物主义是科学的世界观，是人们认识和研究社会历史的科学方法。历史唯物主义理论是完整的、科学的世界观和方法论的统一，并非仅仅与某种孤立的、抽象的某一社会实体有关，而是以现实存在的人和人类社会为认识和改造对象，其本质是认识人和改造人、处理社会和自然关系的一般方法。在这里，历史唯物主义就为马克思主义伦理学的研究和发展提供了科学的方法论，正是在这一正确方法论的指导下，罗国杰先生和一大批伦理学研究者在探索中建立起了较为完整的伦理学体系。在研究马克思主义伦理学的过程中，罗国杰先生始终坚持历史唯物主义的观点，并且在理论研究中做到了自觉遵守。他始终坚持从历史发展的视角来考察社会道德状况，坚持用辩证统一的方法来分析社会的善恶现象，坚持以实事求是的原则来探究社会道德规范，坚持用革命实践的方式进行道德修养，坚持用人民群众的观点开展社会主义道德建设等。总之，历史唯物主义方法论原则贯穿在罗国杰先生研究马克思主义伦理学的始终。

一　坚持历史发展的视角考察道德状况

以历史发展的眼光来考察社会道德现象，根据一定的社会历史条件分析特定的社会道德状况是马克思主义伦理学研究的重要方式。罗国杰先生在他的著作中始终强调要坚持辩证唯物主义和历史唯物主义的分析方法，在他的研究中也始终坚持以这一根本的方法论为指导。如罗国杰先生在分析社会发展状况对社会道德状况的影响中，就充分运用到了这一方法论。他立足于整个人类社会发展的历史维度，深刻考察了原始社会中以公有制为基础的氏族生活下，人们有了基本的善恶观念，但没有形成关于个人的价值观念。在私有制出现后，特权阶级的形成导致了部分人的财富积累，从而造成了穷人和富人之间的对立，逐渐形成了奴隶社会，在这里，奴隶主只承认自己是人，并不承认奴隶也是人，这时期的人们并没有真正地认识到人的价值问题，而在同一时期的古代中国，孔子的"仁者，爱人"等思想，已经开始注意调和人与人之间的关系，但由于阶级的局限性，这种对于人的重视，只是存在于一定的阶级范围内。在封建社会，人的价值是以其在宗法等级中的地位来确定的。在进入了资本主义社会后，资本主义生产关系代替了封建主义生产关系，人的价值在社会中得到肯定，强调了发展人的个性。由此可见，关于人的价值的发展是一个历史过程，同样，社会道德的发展也要从历史发展的角度来进行考察。

第一，对西方传统伦理道德状况的考察。伦理学是一门有着悠久历史的科学，在不同的国家有不同的发展情况，因此也呈现出不同的发展特点。在西方伦理学史上，最早创设伦理学学科的是亚里士多德，从一定程度上说，亚里士多德创造了"伦理"一词。罗国杰先生从西方伦理学发展的视角出发，考察了西方伦理学发展的特点，根据不同的历史时期表现出来的道德状况进行分析，认为西方伦理学是有规范的、有所谓理论的、有所谓分析的伦理学。此外，他还认为西方伦理学是一种描述性质的伦理学。不少西方伦理思想家认为伦理学是研究善恶的，通过制定相应的道德行为规则，以引导人们达到善。在西欧历史上，不少哲学家都只是从理论的层面去探讨什么是善恶，去考察道德状况，他们认为不应涉及具体的行为规范和准则。如，西方伦理学家认为，伦理学是一门经验科学，只从经验层面来描述与解释道德现象，但是并不会提出具体的道德行为规范以使人们遵循，也不触及道德哲学所关涉的根本问题。此外，西方伦理学既不以经验的或历史的方法研究伦理学，也不注意这种经验的或历史的叙述的理论概括。因此，西方伦理学体系的建设，表现出不同的倾向，对道德状况的考察也具有不同的特点。

第二，对我国古代传统道德状况的考察。罗国杰先生对于中国古代传统伦理道德的考察细致翔实，从中国学术的经、史、子、集等众多历史资料中寻找、挖掘、探索和剥离出各种理论思想和道德观念，希望建立起一个合乎内在逻辑的中国伦理思想的框架体系。除此之外，还注重区分其与中国哲学的区别与联系，从研究对象和研究重点等方面进行科学的划分。同时，注意将中国传统道德状况放置于整个世界的格局来进行考察，在同世界各国伦理道德思想的比较中总结中国道德发展的特点，并以科学的态度弃其糟粕，取其精华，在鉴别、比较、借鉴中，实现中国伦理学的创新发展。罗国杰先生从不同层面、不同角度，根据每个历史时期的社会经济、政治、文化等呈现出来的特点来对当时的道德状况进行考察，从其价值来说，这一工作不仅是为了总结过去，更重要的是为了指导现在和将来，为当前存在或者未来可能会发生的道德问题提供了借鉴和指导意义。从历史唯物主义的角度而言，对于中国古代传统道德状况的研究过程充分贯彻了这一方法论原则，是具有科学意义的，因而对伦理学的发展具有重要的促进作用。

第三，对我国现代社会道德状况的考察。中华人民共和国成立后，党和国家高度重视社会风气的改善和人民群众的道德教育。针对当时社会历史发展的状况，罗国杰先生考察了当时的社会形势中存在的问题，指出最重要的问题就是在建设社会主义精神文明方面出现的问题。在当时，党的内部和社会中都出现了歪风邪气，很多党员、干部出现了以权谋私、贪污腐败等违背道德原则的问题，甚至忘掉了共产主义理想，丢掉了为人民服务这一根本宗旨。在社会上，金钱至上、见利忘义、个人中心等错误思想和行为甚嚣尘上，一时间，拜金主义、极端个人主义等不良思潮蔓延开来，不仅对成年人造成了不良的影响，更在一定程度上影响着青少年以及大学生。对此，这些现象的出现呼唤着伦理学工作的开展，呼唤着对道德状况的整治。罗国杰先生对现代社会道德状况的考察，是基于社会主义市场经济的发展状况和我国社会主义初级阶段的基本国情展开的。他认为在当下虽然存在着很多道德问题，出现了一些不符合社会发展规律的道德现象，给伦理学的发展提出了重要的任务。但是伦理学者要有信心，随着我国社会主义精神文明的逐步建立，社会风气会随之好转，眼下的任务是构建好符合我国道德发展状况的社会主义道德体系。只有这样，才能不负党和人民的期望，才能加快伦理学自身的发展。

二　坚持辩证统一的方法分析善恶现象

从古到今，人们一直在对人性进行探讨与研究，有的立足于人性恶的角度分析人的行为，有的站在人性善的角度分析人的动机，以此作出相应评判。一直以来，对于善恶的分析就是伦理学关注和研究的重要内容，是道德的中心问题。罗国杰先生始终坚持以唯物辩证法的方法论原则为指导，基于社会道德现象来分析人的善恶问题。马克思主义伦理学同样关注人的善恶问题，如列宁在评价黑格尔的辩证法思想时指出："'善'是'对外部现实性的要求'，这就是说，'善'被理解为人的实践＝要求（1）和外部现实（2）。"①根据这一论述，可以认为，善是主观目的和客观现实的一致。这也就告诉我们，在构成理解的要素中，真与善是相通的，两者在一定意义上是等同的。列宁从一般认识论的角度揭示了善的内涵，这个内涵是广义的。但哲学发展史还告诉我们，关于"善"的概念又有狭义的规定，即伦理学上特指的"善"与"善行""德行"。如果说，认识论上所讲的"善"，主要是涉及主客观的关系，那么，道德中所讲的"善"，则主要涉及人与人之间的相互关系。这正如人们对于理想的争议，有人认为理想是"善"的，是与道德直接挂钩的，因此强调理想对道德教育的作用。理想在对社会发展和未来生活的设想中，必然要为未来生活中人们的相互关系设计新的道德准则，向往着一种比现实高尚的行为规范。列宁曾指出，理想是"道德的最高者"。理想中的道德因素，实质上也就是道德上的理想人格。因此，在很多人看来，理想不仅是真的、善的，还是美的。从人整体的角度来看人性善，人的意识具有能动作用，正确的意识使人们走向善良的道路，错误的意识使人们走向恶的道路；好的制度可以将坏人变成好人，坏的制度也可将好人变成坏人。所以，有人

①　《列宁全集》第五十五卷，人民出版社 2017 年版，第 183 页。

认为，人性没有所谓的善与恶，只要想人类继续在地球生活，就要相信人性是善良的，这样才能够促进人们的和谐发展；即使有的人相信人性是恶的，但可以通过教化来使人向善良的一面发展。

罗国杰先生在分析中国传统道德和西方道德发展的历史的过程中，较为细致地对善恶观点做出了阐释，尤其是在"性善论"和"性恶论"这两种不同观点的争论上，对孔子和孟子等人的"善恶论"做出了分析。孟子承孔子衣钵提出"人性善"——人皆有怵惕恻隐之心，而同样作为孔子门徒的荀子却提出"人性恶"——"人之性恶，其善者伪也"。两人虽师承一脉，却在人性观方面提出截然不同的两种，这让后人着实要对儒家思想苦恼一阵。在马克思主义伦理学的研究中，将唯物主义辩证法作为分析善恶现象的根本方法，更加科学地阐明了一直以来困扰人们的善恶问题。善与恶都是相对立而存在的，没有美也就无所谓丑；没有善也就无所谓恶，反之也是一样，他们是矛盾的两个方面，二者相互斗争也相互依存，在一定的条件下，也可以向对方转化。矛盾的对立性是绝对的，对立指矛盾双方质的相互排斥，不相容，"质"的不相容是无条件的，因此对立当然是绝对的。任何事物在质上都必然不相容，相区别，是非此即彼，这是绝对的。矛盾的同一性是相对的，同一性即"统一性"，有两种情况，一是双方相互依存相互影响，二是在一定条件下相互转化。但无论哪种情况，都是有条件的，都是在一定条件下的同一，因此说矛盾的同一性是相对的。因而，善恶问题既是相对的也是同一的，要学会在善中把握恶，在恶中把握善，将两者结合起来辩证分析，如此才能更加准确地分辨社会中的善与恶，更加客观全面地剖析道德现象。

三 坚持实事求是的原则探究道德规范

为了更好地从实际出发来探究道德规范，进行道德规范体系建设，就必须全面而准确地把握我们现实社会中实际存在的各种不同的道德状况和道德层次。坚持实事求是，不懈探索真理，是马克思主义活的灵魂，是不断实现其历史性飞跃的根本思想方法，也是马克思主义伦理学学科的基本方法，罗国杰先生十分注重从实际出发，以实事求是的原则在实践中探索符合中国国情的基本道德规范。坚持实事求是，才能推进马克思主义伦理学的中国化。

实事求是贯穿于马克思主义伦理学中国化的始终，体现在马克思主义中国化理论成果的逻辑脉络之中，内蕴了辩证唯物主义与历史唯物主义对客观世界、人的实践、人类历史和社会发展的规律性和科学性的基本原理以及马克思主义关于人的认识形成发展的理论阐释。开展马克思主义伦理学研究以来，我们始终坚持普遍真理与具体实际相结合，不断推进马克思主义伦理学实现中国化；在这一过程中，实事求是作为马克思主义理论的科学方法论，始终是马克思主义伦理学中国化理论成果的精髓和灵魂。只有坚持实事求是的原则，才能探索出适合中国国情的基本道德规范。长期以来，罗国杰先生始终坚持实事求是，根据时代变化和实践发展，坚持理论指导和实践相结合，不断探索适合中国国情的道德规范。鞋子合不合脚，只有自己穿了才知道。一种道德规范的建设适不适合，只有生活在这种道德规范约束下的人们才最有发言权。独特的文化传统、独特的历史命运、独特的国情，决定了我国必须探索适合自己特点的道德规范和道德评价体系。因此，坚持实事求是的基本原则，既要基于本国的现实国情，又要充分考虑到当前人们所具备的道德水平，唯有从实际出发，才能在实践中更好地探索社会主义道德规范。

　　一方面，基于中国国情开展道德规范建设。我国仍处于并将长期处于社会主义初级阶段，这是我国的一个基本国情。罗国杰先生认为："社会主义初级阶段理论的提出，对我国当前的伦理道德建设，也有着重要的意义。"[①] 这就说明，罗国杰先生十分重视根据社会以及国家发展的基本情况，实事求是地开展道德建设。道德规范体系建设的指导方针是，必须坚持社会主义，反对资本主义、封建主义思想的侵蚀，又要从我国的现状出发，立足于我国的基本国情，从我国的现实生活出发而不是脱离实际。在社会主义道德规范建设的过程中，我们有过曲折的经历，对于道德规范建设，我们"摸着石头过河"，在艰苦探索中逐渐走出了适合中国国情的道德建设方案，并在实践中不断深化。一段时间以来，马克思主义伦理学始终以社会主义初级阶段为基础，既面向实际，又面向中国的基本国情，由此可见，我国的伦理道德建设是从现实而不是从虚幻出发，从科学而不是从空想出发，从具体的生活而不是从

---

①　《罗国杰文集》第二卷，中国人民大学出版社 2016 年版，第 3 页。

抽象的事物出发。在社会主义道德规范的建设过程中，我们历来注重在全社会认真提倡，身体力行。社会主义社会的意识形态、价值观念、道德观念等方面既受其经济关系的制约，又反作用于自己的基础，维护社会主义社会的发展。随着时代的发展，当今世界正经历百年未有之大变局，国际形势继续发生深刻变化，世界进入新的动荡变革期。因此，开展道德规范建设要立足于国内国际两个大局，运用历史纵深思维，开展国别对比研究，从他国道德规范建设中学习借鉴有益元素，以我为主，为我所用。

另一方面，基于人们的道德觉悟水平加强道德规范。由于社会发展在不同时期具有不同的特点，发展的程度不尽相同，在不同经济文化背景下的人们，他们的思想观念、道德观点、道德水平等均不相同。因而，加强道德规范建设，必须根据人们当下的道德觉悟水平，实事求是地探索建设路径。在社会主义初级阶段，建立社会主义道德体系就要把社会主义精神文明建设和道德建设放在突出的地位，根据人民群众的道德水平和道德情感，充分发挥广大人民群众的集体智慧，集思广益，群策群力，从上到下，从下到上，在广泛讨论的基础上，结合社会道德的现实情况，通过分析、梳理、概括和提炼，逐步形成具有中国特色的道德规范体系。罗国杰先生十分注重在社会主义市场经济条件下来看待社会道德现象，同时强调当前社会中，人们受到西方意识形态和思潮的影响，这一方面给人们的思想观念、价值取向、文化生活等方面带来了多样性；另一方面要看到这些意图西化、分化我国意识形态的不良思潮，给人们的思想道德观念造成了一定程度的负面影响，对我们要进行的社会主义道德规范建设易产生不利的影响，因而，在探索道德规范的过程中，要实事求是地分析外来文化、外来思想、外来观念，因地制宜地、有选择、有针对性地接受，而不是盲目地效仿，不能让历史上曾经发生过的事件再次发生。马克思主义伦理学要始终坚持以人民为中心的发展思想，关注人们现实的道德发展状况，根据实际情况开展道德教育。

四　坚持革命实践的方式提高道德修养

革命性又指社会实践性，是一种彻底的批判精神的体现。马克思指出："辩证法在对现存事物的肯定的理解中同时包含对现存事物的否定的理解，即对现存事物的必然灭亡的理解……它是批判的和革命的。"① 道德的发展演变也是如此，需要遵循辩证法的发展规律。道德是作为批判旧世界、建设新世界的精神武器而存在的，本身就具有革命批判精神。这种革命批判精神也体现在对自身的变革与批判上，作为上层建筑的道德，从来都不是一成不变的，总是会随着经济基础的发展变化而发展演变的，具有强大的自新力。一般而言，能够适应经济社会发展要求的道德才会被保留下来，并在经济社会发展过程中发挥其道德调节的作用。因为经济社会发展总是处于发展变动之中的，因而原有的道德规范、道德要求等会逐渐呈现出不适应新的经济社会发展要求的趋势，要坚持革命的批判精神对旧的道德观念、道德规范等予以辨析，去除掉其不合理的、落后的、腐朽的内容，以增添新的能够适应经济社会发展要求的新要素，从而始终保持道德所具有的推动经济社会发展的作用。

马克思主义的革命性和批判性是如何促进伦理学的发展、如何提高人的道德修养的呢？罗国杰先生认为，社会道德是在批判中不断进步的，只有对现存的不道德的、损害社会道德的现象和行为进行彻底的批判，对违背道德触及法律底线的行为进行惩治，才能不断促进社会道德的发展，在破除旧的、恶的、丑的道德基础上，帮助人们养成良好的道德修养。道德修养是一个人在社会生存中应该具备的基本素养，它包括社会公德、职业道德、家庭美德和个人品德。社会公德是社会主义道德建设的重要组成部分，是全体社会成员都应遵守的基本道德规范，每个人都应带头遵守，并努力做履行社会公德的表率，成为全社会成员的楷模。今天，我国的社会公德从人与人、人与社会、人与自然三个方面来调节人们的行为。职业是人们对社会所承担的一定职责和所从事的专门业务，每一个职业工作者必须遵循本职业所特有的行为规范和准则，遵守职业道德。家庭美德要吸收我国优良的传统道德，结合现代社会生活的家庭美德的要求而形成的道德要求。个人品德是对个人的基本道德要求，需要经由个体的道德修养和社会的道德教育来深化人们对个人品德的认知与践行。它表现为个体对某种道德要求的强烈认同，对道德情感的充分表达，对社会道德规范的执着践履。

---

① 马克思：《资本论》第一卷，人民出版社 2004 年版，第 22 页。

总之，以马克思主义革命实践的方式推进人们道德修养的提高，具有科学性和可行性。人的道德行为是在社会实践中形成和养成的，因此，对于好的道德修养的养成必须回到实践中，通过社会道德实践的检验，批判错误的、片面的道德行为和道德要求，在批判中发展，在发展中批判，如此循环往复，以至最高标准的道德要求的形成。

五　坚持人民群众的观点开展道德建设

唯物史观认为，人民群众是历史的创造者，是社会变革的主力军，同时是推动社会发展的进步力量。人民群众的观点是马克思主义首要观点，其主要内容就是坚持人民群众自己解放自己，自己发展自己。长期以来，我们党始终坚持人民群众的观点开展社会主义精神文明建设，加强社会主义道德建设，立足于广大人民群众，致力于发展人民群众喜闻乐见的文化。在开展社会道德实践的过程中始终坚持立足于人民群众的思想道德实际，根据时代变化和发展规律来开展道德建设。因此，罗国杰先生一贯强调，在道德建设中要深入实际，调查研究，了解新情况，分析新问题，及时发现、总结和推广群众创造的新鲜经验，探索道德建设规律，改进方式方法。只有坚持在历史唯物主义的方法论原则的指导下，才能保证社会主义道德建设始终秉持为人民服务的核心和集体主义的道德原则，才能使人民群众真正地享用道德建设的成果。

第一，坚持人民群众的观点开展道德建设，必须坚持以人为中心。马克思主义认为人的本质是一切社会关系的总和，因而人在社会中具有广泛的联系。一个人的行为和语言不仅仅关乎自己，更会影响到他人。以人为中心就在于强调人的主体地位，尤其是在道德建设中要注重人的主体地位，道德是关于人的道德，因此要将人的思想观点以及道德观念作为道德发展的中心。罗国杰先生认为，传统伦理思想中的"因民之所利而利之"（《论语·尧曰》）的民本主张是值得肯定和弘扬的方面[①]，在社会主义现代化建设的过程中，我们应该更加突出人的主体地位和注重人民的根本利益。尤其在社会

---

① 　参见罗国杰主编《伦理学》，人民出版社 1989 年版，第 129 页。

主义道德体系的建设中，要更加注重以人为中心。现代化的核心是人的现代化，这里的人不是抽象的人，而是生活世界中一个个具体的人。从道德发生学的角度看，行为人基于道德关系和道德规范，产生道德认知并形成道德判断，从而产生道德行为。在道德认知产生的过程中会形成一定的道德情感，这种情感是行为主体形成道德认知、产生道德意志的重要催化剂。因此，道德建设需要把握道德发生的相关规律，围绕德润人心，做到以理服人、以情感人、以德化人。唯有持续加强道德建设，才能实现人们道德境界和精神境界的不断提升，促进人的全面发展，促进良好社会风尚形成。在中国特色社会主义新时代，进行社会主义核心价值观建设是推进社会主义道德建设的重要方面，而人民群众是践行社会主义核心价值观的主体。

第二，坚持人民群众的观点开展道德建设，必须加强社会道德风尚建设。风尚"反映在社会广大成员的'集体无意识'之中，因此，风尚总是社会的，即社会风尚"①。作为一种集体无意识的道德行为方式和道德观念形式，社会道德风尚既包括具有进步意义的风尚，也包括消极意义的风尚，因此需要加以建设，建设的使命就是克服社会上普遍习惯却不符合道德要求的风尚，建立和发展社会主义新风尚，提高全社会道德水平，促进社会全面进步、人的全面发展。人民群众是道德建设的主体，必须把先进性要求与广泛性要求结合起来，既发挥榜样的示范引领作用，又积极有为、循序渐进。应深入了解人民群众的道德逻辑，依靠人民群众的道德实践，满足人民群众的道德情感需求，激发人民群众的内生动力，紧密结合人民群众的生产生活实际，设计群众便于参与、乐于参与的渠道载体，为人民群众提供丰富的精神食粮，使人民群众在道德实践活动中，通过知信行，感悟真善美，让爱与善的力量润泽生命，获得自我觉察、自我成长、自我超越的精神力量，从而不断提升获得感、幸福感。社会的道德是广大人民群众的道德，广大人民群众内心的信念、对善恶的判断取舍决定着社会的道德面貌。

第三，坚持人民群众的观点开展道德建设，必须依靠人民群众。马克思主义的群众观点包括坚信人民群众自己解放自己的观点，全心全意为人民服

---

① 罗国杰主编，焦国成、葛晨虹副主编：《道德建设论》，湖南人民出版社1997年版，第411页。

务的观点，一切向人民群众负责的观点，虚心向群众学习的观点。在马克思主义群众观点的科学指导下，我们党制定了一切为了群众，一切依靠群众，从群众中来到群众中去的群众路线。在正确的路线指引下，我们党与人民群众保持着深厚的情谊，党始终坚持全心全意为人民服务，始终做人民利益的守护者。在开展道德建设的过程中，依然将紧紧依靠人民群众这一路线贯彻到底。罗国杰先生认为，"道德建设的真正主体是广大人民群众，这是道德重在实践所必然得出的结论……离开了广大人民群众的广泛、自觉的参与，道德建设将成为空中楼阁、纸上图画，也必将最终导致道德建设脱离社会生活实践"①。只有依靠人民群众，根据人民群众所反映的实际情况和现实的道德状况，分析当下在人民群众中发生的道德现象，吸收和借鉴人民群众对于社会主义道德建设的意见和建议，才能在社会主义道德体系的构建过程中真正践行以人民为中心的理念和为人民服务的核心。

---

① 罗国杰主编，焦国成、葛晨虹副主编：《道德建设论》，湖南人民出版社 1997 年版，第 482 页。

第五章　恪守合乎中国道德国情的话语体系

话语一词最初由语言学衍生而来，最后逐步被其他学科借鉴吸纳、研究发展。就其内涵来说，话语是在特定的语境中，通过一系列语言规则、规律、约束等条件，话语主体与话语对象进行描述、沟通和建构的实践活动。[①] 表达与话语密不可分，在表达过程中，话语是非常重要的载体，如，在思想政治教育中，话语连接着教育者和教育对象，是主客体之间相互联系的中介，话语承载着思想政治教育的目标、任务、内容、方法等。话语体系是知识、理论思想等内容的外在诠释和表达方式，它常常包含着概念、范畴、表达方式等主要内容，不同的话语体系蕴含着不同的思想理念和价值观念，是文化软实力的重要组成部分，是在某个领域争取话语权、巩固话语权的重要基础和前提。发挥话语体系在道德领域中的独特功用，必须着力建构合乎中国道德国情、与当前社会主义发展实际相适应的伦理学话语体系。在这方面，罗国杰先生做了大量的开创性和奠基性的工作。

第一节　创建话语体系的重要性

在当下构建话语体系不仅是一个从实践到认识，再从认识到实践的认识逐步深化的过程，也是一个从话语内容到话语形式的系统逻辑进程。剖析创建话语体系所起的重要作用是创建合乎中国道德国情话语体系的重要逻辑前提。

[①]　参见邱仁富《思想政治教育话语论》，上海交通大学出版社 2013 年版，第 26 页。

一 伦理学学科规范化建设的内在要求

话语体系建设是伦理学学科建设的现实需要。随着社会主义事业的不断发展，社会主义实践在纵深发展的同时，给伦理学带来了新的研究视角，也给伦理学话语体系建设提出了新的要求。创建话语体系，服务和指导好当下的伦理实践，是不可避免且十分重要的问题。

话语体系的建立，并不是空穴来风或是可有可无的举措，而是源于人们的实践需要，担负着为人们顺利开展伦理学研究活动的导航之"用"。不可否认，即使在同一民族、同一时代、同一阶段，在不同学者那里都会有不同的伦理话语表达和阐发，从中国古代来考察，自先秦的诸子百家，到两宋、明清，先贤学说思想，不胜枚举。西方国家的伦理学同样如此，仅就伦理学流派而言，就有经验主义、功利主义、情感主义等，它们虽同属于经验主义范畴，也有着外在和内在之分，如此等等。不仅如此，关于伦理学的不同术语、义理、逻辑、论证、表述方式等，构成了诸多伦理学的不同阐发体系。这些不同的阐发体系，是他们把握时代脉搏中对特定社会历史、政治、经济、文化、精神等多样内容在思想中的抽象把握，更是不同伦理学者站在不同的价值立场、从不同视角、用不同的视域、通过不同范畴做出各自的理解和阐发表达。在此意义上，虽然思想家们对于伦理学问题的理论表达，具有不同的阐发，但都是在对伦理学终极问题上各自的探索和表达。基于此，构建统一的话语体系在统一伦理学话语表达、统一学科范畴上发挥着不可或缺的作用。罗国杰先生在这方面做了很多开创性的努力和探索。

第一，构建话语体系是保证伦理学学科秩序规范化建设的需要。学科视角上的伦理学探索和研究，从 20 世纪开始在我国出现。中华人民共和国成立尤其是改革开放政策的提出，为伦理学的学科建设注入了强大的活力和生机。之后，在以罗国杰先生为代表的中国伦理学人的大力促动之下，伦理学的建设不断取得了较大的进展，对伦理学理论性问题进行探索研究，产生了大量的科研学术成果，出版了教材和相关专著，这些成果在推进伦理学理论研究的基础上回答了许多现实道德困境和人生难题，在伦理学研究上有所建树。不可否认，这在一定程度上填补了我国伦理学研究的缺口和不足。罗国杰先生所开创和建构的马克思主义伦理思想体系、所采用的马克思主义的学术话语，所运用的马克思主义基本立场和方法，为我国伦理学学科的规范化建设奠定了坚实的基础，也为我们在新时代构建中国特色的哲学社会科学学科体系、学术体系、话语体系提供了启发和借鉴。

第二，构建话语体系是形成和发展伦理学学科共同体的需要。一定程度上来讲，每一个学科都是一个独特的完整场域，学科研究的起点、学科公认的难题、学科前沿动态等这些所有学科视角构成了不同的学科场域，一个学科的场域构建常常是一个相对独立的话语体系，包含着学科术语、学科相关的概念、学科的研究方法或相关限定的话语场域。同样地，话语体系的构建相对于伦理学学科的发展来说，能够赋予伦理学一个相对明晰的边界。

伦理学学科所固有的学科特性使得伦理学学科共同体，共同话语体系的构建变得尤为必要和重要。伦理学作为一个学科具有整体性和综合性特征。它是一门关于道德问题的哲学，是道德思想观点的系统化、理论化。客观来看，教育学、社会学、心理学等一些学科把道德也纳入自己的研究范围。一定程度上来看，它同教育学、社会学、心理学等存在着相互渗透、相互交叉，与政治、经济、文化等密切相关，因此，要想更好地推动伦理学的学科发展，实现这种学科性跨领域整合的途径就是构建话语体系。正是基于这种认识，在这方面，罗国杰先生先后举办两期全国性的伦理学学习班、两期伦理学硕士研究生班和沈阳班①，通过开展集中培训，向伦理学学员们传递了马克思主义伦理学的话语体系，也逐渐培养了一批伦理学的骨干，形成并巩固了伦理学的学科共同体。

第三，构建话语体系是保证伦理学学科交流与对话的内在需要。对于一个学科而言，形成对于一个学科特有的学科规则、学科意识和学科视角，建立起相对稳定的话语体系，是形成和谐统一的学科发展共同语境的重要内容。这样的话语体系的构建能够为研究同一学科的学者建立起一个平等表达、讨论的"话语库"。对于伦理学学科的研究来看，话语体系的构建能够在伦理学经过一段长时间的发展后，形成稳定的特有的研究范式和研究方法，话语体

---

①　参见《罗国杰文集》第六卷，中国人民大学出版社 2016 年版，第 104 页。

系本身能够整理和回答研究范例，实现学科规范的统一性。这样的伦理学学科话语体系构建能够推动伦理学的话语规范，既有利于伦理学学科内部的交流和沟通，也有助于学科外部和其他不同学科的平等对话、相互借鉴。基于上述认知，我国伦理学会在罗国杰先生所构建的马克思主义伦理学话语体系的基础上，在 20 世纪 80 年代后逐渐得以发展，并出现了一度繁荣的景象，以中国伦理学会为主导的各类学术活动蜂拥迭起，一时间伦理学学科之间的交流与对话纷至沓来。这些活动的开展，从一个侧面反过来证明了共同的学术话语体系构建的必要性。

话语体系是"三大体系"的重要内容之一，当期，不论是对于伦理学本身中国传统伦理话语和马克思主义伦理学更好发展，还是对于新时代加强道德建设，都具有重要意义。一定程度上来讲，当代中国伦理学的话语体系的建设始于罗国杰先生对马克思主义伦理学学术体系的系统性构建和对教材体系的规范性表达。今天，面对全球话语"西强我弱"的格局，加强伦理学的话语体系建设，坚持马克思主义对伦理学学科建设的指导仍然显得尤为必要。

二 马克思主义伦理学中国化的现实要求

当前中国正在进行着中国特色社会主义的伟大实践，向建设中国特色社会主义现代化强国、实现中华民族伟大复兴的中国梦迈进。因此，关注现实、关注社会、关注人民是中国伦理学应有的情怀和担当，也是伦理学本身所具有的学科属性。换句话说，放在中国话语体系中去考察伦理学的话语体系是马克思主义伦理学中国化的现实要求，同时也是必然要求。对于这场伟大的中国特色社会主义实践，伦理学不能也不可能只是"看客"般地回应和解读，而是要参与其中，通过伦理学的理性和力量，构建合乎中国道德国情的话语体系，耦合协同、形成合力，这样才能在推动马克思主义伦理学中国化不断向前发展的同时，实现伦理学最大限度地为现实问题答疑解难。对此，罗国杰先生是这么认为的，也是这么践行的。

面对没有任何的参考资料，没有任何的学科借鉴，在构建伦理学学科之初，罗国杰先生首先想到的是从伦理学原典中去探寻，为此，他带领同事，耗时半年多、编辑近百万字，形成了一本《马克思主义经典作家论道德》，这一方面确立了马克思主义立场、观点和方法对伦理学研究的指导，另一方面也为后来的伦理学教材的编写工作打下了坚实的理论基础。随后，罗国杰先生面向本科生，开设了"马克思主义伦理学"课程，为促进学生的学习，他带领教研室同事着手编写了《马克思主义伦理学讲义》，这也是"我国以'马克思主义伦理学'为题的第一部讲义"①，在我国马克思主义伦理学的发展史中占有重要的地位、发挥着重要的作用。讲义编写出之后，摆在罗国杰先生面前的是教材编写的任务，他先后组织编写了《马克思主义伦理学（简编本）》《马克思主义伦理学》（1982）、《伦理学教程》（1985）和《伦理学》（1989）。这些教材的编写，基本实现了马克思主义伦理学体系的构建，实现了马克思主义伦理学的中国化。

马克思主义伦理学的中国化不仅体现在伦理学教材体系的构建，还体现在以马克思主义的基本立场观点和方法审视中西方伦理思想史，体现在以马克思主义的基本立场观点和方法关注中国现实伦理道德问题。对此，罗国杰先生也是身先士卒，不论是在中西方伦理思想史的体系的梳理创建中，还是在对中国现实伦理道德问题的剖析应对中，都坚持了马克思主义的基本立场观点和方法。面对中国传统伦理道德思想，罗国杰先生鲜明地倡导对其要加以批判性继承，"以历史唯物主义为指导思想，对中国传统道德进行重新学习、认识、归纳、分析和概括"②；面对内容纷杂的西方伦理思想，罗国杰先生立足中西方比较的视域，对西方伦理思想中积极的合理性的成分予以吸取，以"丰富他的马克思主义伦理学理论体系"③，对其消极的不合理成分予以批判，以实现"坚持和捍卫社会主义价值观"④，从而为我所用；面对市场经济条件下不断出现的伦理危机和道德问题，罗国杰先生或者著书立说予以解读抑或批驳，或者建言献策为国家思想道德建设方针的制定提供参考借鉴。

---

① 《罗国杰文集》第六卷，中国人民大学出版社 2016 年版，第 52 页。

② 《罗国杰文集》第六卷，中国人民大学出版社 2016 年版，第 185 页。

③ 张霄：《坚守马克思主义理论立场 开创中国特色伦理学事业》，《光明日报》2016 年 3 月 31 日第 16 版。

④ 张霄：《坚守马克思主义理论立场 开创中国特色伦理学事业》，《光明日报》2016 年 3 月 31 日第 16 版。

第二节　以实践话语筑牢伦理学的学科属性

"学科"这个概念，在《辞海》中解释为"按照学问的性质而划分的门类"。2009 年国务院学位委员会修订的《中华人民共和国国家标准学科分类与代码》将学科界定为"相对独立的知识体系"。在教育部修订的《普通高等学校本科专业目录（2012 年）》中，伦理学作为特设专业发展和设置。长久以来，伦理学一直是以道德伦理问题作为研究对象的一门哲学二级学科出现在大众视野中，作为一个新设置的二级学科，首要和基本的问题是界定学科属性，这对学科建设发展至关重要。如此，以怎样的话语来认识和阐发伦理学的学科属性成为研究伦理学的一个必不可少的一环。罗国杰先生高屋建瓴地指出，应以实践话语来筑牢夯实伦理学的基本学科属性，同时，在与道德哲学进行区别时也进一步强调并澄明了伦理学的根本学科实践属性。

一　以实践话语筑牢夯实伦理学的基本学科属性

伦理学是一门实践科学，其所观照的是人们的伦理生活实践，以指导人们过上好生活为根本价值旨趣。正是因为伦理学所具有的实践本性，因而只有运用实践话语作为指导，许多伦理学的难题才能迎刃而解。首先，伦理学是根植于现实的伦理生活实践的，是将道德实践中的道德现象、道德问题上升到理论层面进行探讨的体现。其次，伦理学是指导伦理生活实践的，要用实践话语来解决现实生活中的伦理道德问题，指引人们追求真、善、美的道德生活。伦理生活绝对不是停留在"是什么"的理论层面的追问的，更重要的是"做什么"的实践层面的追寻，只有将"是什么"的认知与"做什么"的实践有机统一起来，才能真正地发挥伦理学的作用。伦理学的实践话语倡导在人际关系中贯彻理性交往，即要在深入交流交往的过程中达至"话语共识"，消除话语冲突，才具有进一步对话的可能。在这个意义上，伦理学也要相应地运用实践话语予以阐发。

实践是人所特有的对象性活动，是人们有意识地认识世界和改造世界的活动。本书中所用的"实践"一词特指罗国杰先生从事的伦理学研究和道德建设活动，"实践话语"则是指罗国杰先生对这些理论研究活动和道德建设活动规律、特点的揭示和描述。罗国杰先生在其一生所从事的伦理学理论研究和实践探索中，坚持以马克思主义的实践观来阐述伦理学的基本理论，坚持立足伦理学的实践属性开展理论研究，坚持着眼伦理学的实践面向服务道德建设。在其研究成果的话语表述上呈现出鲜明的实践特色，在其道德建设推进过程中凝聚着浓厚的实践精神。

第一，坚持马克思主义实践观奠定学理基础。道德是伦理学的研究对象，道德的起源、道德发生和发展、道德的本质等问题是开展伦理学研究的基本学理问题。罗国杰先生在这些基本问题上，都一贯坚持马克思主义的实践观，把伦理学的基本学理问题的研究稳固地建立在社会生活实践的基础之上。

就关于道德起源的探索而言，罗国杰先生在马克思主义实践观的基础上揭示了道德起源的探索源于人类的实践活动。他指出，人之所以能在各类活动中分化出专门的道德活动来，是经过长期发展的结果。人的活动相比动物的活动更是有意识、有目的、有不懈的追求的活动。人类社会的历史，"不过是追求着自己目的的人的活动而已"①。在人的所有的活动中，最伟大、最有价值的，也是把人真正同动物严格区分开来，是人类的生产活动——劳动，劳动不但创造了人本身，也创造了社会，创造出社会关系，创造出人的道德。罗国杰先生认为劳动在道德起源中的作用，主要表现在劳动创造了道德主体、创造了对道德的需要、创造了道德产生与发展的动力以及劳动本身在人类道德的属系发生中所起到的重要前提作用等多个方面。

就关于道德发展的动力而言，罗国杰先生论述了道德发展的动力基础，客观论述了生产力和生产关系之间的客观联系。马克思主义强调，道德不是脱离历史发展的一种抽象的观念，而是生产力和生产关系之间辩证关系的反映，要适合当时经济基础和上层建筑的关系。道德关系作为树立在经济基础之上的一种思想关系，又同其他思想关系（政治关系、法律关系等）交互发生作用。罗国杰先生认为，道德发展的动力在于社会实践，即生产力与生产

---

① 《马克思恩格斯文集》第一卷，人民出版社 2009 年版，第 295 页。

关系的相互作用、发展运动的实践。列宁认为，主体和客体、精神和物质的"交错点＝人的和人类历史的实践"①。这样的实践，形成并不断丰富和造就道德活动的条件和环境，造就并发展着活动主体的自觉性和能动性，因为生产力的不断发展，生产关系不断发生变革，道德活动的领域也伴随着社会关系的发展演变而不断拓展，道德作用领域的拓展会对人提出更多层面的道德要求，这就会导致个人的道德需要与社会道德要求之间的差异，道德就是在不断缩小两者之间的差距的基础上推动社会发展进步的。不仅如此，随着生产力的发展，不但会向人们提出新的道德要求，而且要符合新的道德要求，关键则在于主体能不能充分发挥主观能动性，实现自身道德与社会要求的新的统一。正是基于上述这些基本原理，罗国杰先生详尽地论述了道德发展的动力基础，以坚定的马克思主义实践观夯实了伦理学的实践基础。

第二，立足伦理学的实践属性开展理论研究。罗国杰先生指出，伦理学是一门实践科学，要立足实践对其展开理论研究。也就是说，伦理学研究的根本目的并非简单停留于理论研究层面，更多的是要指导实践生活，既要立足实践又要指导实践，彰显理论与实践相统一的学科定位。

其一，伦理学的研究目的是指导实践。罗国杰先生认为伦理学是一门研究现实的理论科学，要对错综复杂的道德现象、道德问题予以深层次的探究，借助于理论思维的形式，深入探究道德现象背后的道德规律，以此来指导人们的伦理生活实践。与此同时，需要着重指出的是，不应将伦理学视为条条目目的"道德戒律"的汇编，虽然它内含对人们应该做什么、不应该做什么等问题予以实践指引。同道德哲学等其他学科相比，伦理学是建立在一定的经济基础之上的，对各种道德关系的反映。而且，伦理学从理论层面指明了道德原则、规范等存在的必要性与必然性，因而能够将其转化为人们的坚定信仰与自觉意志，从而在现实的道德生活实践中践行相应的道德原则与道德规范。这也是罗国杰先生所倡导的在理论与实践相结合的基础上研究伦理学，这是伦理学研究所肩负的使命与任务。而要真正地完成这个任务是非常困难的，以罗国杰先生为代表的我国老一辈伦理学者是这么认为的，也是以此为

---

① 列宁：《哲学笔记》，人民出版社 1993 年版，第 239 页。

指导开展理论研究的，从而彰显了伦理学研究的实践属性。其二，伦理学的研究内容始于道德实践。通常来说，伦理学是以道德现象作为自己的研究对象的科学。在罗国杰先生那里，他将道德现象区分为三大类，即所谓道德意识现象、道德规范现象和道德活动现象。道德观念、道德意识、道德理论，都属于道德意识现象；所有的道德原则、道德规范和道德范畴，都可以被叫作道德规范现象；而现实中存在的道德行为、道德评价、道德教育和道德修养，就是我们所说道德活动现象，这三种现象的划分也只是相对而言的，它们之间相互联系，如作为道德意识现象中的某些心理现象，有时候也可以说是一种道德活动现象。因此，伦理学研究的内容从根本上来说，都是源自实践。其三，伦理学的基本问题源自实践。对于伦理学所研究的基本问题，罗国杰先生明确地指出是道德与利益的关系，需要从理论与实践两个层面予以探究，以给出正确处理两者关系的基本遵循与价值指引。

第三，着眼伦理学的实践面向服务道德建设。1961 年，开始从事伦理学研究之初，罗国杰先生就明确指出"要开展伦理学的研究工作，首先必须弄清楚研究伦理学的目的"[①]，并将其作为开展伦理学研究的首要问题。纵观罗国杰先生一生的学术研究可见，其学术研究始于伦理学的基础理论研究，终于伦理学的实践面向研究。20 世纪 90 年代，当伦理学的基本理论体系建立起来之后，他大力倡导伦理学所具有的"强烈实践性"，一方面不断推进伦理学理论的应用转型，为现实问题提供理论指导；另一方面助力道德建设，为加强社会主义精神文明建设、构建社会主义思想道德体系等建言献策，从而把伦理学的学术研究与中国社会道德建设和社会治理紧密结合起来，从国家层面提出了以德治国方略，从公民层面建议加强公民道德建设，充分彰显了伦理学的实践面向。

二　与道德哲学区分澄明伦理学的根本学科属性

受西方对伦理学研究的影响，一直以来，学界有一种观点认为，伦理学就是道德哲学，所要做的就是对道德开展形而上的研究。对此，罗国杰先生

---

① 《罗国杰文集》第一卷，中国人民大学出版社 2016 年版，第 61 页。

认为，伦理学是具有鲜明实践性的理论，不可能完全超脱于现实生活之外来谈伦理学，这是其所具有的生命力和现实性之所在。

第一，论述了伦理学的实践本质。道德起源于人类的交往活动，是社会关系的产物，是人类社会特有的。人类正是在物质行动中产生了原始道德。因此，作为伦理学的研究对象——道德，首先是一种实践关系，其次才是一种意识形态。伦理学不是书斋里的学问，它必须"干预生活本身"。真正的伦理学是必须和当下时代的现实生活世界接触并发挥作用，以指导现实的道德生活实践。伦理学不仅把对象瞄向人们实践的行为规范，更试图通过研究人们的实践活动来完善人类自身的活动。罗国杰先生认为，伦理学的研究对象是道德，而道德的本质就是一种实践精神。马克思主义伦理学不仅强调实践精神的能动性，而且强调其把握世界的特殊方式。作为伦理学研究对象——道德，不同于科学研究领域以真假来把握世界，也不同于艺术领域以美丑来描绘世界，道德更多的是以善恶的标准来把握世界。这是把握世界的一种价值方式，以发挥道德所具有的扬善抑恶的作用来认识与改造世界，指引人们追求善的道德生活。而且伦理学一贯主张我们要充分发挥主观能动性，从社会发展的客观要求与人的道德需求出发来能动地改造世界，把我们生活的世界变得更加美好，更多的是借助于精神的力量与手段来改造精神世界，指向精神生活世界的富裕与充盈。伦理学的这种把握之所以必要，是因为人类只有结成群体，社会才能进行生产和再生产，而人类群体和社会只有在一定秩序和行为准则下才能不至于分裂、不出现混乱。伦理学的旨归就是通过研究人们的实践活动而形成相应的道德原则、道德规范等，以更好地指导人们追求美好生活，使人们生活得更好。

正如亚里士多德所说，伦理学"这门科学的目的不是知识而是实践"①。也就是说，伦理学是一门实践科学，其提供给人们的并不是现成的道德知识，而是要指导人们的现实道德生活实践。这是伦理学研究区别于其他学科专注于传授学科知识的显著标志，伦理学虽然也有其理论知识形态，但是对其的考察并不是看人们对于道德知识的掌握情况，而是要看在现实的道德生活实

①　苗力田编：《亚里士多德选集·伦理学卷》，中国人民大学出版社1999年版，第6页。

践中人们对于道德原则、规范等的践行情况如何。而且，道德原则、规范等
道德体系的形成与完善亦是来源于现实的道德生活实践的，不存在脱离道德
生活实践的道德原则和规范，而且其最终还要落实到人们的现实道德生活实
践，以解决道德生活中的实际问题、改善人们的道德生活为目标遵循，这是
其所具有的实践本性的体现。

　　第二，论述了伦理学与道德哲学的根本区别。罗国杰先生在其《罗国杰
生平自述》一书中突出强调了人的思想道德修养的重要性。而"伦理学就是
一门关于人的德性形成的理论和实践的科学"[①]，能够不断提升人的思想道德
修养。罗国杰先生论述了伦理学是以道德为研究对象的实践哲学，鲜明地勾
画出了伦理学的实践属性，将其与做形而上哲学研究的道德哲学区分开来。

　　罗国杰先生认为哲学是伦理学的理论基础。作为系统化、理论化的世界
观，哲学揭示了人对于世界的根本看法与观点，这会对人们的道德观念、伦
理思想产生相应的影响。作为哲学的一个分支，伦理学总是会受到哲学的影
响和制约。一般而言，有什么样的世界观，相应地就会产生什么样的伦理学
说。这也是历史上的伦理学说出现多样化乃至对立的哲学根源所在，也就是
说，伦理思想与哲学思想具有内在统一性，伦理思想往往会受到哲学思想的
影响与制约。这是两者的共性与关联所在，与此同时，伦理学亦有其特性所
在，即伦理学是关于道德的哲学，它的研究对象是社会道德现象，重在从中
揭示社会道德关系与道德规律。

　　伦理学是一门关于道德的哲学，或者说是研究人类道德现象的一门科学。
如果说自然科学是用来改造自然的，社会科学是人们用来改造社会的，那么
作为社会科学的伦理学则是用来改造人自身的一门科学。当然，改造人类自
身的科学是很多的，不过伦理学更是着眼于人们所说的思想、意识、精神、
心灵的改造，即人们的道德品质的改造和培养。随着人类社会的发展，提高
人们的道德水平，加强人自身的改造，越来越显示出更加重要的意义。罗国
杰先生从古代的"伦理""道德"来分析道德和伦理学的关系，并最终指出
伦理是人与人的道德关系。从词源学上去定义，"伦理"和"道德"两词，

---

① 《罗国杰文集》第一卷，中国人民大学出版社 2016 年版，第 485 页。

自古以来，在用法上既有相同之处，也有不同的地方。道德侧重于指人们实际的道德行为和人与人之间的道德关系，道德哲学是对道德做形而上的哲学研究；道德的本质是一种实践精神，以道德为研究对象的伦理学是实践哲学，是关注现实的，这本身就为伦理学和道德哲学的相区别提供了学理基础。

第三节　以中国话语彰显伦理学的民族特色

中华民族已经历 5000 多年的悠久历史，这一段伟大的奋斗历程，不论是灿烂的中国古代史，还是近代以来的抗争探索史；不论是中国共产党领导的新民主主义革命、社会主义革命和建设时期的历史，抑或改革开放和社会主义现代化建设、中国特色社会主义进入新时代的历史，都见证着全体中国人民在共同奋进、勠力同心中为中华民族谋复兴、为中国人民谋幸福的光辉历程。独特的历史背景决定了一种理论话语的构建和产生也必然附带着历史的烙印以及相应的话语表达形式和内容。从中国话语视角切入，用符合中华民族特色的话语解剖伦理学的民族特色，深入探析其形成和演进，有助于进一步理解伦理学的价值追求。罗国杰先生在其所创立的伦理学学说和伦理学体系中，所运用的都是符合中国国情的学术话语，在当今世界的伦理学研究中，彰显了鲜明的中华民族特色。

一　以传统话语奠定伦理学的守正基调

一定程度上来说，中国传统话语和实践是当代伦理学发展的生存土壤。中华民族是一个崇尚道德的民族，在长期历史发展过程中形成了丰富的中华民族优秀传统道德思想，这是引领中华民族不断走向繁荣富强的强大精神力量，呈现出鲜明的民族特色。基于此，需要继承与发展中华民族优秀传统道德伦理思想的精神内核，以传统话语来阐发伦理学的民族特色，从而奠定我国伦理学创新发展的守正基调。

创造性转化与创新性发展是对待中华民族优秀传统道德伦理思想的正确态度，中华民族优秀传统道德伦理思想中所蕴含的民惟邦本、政得其民，礼法合治、德主刑辅等伦理思想，至今仍有其存在的价值与意义。习近平总书记所倡导的"人民至上"理念，发挥德治在推进国家治理现代化中的重要作用等，都是对上述中华民族优秀传统道德伦理思想的创造性转化与创新性发展，不仅彰显出了现代伦理思想所具有的民族特色，也彰显出了鲜明的中国特色社会主义属性。此外，"天人合一"而非"神人以和"的文化传统为社会发展伦理思想提供了文化支撑。不仅如此，我国传统文化中所折射的传统伦理思想，其特点既形象又通俗，可以说，中国传统伦理道德具备着"现实的、大众的、实践的"伦理道德，内含中庸的性格。

针对上述特点，罗国杰先生认为，长期在社会活动中逐步形成的习俗惯例、文化传统、伦理道德、价值观念、意识形态等都为伦理学研究提供了社会背景，当然，我们也应该科学对待中国传统道德文化，正确把握批判和继承的方向和路径。具体而言，要批判性继承与创造性转化，即要对其消极因素与腐败成分予以剔除，对其积极因素与合理成分予以继承，并结合已经变化发展了的道德实际情况，不断增添新的道德内容，使传统道德伦理思想不断焕发出新的生命力。事实证明，唯有我们承继传统文化、运用传统话语，才能将我国伦理学学科的建设和发展奠基于深厚的伦理传统之中，才能进一步弘扬我国伦理思想，彰显我国伦理学的民族特色。罗国杰先生为我国伦理学创新发展所奠定的这一守正基调，对我国当前创建中国特色哲学社会科学学科体系、学术体系、话语体系，建构中国自主的知识体系，依旧具有鲜明的指导价值。

二　以时代话语弘扬伦理学的创新品格

伦理学的话语表述不仅有鲜明的民族特色，还有鲜明的时代特色。同一伦理或道德话题，在不同的时期，往往会有不同的学术表达，这本身就体现了我国伦理学研究开拓创新的时代特征，也弘扬了我国伦理学研究与时俱进的创新品格。

我国传统伦理学研究历来注重话语表达的时代更新，这也是民族特色的表现之一。如，从最初的"敬德保民"到后来的"以民为本""民胞物与"，再到历史上所形成的"德治"传统，"词"虽有异，其义一也。这就鲜明地体现了我国传统伦理思想中注重话语的时代变迁以适应时代要求的特点，然而，无论这种话语如何变迁，其中所蕴含的"民为邦本""德主刑辅"的民族特色始终蕴含其中。

罗国杰先生因循我国这一民族特色传统，在其学术研究中亦注重随着时代的变迁运用具有鲜明的时代话语特色表述。如在 1982 年版的《马克思主义伦理学》中指出，马克思主义伦理学的首要任务就是"探讨道德产生和发展的规律，特别是探讨共产主义道德形成和发展的规律……确定共产主义道德的原则和规范"①，这一表述在 1989 年版的《伦理学》中不仅拆分为两个方面，而且对"共产主义道德的原则和规范"的表述也调整为"社会主义、共产主义道德的规范体系"②，"社会主义"一词的出现，就源自对"共产主义"一词所作的广义和狭义两种不同理解，而这两种不同理解的提出，则是我国社会发展中对"共产主义"认识逐步清晰、逐步深刻的产物。同样，在 1982 年的教材中还指出了"批判和清除剥削阶级道德"③的研究任务，而在 1989 年版本的教材中，表述调整为"批判旧道德 更新旧观念"④，这一时代表述就充分体现了随着改革开放的不断深入进行，伦理学在更新观念、改造风尚和建设新道德的过程中所肩负的使命和任务。其实，从 1982 年的《马克思主义伦理学》到 1989 年的《伦理学》，教材的内容体系虽然延续了一贯的体例，但是在教材名称上就从简删去了"马克思主义"这个语词，这本身就体现了罗国杰先生坚定的理论自信，因为我国的《伦理学》本身就是马克思主义伦理学，已经没有必要通过凸显"马克思主义"这个字眼来表明自己的学术立场，这一细微变革，其实也反映了时代话语的变迁，彰显了理论自信。

三 以比较话语阐发伦理学的民族特质

我国伦理学的民族特色既是内在固有的基因所决定的，也是在中西比较中所凸显的。罗国杰先生对我国伦理学民族特色的坚守，和他所从事的对西方伦理思想的梳理和研究也有一定的直接关联。

---

① 罗国杰主编：《马克思主义伦理学》，人民出版社 1982 年版，第 11 页。
② 罗国杰主编：《伦理学》，人民出版社 1989 年版，第 22 页。
③ 罗国杰主编：《马克思主义伦理学》，人民出版社 1982 年版，第 13 页。
④ 罗国杰主编：《伦理学》，人民出版社 1989 年版，第 25 页。

　　罗国杰先生在和宋希仁先生合编《西方伦理思想史》（上、下卷）时，在导言中就明确写到，对待西方伦理思想，我们应该运用马克思主义的立场、观点和方法给予恰当的分析和评价，"古为今用、洋为中用，了解过去有助于认识现在和预见将来；了解外国伦理思想的发展和演变，也有助于全面地认识我们自己的伦理思想和道德生活的状况"[①]。由此可见，早在 20 世纪 80 年代，罗国杰先生就旗帜鲜明地站在"古今比较"的历史视域和"中西比较"的国际视野下，对西方伦理思想展开研究。他还引用毛泽东同志的话指出，"'凡属我们今天用得着的东西，都应该吸收'，并把它们'作为自己文化食粮的原料'"[②]。这一观点就深刻地阐明了罗国杰先生以比较的视域去研究西方伦理学、去发展中国马克思主义伦理学、构筑中国特色伦理学的学术立场和研究旨归，罗国杰先生对西方伦理思想的梳理过程，从其实质上看，也就是站在马克思主义的立场、观点和方法的视角上，对西方伦理思想进行比较鉴别，并结合我国社会历史情况与实际道德问题对其进行批判改造和消化吸收的过程，是在比较视域中阐发我国伦理学的民族特色的过程。

　　罗国杰先生不仅自身坚持比较研究，也对我国所开展的西方伦理思想研究和广大研究者提出了恪守比较立场、坚持比较话语的建议和要求。在 20 世纪 80—90 年代，由中国社会科学出版社陆续出版了一套"外国伦理学名著译丛"，罗国杰先生在《外国伦理学名著译丛序》中再次指出"国外的伦理思想所产生的社会历史条件，所处理的道德问题和依凭的价值观念，跟我国目前的情况均有不同……相信我们的读者，一定能以马克思主义的立场观点方法，带着中国的问题去阅读这些书，并从中得到正反两方面的启发借鉴，这也正是我们出这套丛书的希望所寄"[③]。罗国杰先生的这种"带着中国的问题"去阅读"外国伦理名著"的指导思想就是其一以贯之的比较立场的鲜明表达，其所构建的我国伦理学体系亦呈现出这种鲜明的民族特质。

---

　　① 　罗国杰、宋希仁编著：《西方伦理思想史》上卷，中国人民大学出版社 1985 年版，第 1 页。

　　② 　罗国杰、宋希仁编著：《西方伦理思想史》上卷，中国人民大学出版社 1985 年版，第 2 页。

　　③ 　［德］弗里德里希·包尔生：《伦理学体系》，何怀宏、廖申白译，中国社会科学出版社 1988 年版，第 2 页。

第四节　以教育话语拓展伦理学的应用范围

一般而言，伦理学分为理论伦理学、描述伦理学、规范伦理学、比较伦理学、实践伦理学和应用伦理学，但是，在罗国杰先生看来，伦理学不仅是专门研究人类社会生活中的道德现象的学科，更是一门以人的思想观念、政治观点、道德品质的形成、变化和发展等为研究对象的实践学科，其中加强道德修养和道德教育，以教育来加强人们的道德修养、以教育来培育人们的道德品质、以教育来提升人们的道德境界，是伦理学研究的题中应有之义。因此，教育话语拓展了伦理学的现实应用范围。

一　从教育领域中拓展了伦理学的应用范围

在罗国杰先生看来，伦理学与教育学、心理学等不同学科有着相互影响、相互渗透的关系。罗国杰先生尤其强调了伦理学和教育学的关系尤为密切，先生认为，从历史上来看，教育的产生是旨在对公众开展道德教化，而对社会成员的教育又促进了其道德成长，教育的过程与社会成员的道德成长过程是同一个过程的两个方面，因此，伦理学和教育学从某种意义上说是本然一体的关系。当然，他也指出教育学等学科虽然把道德作为自己的研究范围，但是，它只是从道德教育视角来研究道德，特别注重对人的品德教育。而伦理学则研究社会历史中的全部道德现象，能够为教育学的德育理论提供可靠的根据。在这个意义上来讲，伦理学的发展为道德教育的发展奠定了深厚的理论基础。当然，从另一个方面来说，教育学对于道德的研究，也进一步深化了伦理学研究。

正是基于上述考虑，罗国杰先生高度重视伦理学与思想政治教育学科的关系，他曾专门撰写《伦理学与思想政治教育科学的关系》一文，广泛介绍了日本所开设的伦理学课程、苏联所开设的青年德育课程和中国台湾的两本伦理学著作，明确指出"思想政治教育科学是同伦理学和道德品质教育课有密切关系的"①，由此强调在大学生中开设伦理学和道德品质修养

---

① 《罗国杰文集》第一卷，中国人民大学出版社 2016 年版，第 104 页。

课的必要性，并指出"寓德育教育于理论教育之中，是培养大学生道德品质的重要途径"①，在文章中，先生还对建立思想政治教育科学提出了自己的意见和建议。

除此之外，受当时国家教委思想政治工作司的委托，罗国杰先生主编《马克思主义思想政治教育理论基础》一书，为思想政治教育学科的创立奠定了理论基础；他所主编的《人生的理论与实践》《思想道德修养》《思想道德修养与法律基础》等教材，直接为高校思想政治理论课课程的开设提供了教学支撑。罗国杰先生所做的这一切努力，大力推动了伦理学研究向高等教育的延伸拓展，也直接促成了思想政治教育这一学科的诞生和建设。伦理学从其哲学的理论研究，开始转向教育学领域，有效拓展了伦理学的应用范围。

二　将提升道德素质作为伦理学的研究归宿

伦理学是最古老的学问之一，内容精彩纷呈，但归根结底，回答的就是"善和应当的问题"，什么样的人才算是好人，什么样的生活才算是好的生活，什么样的国家才算是好的国家，什么样的社会才算是好的社会，这些都是"善"的问题。在罗国杰先生的伦理思想中，他不仅注重伦理学的理论研究，而且注重伦理学的教育转向。在罗国杰先生看来，开展伦理学研究，其"最终目的是为了改变人们的精神面貌，提高人们的道德水平，从而为一定的经济基础服务"②。因此，把道德现象作为伦理学的研究对象，是为了发现道德变化发展的客观规律，揭示这些规律，最终利用规律来为人类社会的发展服务，所以在马克思主义看来伦理学研究的道德问题不单单是理论问题，更重要的是实践问题，是一种把握世界和改造世界的问题。

很显然，要提高人们的思想道德素质，就必然离不开对人们的思想道德素质的研究和教育，思想政治教育学和伦理学的研究对此有着共同的目的，二者相互补充，共同承担着培养"四有"新人的任务，因此，对于伦理学研究来说，始终把提升人们的思想道德素质作为伦理学研究的归宿，是当下伦

---

① 《罗国杰文集》第一卷，中国人民大学出版社 2016 年版，第 106 页。
② 《罗国杰文集》第一卷，中国人民大学出版社 2016 年版，第 62 页。

理学需要面临的一个重要现实问题。正是基于这种认知，罗国杰先生旗帜鲜明地指出，开展马克思主义伦理学的研究、学习和宣传，"对于加强青少年的思想品德教育……进一步培养有理想、有道德、有文化、守纪律的一代新人……都有着极其紧迫的现实意义和深远的历史意义"①。

因此，纵观罗国杰先生 20 世纪 80 年代以后的论文和著作，不仅能鲜明地看出其研究的领域所呈现的教育转向，更能鲜明地体会到先生对加强人们的思想道德教育，尤其是加强青少年的思想政治教育所投入的精力和心血。在先生的晚年，他不顾自己八旬高龄，毅然受命担任"马工程"教材《思想道德修养与法律基础》的首席专家，吴潜涛和王易在回忆先生的这段经历时，曾提到先生生命中的最后十年，是其与病魔斗争的十年，也是其"投身马克思主义理论研究和建设工程的 10 年"②，这十年中，他历经坎坷，甚至历经死亡边缘的挣扎和徘徊，但却从未停止对《思想道德修养与法律基础》教材的逐步优化和完善的思考和追求。这一特殊的经历，不仅在生命历程上将先生的伦理学研究切换到以提升人们的思想道德素质作为最后的终点，也在学术历程上将先生的伦理学研究最终转向具有鲜明实践特色的教育研究。

① 《罗国杰文集》第一卷，中国人民大学出版社 2016 年版，第 81 页。
② 吴潜涛、王易：《弘道彰德怀家国 含英咀华育人杰——纪念罗国杰教授》，《思想理论教育导刊》2015 年第 5 期。

第六章　罗国杰伦理思想的总体特征
与当代价值

作为新中国伦理学事业的奠基人、中国化马克思主义伦理学的开创者、社会主义市场经济条件下道德理论的创建者，罗国杰先生一生致力于马克思主义伦理思想、中国传统伦理思想、西方伦理思想的研究，并开创性地建立了具有鲜明时代特色和中国特色的新德性伦理学体系。他的伦理思想既具有显著的民族特色和时代特质，又具有深刻的理论意义和实践价值，树起了坚持和发展马克思主义伦理学、推进马克思主义伦理学中国化的一面旗帜。

第一节　罗国杰伦理思想的总体特征

罗国杰先生以马克思主义的唯物史观方法论为基本遵循、基于我国社会主义经济制度、政治制度的现实及我国社会道德生活的状况，阐发了其关于道德起源、道德原则、道德现象及道德规范等伦理思想，体现了守正与创新的统一、理论与实践的统一、历史与逻辑的统一等显著特征，既初步梳理和阐明了马克思主义伦理思想的知识体系与理论体系，也进一步凸显了这一体系的科学性与革命性相统一的内在本质。

一　守正与创新的统一

守正与创新的统一是罗国杰伦理思想的显著特征。罗国杰伦理思想的产生与发展，离不开不断守正创新的过程。"守正创新"体现了罗国杰先生始终以科学的态度和开放的视野对待伦理学研究，他以马克思主义的基本原理为指导，坚持把马克思主义基本原理同中国具体实际相结合、同中华优秀传统文化相结合，开辟了马克思主义伦理学实践性特色的新境界。

（一）坚守马克思主义之"魂"，开创马克思主义伦理学中国化新境界

罗国杰先生在 2000 年出版的两卷本《罗国杰文集》"自序"中郑重地指出，当前伦理学研究应"力求根据马克思主义的立场、观点和方法并结合我国社会主义市场经济条件下的新情况、新问题和新矛盾"① 而努力展开探索。为此，他在遵循马克思主义的基本立场、方法的前提下率先垂范、身体力行地开展了全面而深入的系统研究，并确立了正确对待中华民族传统道德的原则，创建了新中国伦理学事业，开创性地开展了中国化马克思主义伦理学的研究事业和教育事业。

就"守正"而言，罗国杰伦理思想是在马克思主义的指导下同无产阶级和人民群众的道德实践紧密结合而形成的，它既遵循了马克思主义根本立场，也坚持运用马克思主义基本方法研究伦理学，它的形成与历史唯物主义的道德方法论的创立是相辅相成的过程。

一方面，罗国杰伦理思想遵循了马克思主义的根本立场，即始终站在人民大众的立场上，一切为人民，一切相信人民，一切依靠人民，全心全意为人民谋利益。任何理论，它所代表的都是基于一定立场的观念形态，所谓立场，习近平总书记曾指出：它是"人们观察、认识和处理问题的立足点"。② 在马克思主义产生之前，"社会上占统治地位的理论都是为统治阶级服务的"③。而马克思主义则是人民的、为全人类求解放的理论，是绝大多数人的、为绝大多数人谋利益的理论。"马克思主义第一次站在人民的立场探求人类自由解放的道路，以科学的理论为最终建立一个没有压迫、没有剥削、人人平等、人人自由的理想社会指明了方向"④，反映了人类对未来理想社会的美好追求，为人类的社会进步和美好理想的实现提供了指引和方向。

罗国杰先生始终坚持马克思主义的根本立场，探讨了社会主义道德规范

---

① 《罗国杰文集》上卷，河北大学出版社 2000 年版，第 5 页。

② 习近平：《深入学习中国特色社会主义理论体系努力掌握马克思主义立场观点方法》，《求是》2010 年第 7 期。

③ 习近平：《在纪念马克思诞辰 200 周年大会上的讲话》，人民出版社 2018 年版，第 8 页。

④ 习近平：《在纪念马克思诞辰 200 周年大会上的讲话》，人民出版社 2018 年版，第 8 页。

体系的核心——为人民服务，同时指出"爱人民"是社会主义道德规范体系的基本要求之一。他认为，"以为人民服务为核心，以集体主义为原则，是社会主义道德区别和优越于其他社会形态道德的显著标志"①。在先生看来，"道德建设的核心，也就是道德建设的灵魂，它决定着社会道德建设的根本性质和发展方向，是一种社会道德区别于另一种社会道德的主要标志"②。在当今世界上，只有社会主义社会才是真正为正确和维护广大人民群众利益而奋斗的社会，因此，也只有社会主义道德才会把为人民服务当作自己道德体系的核心和基本的伦理追求。同时，以为人民服务为核心也是我们党的基本宗旨和一以贯之的优良传统。

另一方面，罗国杰伦理思想始终坚持马克思主义的基本方法，即辩证唯物主义和历史唯物主义。早在1961年，罗国杰先生在《谈谈马克思主义伦理学的几个问题》一文中就基于伦理学研究一般方法论指出："历史唯物主义的一系列根本原理，如社会存在决定社会意识、阶级和阶级斗争等，对伦理学的研究来说，既是指导原则，又是最根本的方法论。"③ 这表明，罗国杰先生在传承马克思主义伦理思想原典精神、推进马克思主义伦理思想中国化之初，就注意到运用历史唯物主义的方法论研究中国社会的伦理道德问题。

罗国杰先生坚持运用历史唯物主义方法主要体现在两个方面。一方面，体现在对"改革与道德"这一当代中国伦理学时代主题的潜心研究之中。"从历史维度看，中国化马克思主义伦理思想的发展历程是与中国的现代化进程密不可分的"④，在这一进程中，罗国杰先生率先提出"改革与道德"这一当代中国伦理学研究最为重要的理论命题，高度重视改革开放和发展社会主义市场经济历史条件下的伦理学理论研究与道德建设问题。当代中国的改革开放和发展社会主义市场经济，使得中国原有的伦理秩序和道德观念受到了前所未有的冲击，其间既有阻碍着改革和发展的落后成分，也有亟待理论升华

① 罗国杰主编：《建设与社会主义市场经济相适应的思想道德体系》，人民出版社2011年版，第7页。
② 《罗国杰文集》第二卷，中国人民大学出版社2016年版，第128页。
③ 罗国杰：《马克思主义伦理学的探索》，中国人民大学出版社2015年版，第69页。
④ 唐凯麟：《中国化马克思主义伦理思想研究的四个维度——评〈中国化马克思主义伦理思想研究〉》，《道德与文明》2016年第3期。

的生长着的进步因素，需要伦理学给予批评和创新。纵观罗国杰先生关于这一时代主题的研究可以清晰地看出，他发表的观点和看法都遵循了将"道德批判"与"经济批判"内在统一起来的历史唯物主义道德方法论原则。这一道德方法论原则，是马克思恩格斯在创立历史唯物主义方法论原理的过程中逐渐形成的。在马克思主义经典作家那里，这一唯物史观的方法论原则的形成，经由了一种由纯粹道德批判转而实行经济批判，最终将"道德批判"与"经济批判"内在地统一起来的深刻嬗变过程。① 因此，立足这一方法论原则研究当代中国社会"改革与道德"问题本应是推进马克思主义伦理思想中国化的题中之义。据笔者不完全统计，罗国杰先生在其数百万字的著述之中，直接涉论社会改革与道德进步之逻辑关系的著述就有近 200 篇，占其全部研究成果的近一半。由此可见，罗国杰先生在推进马克思主义伦理思想中国化进程中所进行的当代中国伦理学和道德建设研究，一直高度重视把"道德批判"与"经济批判"合乎逻辑地统一起来，并非如同学界一些人非议的那样仅是为了"维护旧道德"或"抵制新道德"。另一方面，体现在他所遵循的阶级分析法上。阶级分析法，是用马克思主义的阶级和阶级斗争的相关理论观察社会现象、进行理论研究的唯物史观。马克思和恩格斯正是通过对人类社会尤其是资本主义社会阶级和阶级斗争历史的详尽分析，才揭示出生产力和生产关系矛盾运动的规律和人类社会发展的规律，创立唯物史观的。因此在这种意义上可以说，"没有阶级分析，就没有历史唯物主义"②。过去，苏联伦理学研究一直较少涉论道德的阶级性问题，相比较而言，罗国杰先生在伦理学研究之初就坚持遵循阶级分析法去剖析社会现象、批判错误思想。早在 20 世纪 60 年代，他在讨论制定《马克思主义伦理学教学大纲》的时候就明确指出"西方的东西，是资产阶级的，在当时看来，是不应有任何继承和吸收的"③；继而，在编写《马克思主义伦理学讲义》时，他又明确将"道德

① 参见余京华《道德批判与经济批判之生成性统一：历史唯物主义批判范式的内生逻辑及其当代观照》，《伦理学研究》2016 年第 3 期。

② 田心铭：《论阶级斗争理论在历史唯物主义中的地位和当代价值》，《马克思主义研究》2014 年第 11 期。

③ 《罗国杰文集》下卷，河北大学出版社 2000 年版，第 1254 页。

的批判和继承"尤其是"现代资产阶级伦理思想批判"作为其中的两章列出。到了 80 年代，他在编写《伦理学》时，就伦理学研究的方法则更进一步鲜明地指出，"在马克思主义看来，在有阶级的社会中，只有遵循阶级分析的方法，把握住社会存在着阶级划分的这一客观事实，并把它作为基本的指导线索，才可能透过错综复杂的社会现象，找出道德发展的规律"①。纵观我国伦理学的发展历程，伦理学在抵御没落阶级道德意识和思想观念的影响、维持精神文明建设应有方向的过程中发挥了不可估量的作用和价值，与罗国杰先生坚持倡导阶级分析这一历史唯物主义方法论，同样是密切相关的。

就"创新"而言，正是遵循马克思主义的立场、观点和方法，罗国杰伦理思想才确立了对待中国传统道德的正确态度，创建了新中国伦理学事业，开展了中国马克思主义伦理学研究和教育事业。关于如何对待中国传统道德，罗国杰先生始终保持着清醒的政治头脑，在多个场合、多篇文章中强调，要对中国传统道德进行批判研究，弘扬中华民族传统美德。他一方面明确指出："道德是随着社会的发展而发展的。每一个时代的道德，包括那些被历史上称之为道德楷模们的道德思想和道德实践，都不可避免地有其时代的局限性；在阶级社会中，还有阶级性。因此，在封建社会中传诵的德行，都或多或少地会有封建糟粕，必须予以剔除、批判。"② 另一方面，罗国杰先生回顾了中华人民共和国成立以来国内在传统道德继承问题上所持基本观点的变化过程，并进一步指出对道德继承问题采取正确的态度和方法，既不能全盘继承，也不能全盘否定，历史复古主义和历史虚无主义都是错误的方法和态度。由此，罗国杰先生旗帜鲜明地提出了对道德继承问题的总原则："以历史唯物主义为指导，坚持批判继承、弃糟取精、综合创新和古为今用的方针。"③ 根据这个原则，罗国杰先生充分地肯定了中国传统道德的价值，并强调"批判地吸收其中的精华以及一切有价值的因素，这是社会主义道德和共产主义道德形成

---

① 罗国杰主编：《伦理学》，人民出版社 1989 年版，第 16—17 页。

② 罗国杰主编，唐凯麟、杨丙安分主编：《中国传统道德：德行卷》，中国人民大学出版社 1995 年版，第 3—4 页。

③ 《罗国杰文集》第一卷，中国人民大学出版社 2016 年版，第 472 页。

和发展的必要条件之一"①。这一总原则中所提及的"综合创新"代表的是一种总趋向，强调在继承我国道德遗产的同时，也要做好对其改造创新工作，使之符合新的时代需求，满足人们的时代需要，与时俱进地创造出人类先进的精神文明。这一总趋向，对我国当前针对优秀传统文化所提倡的"创造性转化和创新性发展"方针产生了直接的影响。

在这一思想的指导下，罗国杰先生对待传统伦理思想进行了大量开创性的研究工作，先生一方面撰写了多篇关于中国传统道德方面的学术论文阐发其对中国传统道德的基本观点；另一方面又受委托主持编写了五卷本的"中国传统道德丛书"；还在生命的最后几年中，抱病完成了《传统伦理与现代社会》一书的撰写和出版工作，对其近50年来学习和研究中国传统伦理思想和中国传统道德的心得与体会作了系统梳理和记录。罗国杰先生推进马克思主义伦理思想中国化与传承中华民族优良传统道德有机结合的原则立场，表现出一位马克思主义伦理思想家应当具备的优秀品质和学术风范。

（二）坚守中华民族优秀传统道德之"根"，开创社会主义道德建设新体系

恰如马克思所言，"一切划时代的体系的真正的内容都是由于产生这些体系的那个时期的需要而形成起来的。所有这些体系都是以本国过去的整个发展为基础的，是以阶级关系的历史形式及其政治的、道德的、哲学的以及其他的后果为基础的"②。可见，任何试图与传统彻底决裂的公民道德，最终只能成为空洞的道德说教或抽象的概念框架。罗国杰先生基于中国历史与现实的道德国情，运用马克思主义伦理思想指导中国特色社会主义伦理思想和道德建设的过程，坚定不移地将推进马克思主义伦理思想中国化与传承中华民族优良传统道德有机地结合起来，大力倡导继承和发扬中华民族优良传统道德和中国共产党在领导中国革命战争中创建的革命道德，采用中华民族的道德话语"讲中国故事"和研究中国道德问题。

从这种意义上讲，罗国杰伦理思想的"守正"特质在于，在有关中华优秀传统道德方面，积极汲取中国古代优秀德治思想，这也促成了罗国杰先生

① 罗国杰主编：《中国伦理思想史》上卷，中国人民大学出版社 2008 年版，第 26 页。
② 《马克思恩格斯全集》第 3 卷，人民出版社 1960 年版，第 544 页。

德治思想的形成。他因循传统儒家思想在国家治理理念中的"利民、富民和教民、导民"原则，提出了"民为邦本的德政理念""为民表率的吏德思想""德教为先的教化思想""自我完善的修养思想"等不同层面分析了中国古代德治思想的体系及其核心。① 此外，先生还对传统文化中"为政以德""德主刑辅""德教为先""举孝廉"等中国古代德治思想予以现代性转化，从而实现了推陈出新、古为今用。罗国杰先生的目光不局限在中国传统思想中的德治，他还把目光投向西方，分析了西方传统德治的古典和现代形态，总结了西方传统德治的基本特点，正是在这种古今对比之中、中西对比之中，罗国杰先生的德治伦理思想从中汲取了丰富的智慧养料，其德治思想就是这样结合当下问题的思考而形成。

就"创新"而言，罗国杰先生系统创建了社会主义市场经济条件下的道德理论，为新时期的社会主义道德建设提供了理论指导和实践方案。具体来说，这体现在以下几个方面。其一，正确分析德治与法治的关系，强调伦理道德在治国理政中的重要地位，为以德治国方略的提出提供理论铺垫。其二，坚持集体主义价值导向的一元性，并将其作为我国社会主义道德的基本原则，同时驳斥个人主义，在破立并举中高扬集体主义的旗帜。其三，构建社会主义道德建设的体系和结构。罗国杰先生在其主编的《道德建设论》一书中，对社会主义市场经济条件下道德建设的体系结构及其之间的相互关系作出了详细阐明，他指出"社会主义道德建设的体系和结构，概括来说，包括一个核心、一个原则、五个基本要求（基本要求，也就是人们常说的基本规范）、人们道德活动的三个主要领域和一个总的目的"②。这一道德建设的科学体系结构是根据党的十四届六中全会所作的《中共中央关于加强社会主义精神文明建设若干重要问题的决议》对社会主义道德规范体系所作出的新的解说与阐释，其确立"不但指明了我国今后道德建设的方向，增强了我们加强道德建设的信心，而且对保证我国的社会主义建设能够沿着正确的方向向前发展有着十分重要的意义"③。

---

① 罗国杰、夏伟东主编：《以德治国论》，中国人民大学出版社 2004 年版，第 63—81 页。
② 罗国杰主编，焦国成、葛晨虹副主编：《道德建设论》，湖南人民出版社 1997 年版，第 21 页。
③ 罗国杰主编，焦国成、葛晨虹副主编：《道德建设论》，湖南人民出版社 1997 年版，第 21 页。

（三）坚守社会主义之"质"，开创中国特色社会主义伦理学新事业

道德作为一种社会意识或思想上的上层建筑，总是由一定的经济基础决定的，带有鲜明的意识形态性，有资产阶级道德与无产阶级道德、资本主义社会的道德与社会主义社会的道德之分。而伦理学作为一门研究道德的学问，亦需要明确研究何种道德的问题。其实，在十月革命之后，苏联的社会主义教育家仅将伦理学视为是宣传资产阶级道德的伪科学，这就导致了伦理学教学与科学研究工作的停滞。直到 1959 年，苏联的思想家开始对上述狭隘认知予以纠偏，并成立了伦理学教研室开始用马克思主义的观点探讨无产阶级自己的伦理学。受其影响，我国以罗国杰先生为代表的伦理学人开启了探索伦理学之路，并结合我国的道德国情、聚焦中国特色的社会主义道德建设，开创了中国特色社会主义伦理学新事业。

从该视角看，罗国杰伦理思想的"守正"就体现在罗国杰先生始终立足于我国是人民民主专政的社会主义国家这一国家性质，探讨我国的社会主义道德建设问题。社会主义国家与资本主义国家是有本质区别的，社会主义道德从其性质来看，是深深植根于社会主义生产资料公有制的经济基础之上的，是与社会主义的经济发展、政治特点和文化特质等状况相适应的道德，维护的是最广大人民群众的利益。而资产阶级所倡导的资本主义社会的道德是建立在生产资料的私人占有制度基础之上的，维护的是资产阶级的利益。罗国杰先生始终立足我国处于社会主义初级阶段这一基本国情，坚持用马克思主义的立场、观点和方法研究社会主义道德体系建设问题。特别是在党中央提出以"为人民服务"为社会主义道德建设的核心之后，罗国杰先生多方奔走、竭力建言献策，将"集体主义"作为社会主义道德建设的原则等理论，都深刻体现了罗国杰伦理思想对于我国作为社会主义国家这一根本性质的坚守。只有始终坚守社会主义，才能保证社会主义道德建设始终沿着正确的方向逐步推进，远离"封闭僵化"和"改旗易帜"的"老路""邪路"，为实现共产主义的远大理想而接续奋斗。

所谓的"创新"是指罗国杰先生始终立足我国的社会主义性质，并结合中国的道德国情，聚焦中国特色的社会主义道德建设，开创了中国特色社会主义伦理学新事业。作为新中国伦理学事业的开创者，罗国杰先生在长期从

事伦理学教学与科学研究过程中，特别是在我国进入改革开放和社会主义现代化建设时期以来，在马克思主义的指导下，不断根据我国已经变化了的道德实际情况，探索具有中国特色的社会主义道德建设之路。经由长期探索，逐步建立、形成和完善了自己的一套具有中国特色的伦理学思想体系，开创了中国特色社会主义伦理学新事业。具体而言，罗国杰先生的伦理思想具有鲜明的中国特色，是集学科体系、学术体系、话语体系于一体的整体创新。首先，从学科体系来看，罗国杰先生对于新中国伦理学学科体系的探索，彰显出了鲜明的中国特色。罗国杰先生始终立足马克思主义，编写了一批适应我国高校使用的伦理学教科书，并不断开辟学科新阵地，打通伦理学与思想政治教育学科之间的内在关联性，推进伦理学向高等教育的延伸拓展，在此基础上形成了三级伦理学人才培养体系，奠定了我国伦理学学科建设之基。其次，从学术体系来看，罗国杰先生学贯"马中西"，在各大领域都立足中国道德实际而有所创新。罗国杰先生对新中国伦理事业的探索，从阅读马克思主义经典作家关于道德论述的著作开始，编成了《马克思主义经典作家论道德》一书。在此基础上，不断推进马克思主义伦理学中国化新进程。对于中国传统的伦理思想进行批判性继承，对于西方伦理思想则是站在马克思主义的立场结合我国道德发展的实际情况予以选择性吸取。正是由于罗国杰先生对于"马中西"伦理思想的深刻把握，出版了一系列伦理学著作，为我国伦理学学术研究奠定了深厚的理论基础与学理依据。最后，罗国杰先生注重发挥话语体系在道德领域中的独特功用，着力建构合乎中国道德国情、彰显中国特色、与我国社会主义道德实际发展阶段相适应的伦理学话语体系。罗国杰先生正是在对我国伦理学的学科体系、学术体系、话语体系的整体探索基础上，不断开创中国特色社会主义伦理学新事业的。

二　理论与实践的统一

理论与实践的统一是罗国杰伦理思想的又一重要特征。罗国杰先生认为，伦理学既是一门研究道德现象的理论科学，又是一门关涉人们的品质塑造、行为养成和修养提升，使人们具有崇高人格和道德境界的实践科学。先生对伦理学的理论研究不仅密切关注我国改革开放过程中面临的种种道德现象，还勇于直面我国科技发展和生产实践过程中产生的诸多伦理问题，提出了社会主义道德建设的整体思路。总之，"理论与实践的统一"体现了罗国杰伦理学理论研究始终以实践为导向、实践探索始终以理论为指导的特点。

（一）理论研究以实践为导向

倡导理论研究要以实践为导向，面向现实、关注现实、回应现实，是罗国杰伦理思想的一个特质。罗国杰先生认为伦理学是一门全面研究道德现象的哲学理论科学，既探讨了道德的起源、本质、发展、变化及其社会作用，也详细阐述了道德的规律性。他对道德规律的研究是基于实践基础上的，注重在实际生活中研究人们的道德行为和道德实践。他的伦理学思想都是从人与人之间的道德关系中总结、概括出来的，并在指导人们调整和改造相互关系、培养道德品质的过程中受到检验。他对于道德规范体系的叙述、阐发和概括亦具有这种鲜明的实践导向，正如王泽应先生所指出，罗国杰先生的马克思主义伦理学对道德规范的研究"既是辩证的，又是历史的，它强调的规范绝不是空洞的说教，而是在一定经济基础之上依据人和人之间的实际关系而概括出来的行为准则；它不只是教人们应当如何如何，而是给这种应当以理论上的说明，指出隐藏在这种'应当'背后的客观必然性"①。由此可见，罗国杰的伦理学是一门同现实关系极为密切、实践性很强的哲学理论科学和规范科学。

同时，先生对伦理学实践性的重视还源自中国传统文化中的"知行合一"思想，先生认为"道德的根本属性就是践行。离开了践行，不可能有任何真正的道德"，"强调修德的核心就是要践履"②。在为葛晨虹的《德化的视野——儒家德性思想研究》所作序言中，罗国杰先生强调说，王阳明一个重要命题就是"知行合一"，研究其"心"学必须注意儒家的"立言宗旨"，即从人的道德主体能动实践出发，从人们的道德良心出发。③先生撰写道德文章，更是身体力行，中国人民大学吴付来副书记在罗国杰伦理思想研讨暨《罗国杰文集》出版发布会上指出："读他的作品就是和他谈学问、话人生，

① 王泽应：《罗国杰对马克思主义伦理学的创造性探索》，《齐鲁学刊》2016年第4期。
② 罗国杰：《道德建设与身体力行》，《人民日报》2007年6月22日第15版。
③ 参见葛晨虹《德化的视野——儒家德性思想研究》，同心出版社1998年版，序言第2页。

172

就是和他一同关注伦理学事业的发展和社会道德的进步。"① 这种知行合一的境界，在当今学界树立了为人和为学相统一的楷模，尤为值得后学仿效。

（二）实践探索以理论为指导

罗国杰先生是我国伦理学的奠基人与开拓者，他将毕生精力都投入到推动社会主义道德建设之中，凭借着深厚的学术功力和敏锐的现实洞察力回答了社会主义道德建设的重大课题，提出了社会主义道德建设的整体思路，为我们提供了全景式的建设蓝图。他在实践中探索社会主义道德建设方案时始终坚持以科学理论为指导，运用理论指导现实实践。

面对改革开放后社会结构和社会生活方式发生的深刻变化和日益复杂的社会关系，罗国杰先生提出了社会主义道德建设的整体思路，其理论内容主要包括：以为人民服务为核心，以集体主义为原则，以"五爱"为基本要求，涵盖社会公德、职业道德、家庭美德三大领域的体系结构。这一体系结构的创立，深刻影响了我国道德建设的历史进程和《公民道德建设实施纲要》的颁布、实施。

此外，我国1989年"政治风波"以后，面对青少年尤其是大学生思想政治教育亟待加强的现实，"加强高等学校思想道德教育的重要"②，如何加强大学生的思想道德教育？罗国杰先生开始了其这方面的理论探索。他敏锐地意识到伦理学研究的教育实践转向，把提升大学生的思想道德素质作为自己思考的中心话题，并为此编写了《人生的理论与实践》这一教材。1993年，面临大学生思想道德修养课如何改革的现实问题，罗国杰先生再次从理论上提出，将多门课程合并为"思想道德修养"这一门课程，并承担了《思想道德修养》教材的编写任务。这些理论探索为大学生思想政治教育实践和高校思想政治理论课的开设提供了具体指导和现实指引。

综上所述，不论对于我国的马克思主义伦理思想研究，还是对于我国社会主义道德建设，不论在理论维度还是实践维度，罗国杰先生都作出了卓越的贡

---

① 毕玥等：《罗国杰伦理思想研讨暨〈罗国杰文集〉出版发布会举行》，https://www.ruc.edu.cn/news/focus/32346.html。

② 《罗国杰文集》第六卷，中国人民大学出版社2016年版，第179页。

献，他的学术成果是我国开展伦理学研究和加强思想道德建设的宝贵财富。

三 逻辑与历史的统一

逻辑与历史的统一是辩证思维的基本方法，也是罗国杰伦理思想的重要特征。罗国杰伦理思想的逻辑就是从历史和实际摆在人们面前的伦理学研究现状出发的，他对于伦理学的研究，首先是对伦理学的历史进行考察，在逻辑上再现中国伦理学科发展的优势及不足，从而揭示出中国伦理学发展的未来趋势。在伦理学理论研究中，对中国传统道德、应用伦理学的有关问题以及对道德问题和普遍伦理的思考都贯穿了逻辑和历史相统一的原则和方法。罗国杰伦理思想既立足于中国传统思想和中国伦理学研究的现状，又遵循伦理学科自身发展的逻辑；既注重立足实际，又遵循道德自身发展的逻辑，体现了马克思主义研究的逻辑与历史相统一，具有辩证性和逻辑性。

（一）在伦理学学科发展方面

罗国杰先生面对中国伦理学研究的现状，尤其是中华人民共和国成立后受苏联没有伦理学学科现状的影响，他选择的是遵循着伦理学学科自身发展的逻辑。由于中华人民共和国成立初期特殊的国内外环境，特别是受到苏联伦理学学科发展的影响，伦理学曾一度被认为是"宣扬资产阶级道德理论的伪科学"①，在一段时间内"虽然十分注意对共产主义道德的研究，却忌讳伦理学这门科学"②，因而在 20 世纪 50 年代初院系调整和学科整顿中将伦理学予以取缔。而从新中国的道德发展进步亟待转型的实际情况看，创新和发展伦理学和道德理论已是一项迫切的任务。③ 为此，以罗国杰先生为代表的一代伦理学人适应国家改革开放的时代需要，将马克思主义的立场、观点和方法运用于研究伦理道德问题和现象，将坚持马克思主义伦理思想与发展马克思主义伦理思想有机地结合起来，在伦理学学科建设方面取得了巨大成就，不仅恢复了伦理学学科，组建了中国伦理学会，先后有数十所高等学校获批了伦理学硕士和博士点，中国人民大学伦理学与道德建设研究中心和湖南师范

---

① 《罗国杰文集》第一卷，中国人民大学出版社 2016 年版，第 427—428 页。
② 《罗国杰文集》第一卷，中国人民大学出版社 2016 年版，第 428 页。
③ 参见赵冰《罗国杰对马克思主义伦理思想中国化的贡献》，《伦理学研究》2019 年第 3 期。

大学道德文化研究中心也先后获批为教育部人文社会科学百所重点研究基地，《道德与文明》《伦理学研究》先后成为全国性的伦理学专业学术期刊。尤其在学科体系建设方面，我们建立了马克思主义伦理学的学科体系，创设了以马克思主义为指导的中国伦理思想史学科和西方伦理思想史学科，同时，在基础理论研究和思想史研究"一体两翼"健全的基础上，我们紧跟世界伦理学前沿，注重伦理学的实践转向，加大应用伦理学建设，为伦理学学科的恢复与发展壮大作出突出贡献。

（二）在伦理学理论研究中

罗国杰伦理思想既注重立足实际，又遵循道德自身发展的逻辑。就立足实际而言，罗国杰先生将中国伦理思想史尤其是儒家道德传统所重之人伦、境界、仁爱、整体、公私、修养、践履、推己及人等智慧和心得融入对社会道德问题的思考，在批判借鉴中华优秀传统美德的基础上，立足于社会主义市场经济的现实情况，提出"建设与社会主义市场经济相适应的社会主义道德体系"以及"社会主义道德体系要与社会主义法律体系相协调""社会主义道德体系要与中华民族传统美德相承接"等重要观点，系统论述了社会主义市场经济条件下道德体系建设的重要性与必要性、建设原则与方针，分析了道德体系与法律体系相协调的三个层面以及中华优秀传统美德的相关问题，多次为国家治理和道德建设建言献策。

就遵循道德自身发展的逻辑而言，罗国杰先生认为伦理学研究并不是孤立地、机械地、停滞地来看待道德的本质，而是用历史的眼光、价值分析的方法和阶级分析的视角，全面地考察了道德类型的历史交替变更，客观地揭示道德历史发展的过程和规律。这都遵循了逻辑与历史相统一的思维方法。

第二节　罗国杰伦理思想的当代价值

罗国杰先生作为中国伦理学界和人文社会科学界的一面光辉旗帜，经过六十余年执着的探索所形成的伦理思想堪称中国化马克思主义伦理思想理论形态的系统化，奠定和开创了完整系统的中国特色的伦理学理论体系。他的伦理思想具有重要的理论意义与实践价值，既为我国伦理学研究确立了治学范式，明确了伦理学资政建言的现实使命，也为社会主义道德建设提供了完备方案，对中国化马克思主义伦理学科的创建和发展产生了巨大影响。

一 为未来的伦理学研究提供了治学范式

罗国杰先生在编写了《马克思主义伦理学大纲》后，又先后主编了《马克思主义伦理学》《伦理学教程》《伦理学》等教材，经过一轮又一轮的打磨，这一教材体系逐步完善，这一体系时至今日，仍为伦理学界所沿用，2012 年版本的马工程《伦理学》教材，几乎就沿用了罗国杰先生所创立的这一学科理论体系，唯独在道德的原则部分新增了"公正原则"和"社会主义人道主义原则"，但这两个原则在 2021 年再次修订中均被移除，即仍然保持了社会主义集体主义道德原则的唯一性，实际上保持了罗国杰先生在 1989 年《伦理学》中对道德原则的相关表述和在道德建设体系中关于道德原则的相关论述，足可以见罗国杰先生的这一治学范式对当今伦理学研究的影响。

与此同时，为了更进一步对教材中的个别问题从理论上给予透彻的说明，罗国杰先生先后撰写数百篇学术论文，文章"以对马克思主义的立场、观点和方法的坚持为基本的学术遵循，将马克思主义基本原理同人类道德生活实践，特别是中国人民的道德生活实践有机地结合起来，同对中华伦理文明及其发展成果的批判继承有机地结合起来，注目于社会主义现阶段道德建设的具体要求，体现了'马魂''中体''西用'的学术致思和学术自觉"①，建构起马克思主义中国化的伦理学体系。马克思主义中国化的伦理学体系以马克思主义唯物史观和唯物辩证法为指导，在对以往道德文化遗产进行批判继承基础上系统研究无产阶级道德、社会主义道德和共产主义道德及其发展规律，既关注理论也关注现实，既构建了学科体系，也创造性探索了新中国伦理学的理论体系、教材体系，同时还构建了恪守中国国情的话语体系，这为我国的伦理学研究提供了治学范式。

（一）既要关注理论，又要关注现实

时任中国人民大学校长刘伟在罗国杰伦理思想研讨暨《罗国杰文集》出

---

① 王泽应：《罗国杰对新中国伦理学教材体系的创造性探索与贡献》，《道德与文明》2021 年第5 期。

版发布会议上指出,罗国杰教授始终恪守理论联系实际的学术品格,积极投身中国特色社会主义精神文明建设的伟大实践。① 罗国杰先生具有扎实的马克思主义伦理学理论基础,也具有深厚的中西方伦理思想史基础,他向来注重理论研究,但并非为了研究理论而研究理论,相对来说,他更注重理论研究对现实问题的回应和观照。他认为,"注重研究重大现实问题,是提高高校哲学社会科学创新能力和科研质量的必然要求。理论联系实际是哲学社会科学创新的根本途径。我国改革发展正处于关键阶段,新情况新问题层出不穷,一系列新的实践课题需要我们给予研究和回答"②。

其一,罗国杰先生多次强调"伦理学应该而且必然是一门有强烈实践性的科学"③。在他看来,伦理学不仅要研究伦理与道德的基本学理问题,丰富和发展伦理学基本理论,也要关注和指导社会生活实践。在我国,伦理学的实践转向和应用伦理学的创生,与罗国杰先生大力主张和倡导伦理学"强烈实践性"是密切相关的。罗国杰先生在编写《马克思主义伦理学》教科书时就已经着手于推动伦理学的这种实践转向,并对职业道德尤其教师道德进行了相关阐述。随后,他又在《财经伦理学概论》序言中提出要"重视伦理学在社会生活中的应用"④。在《医学伦理学导论》的序言中,他再次更为鲜明地强调"在当前科学技术日新月异的时代,医学科学和医务实践正越来越多地面对许多新情况和新问题,这些问题中有相当大一部分都是同人们的伦理价值观有着密切关系的"⑤,强调要"加强对应用伦理学的研究"⑥。他不仅为伦理学研究的实践转向摇旗呐喊,而且亲自撰文就生态环境、科技发展、医学军事等领域中产生的伦理道德问题给予了理论上的解答。罗国杰先生对人类社会实践和生产发展过程中出现的这些新情况、新问题的关注,本身就意味着他已经把历史唯物主义道德方法论原则从理论伦理学拓展到实践伦理学,

---

① 参见毕玥等《罗国杰伦理思想研讨暨〈罗国杰文集〉出版发布会举行》,https://www.ruc.edu.cn/news/focus/32346.html。

② 罗国杰:《在推进高校哲学社会科学创新中坚持和发展马克思主义》,《光明日报》2006年1月16日第8版。

③ 《罗国杰文集》上卷,河北大学出版社2000年版,第301页。

④ 《罗国杰文集》上卷,河北大学出版社2000年版,第513页。

⑤ 《罗国杰文集》上卷,河北大学出版社2000年版,第1056页。

⑥ 《罗国杰文集》上卷,河北大学出版社2000年版,第1053页。

并在这一过程中将马克思主义伦理思想的中国化推向全新领域并向纵深发展。从一定意义上说，我国应用伦理学研究的创生就是罗国杰先生不懈坚持历史唯物主义道德方法论原则、创造性地推进马克思主义伦理思想中国化的产物。

其二，罗国杰先生强调"道德不仅是一种特殊的社会意识、不仅是行为规范，而且是人类的实践精神，是人类把握世界的特殊方式，是人类完善发展自身的活动"①。他指出，"道德区别于其它社会意识的根本特征就在于它是一种实践精神。道德作为实践精神是一种价值，是道德主体的需要同满足这种需要的对象之间的价值关系……是实现价值的行动，是有目的的活动"②。同时，罗国杰先生认为，伦理学"不仅强调实践精神的能动性，而且强调其把握世界方式的特殊性"③，这种特殊性体现在它把握世界是通过价值的方式，即"道德要以评价对象、调节社会关系、预测社会发展、形成行为准则等等方式来认识、反映、改造和完善世界"④。总之，道德是一种哲学理论学说，也是一种实践精神，它既关注理论，又关注现实，这也成为我国伦理学研究中一种独特的治学范式。

（二）既构建学科体系，又构建理论体系，还构建话语体系

在我国，伦理学学科体系的研究始于 20 世纪 60 年代初，以中国人民大学伦理学教研室组建为标志，罗国杰先生就带领一批学者同人致力于传承和弘扬我国传统伦理学体系，在此基础上创建新中国伦理学的学科体系、理论体系和话语体系，为推进当代中国伦理学的学术创新和理论繁荣作出了巨大贡献。

第一，构建了具有中国特色的马克思主义伦理学学科体系。适应改革开放新形势新要求，罗国杰先生深入研究伦理学原理、中国伦理思想史、西方伦理思想史和应用伦理学，逐步形成了较为完备的学科体系，有力地推动了中国伦理学的创新与发展。其一，深入研究马克思主义伦理学原理，编撰了一系列伦理学教材。罗国杰先生在组建伦理学教研室的同时，即开始着手马克思主义伦理学讲义和教材的编写。在 1982 年出版的《马克思主义伦理学》

---

① 罗国杰主编：《伦理学》，人民出版社 1989 年版，第 53—54 页。
② 罗国杰主编：《伦理学》，人民出版社 1989 年版，第 54 页。
③ 罗国杰主编：《伦理学》，人民出版社 1989 年版，第 55 页。
④ 罗国杰主编：《伦理学》，人民出版社 1989 年版，第 55 页。

中，就较为系统地构建了马克思主义伦理学的学科体系，从而成为那一时期的代表性教材。全书共 17 章，主要论述了马克思主义伦理学的基本理论，共产主义道德的规范体系，共产主义的人生观和道德理想、道德行为和道德品质要求、道德评价、道德教育和道德修养，并对现代资产阶级伦理思想作了简要批判分析。教材出版后，随着社会历史的发展和时代的变迁做了相应的修改和完善，如 1985 年罗国杰先生又带领同人编写了《伦理学教程》，时隔四年，罗国杰先生再次主持编写了《伦理学》一书，纵观这书的结构框架可见，该书在保持原有框架体系的基础上，针对"近十年来我国伦理生活中的变化……，力求从人民、国家和社会的需要出发……来研究和分析各种问题"①，从而对我国马克思主义伦理学的理论体系做出了新的调整和概括，实现了新的发展和突破。其二，深入研究中国悠久的伦理思想史，为新中国伦理学学科体系的建立奠定了基础。伦理思想史是关于各种道德观念和伦理学说产生、发展、相互关系及其发展规律的历史。中国是世界上文明发展最早的国家之一，具有悠久的历史和光辉灿烂的文化，拥有比世界其他各国具有更加丰富而别具特色的伦理思想和道德观念。罗国杰先生研究中国伦理思想史，既系统梳理了各种道德观念和伦理学说的产生、发展及其相互关系，也进一步寻找了不同学派伦理学说固有的必然联系，考察了这些观念和学说是在何种经济结构和政治制度的影响下发生、发展的以及其逻辑的、必然的发展轨迹。他围绕中国伦理思想史的分期、中国伦理思想家研究的十个主要问题、中国伦理思想的六个基本特点、中国传统道德规范的发生与演变等问题展开了具体研究，并指出了研究伦理思想史的主要方法和态度。并进一步强调，建设中国特色的马克思主义伦理学学科体系，必须注意中华民族的特殊的独有的道德传统、民族习俗和民族心理，通过中西比较揭示中华民族伦理思想的发展规律。其三，研究了西方伦理思想史。罗国杰先生强调中西伦理思想比较，认为不了解西方伦理思想的发展及其主要理论，就不可能在更高的层次上来概括和总结中国的伦理思想，以期建构起富有民族特色的，能推动中华民族走向现代化、走向世界、走向未来的伦理学体系。因此，通过中

---

① 罗国杰主编：《伦理学》，人民出版社 1989 年版，第 6 页。

西伦理思想史的比较研究，他更准确、更完整、更全面地概括了我国伦理思想的规范、范畴及其特点。对待中西文化，特别是对中西伦理思想的比较，他提出必须从发扬中华民族的优秀文化、伦理传统出发，采取历史的、辩证的、科学的态度和方法，而不能采取褒西贬中、崇洋媚外的历史虚无主义的态度和方法。在比较中，既要看到中国伦理思想在我国漫长的封建社会历史中，不可避免地有着维护封建统治、束缚个性的方面，同时也要看到其中所包含的富有生命力的精华。

第二，罗国杰先生不仅构建了马克思主义伦理学的学科体系，同时也朝着创建理论体系方向逐步推进，"在建设中国特色、中国风格和中国气派的伦理学体系方面迈出了坚实的步伐，取得了重要的发展成就"[1]。罗国杰先生在他的著述中，秉持唯物史观的基本立场、遵循唯物辩证的基本方法，对社会生活中的道德意识现象、道德规范现象和道德活动现象进行了全面系统的分析和梳理，其中既有对一般的道德理论问题的阐发解释，也有对道德规范体系的构建尝试，还有对道德实践领域的分析探索，建构了一个集以理论伦理学为基础，以规范伦理学为抓手、以实践伦理学为依托、以美德伦理学为目标的理论体系。这一理论体系既体现了一般道德生活的发展规律，又充分展示了社会主义尤其是中国特色社会主义道德生活发展规律，契合了社会主义道德建设的发展方向和趋势，时至今日，在我国伦理学理论体系建设中都起到了代表主流、引领潮流的独特作用，甚至可以说，代表我国伦理学研究主流的"马工程"《伦理学》都因循了罗国杰先生的这一理论体系，足可以见其理论体系的建构是超越时代的。

第三，构建了恪守中国道德国情的话语体系。话语体系作为科学范式的一个结构要素，是"特定学科的'行话'，也是践履学科属性和使命必须遵循的法则"[2]。"罗国杰伦理思想的话语体系，其基本特点是恪守中国道德国情。"[3]

---

[1] 王泽应：《罗国杰对新中国伦理学教材体系的创造性探索与贡献》，《道德与文明》2021 年第 5 期。

[2] 钱广荣：《罗国杰的伦理思想研究科学范式述论——兼议中国伦理学的建设与发展》，《道德与文明》2016 年第 3 期。

[3] 钱广荣：《罗国杰的伦理思想研究科学范式述论——兼议中国伦理学的建设与发展》，《道德与文明》2016 年第 3 期。

这主要体现在三个方面。一是为展现伦理学的学科属性和使命而区分道德哲学与伦理学之语言学的界限。罗国杰先生在《中国伦理思想史》的序言中说："学习和研究中国伦理思想史，还要特别注意它同中国哲学史的区别和联系。哲学史是人们对于整个客观世界和人类思维运动的最一般规律的认识的历史"，"伦理思想史是人类对于自身的道德关系和社会道德现象的认识的历史，它有自己的特殊性"①。两者的"对象不同、重点不同、结论有时也不同"②。做这种学理区分的意义在于维护了伦理学的学科属性和使命。道德哲学以道德形而上学问题为对象，围绕"是"与"真"构建话语体系，故而历来排斥世俗生活的道德经验。伦理学以伦理与道德及其相互关系的"世俗问题"为对象，围绕"应当"和"本当"建构话语体系，不论是文本语言还是日常用语都注重"做人"的知识和经验。二是为维护中国伦理学的学科属性和当代使命而展现道德语言的国情特色和民族性格。道德语言是伦理学的"语文"。语文，作为基础教育阶段学生必修的综合知识科目，形式是语言文字，实质内涵则多是伦理与道德价值观。伦理思想的研究若是无视其反映国情特色和民族性格的道德语言，势必将道德语言抽象为"普世符号"。罗国杰先生研究伦理思想使用的道德语言，不仅引用了钻木取火、羿射九日、精卫填海、女娲补天、愚公移山、精忠报国等数百则中国传统道德故事语言，也特别重视使用适应当代中国社会道德建设和发展进步的伦理语言，如"公民道德""社会主义精神文明""共产主义道德""社会主义道德建设"等，还注意到有鉴别地学习外国伦理思想的道德语言。三是为推进伦理思想研究的科学范式转换而拓展伦理学之道德语言的应用范围。当代中国社会变革和发展所引发的伦理道德观的深刻变化，要求伦理学建设和发展必须持开放的姿态，关怀青少年的健康成长，实行科学范式的转换，拓展自己话语的适用范围。罗国杰先生早在 20 世纪 80 年代初，就基于伦理学的话语体系与思想政治教育话语之间存在的内在逻辑关系，深切地关注道德语言与青年世界观、人生观和道德观的内在逻辑关系，主张要在高等学校开设马克思主义伦理学课程，并就

---

①　罗国杰主编：《中国伦理思想史》上卷，中国人民大学出版社 2008 年版，第 3 页。
②　罗国杰主编：《中国伦理思想史》上卷，中国人民大学出版社 2008 年版，第 3 页。

此郑重地向有关主管部门呈递了建议，希望高等学校开设伦理学课程，以此培养大学生优良的道德品质。他在应邀出席中国青少年研究所举办的"大学生思想政治教育科学研究规划会议"并做"伦理学与思想政治教育可行的关系"专题报告时，还基于西方国家道德文化建设战略的视野，分析和论证了我国将伦理学引进高校思想政治教育领域的必要性和可行性。也正因如此，罗国杰先生作为伦理学界的代表成为党和国家思想政治教育主管部门重大决策的参与者，并主持《思想道德修养和法律基础》教材的编写。

二　为伦理学明确了资政建言的现实使命

1996 年，党的十四届六中全会通过了《中共中央关于加强社会主义精神文明建设若干重要问题的决议》，这是我们党的十四大确立社会主义市场经济体制之后所制定的第一个关于精神文明建设的指导性文件，对我国市场经济条件下的道德建设做出了总体部署。罗国杰先生参加了《决议》的起草和制定，尤其在确立社会主义道德的"集体主义原则"方面，他作出了重要贡献。他指出应"在社会主义精神文明建设中加强集体主义的价值导向""建设与社会主义市场经济相适应的道德体系"，并且强调儒家思想在人类社会生活和国家治理中的重要作用。他对文件起草和制定的广泛参与，一方面反映了先生自身注重"把学术研究和经世致用紧密结合的治学立场"[1]，另一方面又反映了先生以及以其为代表的一代伦理学人将伦理学研究与关注社会道德生活相结合，肩负伦理学发展之现实使命的历史自觉，也体现了新时期的伦理学研究主动为党和国家建言献策、资政服务的研究取向。

首先，在社会主义精神文明建设中加强集体主义的价值导向。针对改革开放以来在伦理道德导向上关于个人主义和集体主义的争论，罗国杰先生首先深刻分析了个人主义和集体主义的实质。他指出，"个人主义作为一种思想体系和价值观念，主要是指在西方流行的一种以个人为中心、一切从个人出发、以满足个人私欲为目的的思想体系"[2]。个人主义作为一种价值目标，是

① 张霄：《坚守马克思主义理论立场 开创中国特色伦理学事业》，《光明日报》2016 年 3 月 31 日第 16 版。
② 《罗国杰文集》上卷，河北大学出版社 2000 年版，第 1017 页。

为维护资本主义私有制度服务的，"强调个人本身就是目的，具有最高的价值，而把社会看成只是个人达到个人目的的手段；作为一种政治民主思想，个人主义因反对国家、社会对个人行为的干预，往往导致无政府主义；作为一种财产制度，个人主义主张维护财产的私有制"①。个人主义的作用是双重的，随着资本主义的发展，个人主义的危害越来越大。而社会主义的集体主义，与个人主义以及历史上的一切的集体主义都有着质的区别。社会主义的集体主义，是随着现代科学社会主义运动的发生、发展而形成的一种思想体系，它以集体利益高于个人利益为最高原则，并强调在个人利益同集体利益矛盾时，要牺牲个人利益，以保全社会主义的集体利益。关于集体主义内容，罗国杰先生将其要点概括为三个方面：集体利益高于个人利益；个人、集体、国家利益相结合；在集体利益高于个人利益的原则下，切实保障个人的正当利益，大力发挥个人的能动作用。

同时，罗国杰先生还指出了为人民服务与集体主义的关系，并提出希望能够在《中共中央关于加强社会主义精神文明建设若干重要问题的决议（讨论稿）》中"以为人民服务为核心"的后面，加上"以集体主义为原则"，以便使这一文件能够更完整、更全面地体现社会主义道德建设的要求。他认为社会主义道德建设既要加强集体主义的价值导向，坚持以集体主义为基本行为原则，同时又要坚持为人民服务的核心和精神。究其原因，其一，从道德本身来看，一个社会的道德，包括人们在处理个人和社会的各个方面的关系，它既有核心，也有原则。社会主义道德的核心是为人民服务，原则是社会主义的集体主义。罗国杰先生全面系统地阐释了为人民服务的本质内涵及其与集体主义原则的关系。在他看来，为人民服务与集体主义是密切相关而又相辅相成、相互促进的。在社会主义道德建设中，为人民服务的道德核心要自始至终贯彻到集体主义的原则中去。在为人民服务的核心中，包含着人民的利益、集体的利益高于个人利益的思想，也包含着必要时为社会集体利益牺牲自己个人利益的思想。在集体主义原则中，所要处理的关系是个人同集体、个人同他人之间的矛盾性关系，是强调集体利益高于个人利益的。其

①　罗国杰：《坚持集体主义的价值导向》，《毛泽东邓小平理论研究》1989 年第 6 期。

二，从弘扬社会主义的主旋律来看，社会主义道德建设强调集体主义原则能够在更加深入的层面上发扬爱国主义思想，形成强大的民族向心力。其三，从我国社会主义四个现代化建设的实际需要出发，强调集体主义既有利于发挥广大群众的积极创造精神，能够更好地激励广大人民群众发挥前所未有的创造能力，从而更有利于推进我国的改革开放和建设有中国特色社会主义事业顺利向前发展；也能够激发我们关心他人、关心社会、为人民服务的献身精神，使改革开放和商品经济沿着社会主义道路健康地向前发展。这些建议受到了中央领导同志和有关部门的重视。

其次，与社会主义市场经济相适应的社会主义思想道德体系。中央采纳了罗国杰先生的建议，在"社会主义道德建设要以为人民服务为核心"之后，加上了"以集体主义为原则"，与原有的"五爱"基本要求和"三德"教育领域共同构成了与社会主义市场经济相适应的社会主义思想道德体系。同时，罗国杰先生还"从建设先进文化的要求出发，强调从治国方略的高度推进'以德治国'，把社会主义思想道德体系落实在公民道德建设上"①，是罗国杰先生对社会主义精神文明建设的又一个贡献。

最后，强调儒家思想尤其是儒家德治思想在现代社会生活中的重要作用。罗国杰先生在其对中国传统伦理思想史的研究中，尤为关注儒家的德治思想，并形成了较为系统的理论思考。1996 年，罗国杰先生应邀在中南海做了关于"儒家思想与德治"的报告。报告中，先生介绍了儒家思想的核心内容，分析了传统社会里道德在人类社会生活中的重要作用，并指出"儒家思想中这些合理因素，特别是儒家德治思想与社会政治之间特有的关系，对克服政治生活、社会生活中某些消极因素是有帮助的"②。先生的这一报告，为我们党提出以德治国的治国方略提供了启发和思考，也成为我国伦理学人建言资政的先驱和典范。

三 为社会主义道德建设提供了完备方案

在罗国杰先生六十余年的学术生涯中，他积极投身我国社会主义道德建

---

① 张霄：《坚守马克思主义理论立场 开创中国特色伦理学事业》，《光明日报》2016 年 3 月 31 日第 16 版。

② 张霄：《坚守马克思主义理论立场 开创中国特色伦理学事业》，《光明日报》2016 年 3 月 31 日第 16 版。

设实践，一手构建了社会主义市场经济体制下的道德建设理论。这一理论的提出，是他在研究马克思主义伦理学的过程中，紧密结合马克思主义经典作家的有关论述，结合中国共产党人特别是毛泽东、邓小平等的有关论述，在承继中华人民共和国成立以来关于国民公德和社会主义道德研究成果的基础上完成的。先生初步建构的社会主义道德规范体系主要涉及理论和实践两个方面。

　　理论上，罗国杰先生提出了社会主义道德体系的体系架构和社会主义道德体系的层次性等内容。其一，明确了社会主义道德体系的体系架构。先生在《马克思主义伦理学》中将社会主义道德规范体系概括为一个基本原则（集体主义）、五个主要行为规范（全心全意为人民、共产主义劳动态度、爱护公共财物、热爱科学坚持真理、实行爱国主义和国际主义的统一）、四个范畴（义务、良心、荣誉和幸福）和两个特殊方面的要求（爱情婚姻家庭道德和职业道德）。① 这一社会主义道德规范体系的内容随着人们社会生活和社会实践的不断变革及人们的认识不断深化而不断更新拓展。罗国杰先生在1998年发表的《论社会主义道德建设的体系结构及其之间的相互关系》一文中，根据党的十四届六中全会决议对社会主义道德建设的体系结构作出了新的界定与阐释，即一个核心、一个原则、五个基本要求、三大社会道德领域、十五个道德规范。② 先生的这一分析为我国2001年颁布的《公民道德建设实施纲要》提供了思想资源和基础借鉴。其二，阐明了社会主义道德体系的层次性。罗国杰先生对社会主义道德规范体系及其层次性作出了深刻且富于现实意义的论述。先生指出社会主义道德体系可以区分为以下四个层次结构：公共生活领域的一般道德规范，家庭、职业生活领域的特殊道德规范，基本道德规范和最高道德规范。这四个不同层次是针对不同人群提出的不同要求，其中，共产主义道德属于最高层次，也是其最高要求。

　　实践上，罗国杰先生提出了社会主义道德建设的对策。罗国杰先生从社会主义初级阶段的国情出发，围绕教育、法治两大手段，提出建立道德建设的教育培养、舆论引导、风习熏陶、行政奖惩和法律强制等社会机制，全面

---

①　参见罗国杰主编《马克思主义伦理学》，人民出版社1982年版，目录第2—3页。

②　参见罗国杰《论社会主义道德建设的体系结构及其之间的相互关系》，《道德与文明》1998年第3期。

论述了营造社会道德风尚的方式。就教育培养机制而言，社会主义道德培养既可以提高人们的道德责任感和自觉性，培养良好的道德品质，塑造社会主义新人，也可以改善社会风气，促进改革开放和社会主义精神文明建设顺利进行。社会主义道德教育培养需要经历道德认识、情感、意志、信念和行为习惯五个环节均衡发展、逐渐完善的过程，体现了统一性和综合性、层次性和多样性、渐进性和重复性、实践性等多重特性，在社会主义道德建设中占据最重要的地位。就舆论引导机制而言，舆论在道德建设中不仅发挥评价、监督功能，还承担着引导的责任，其对道德的引导经历了形成正确道德观念、弘扬高尚道德情操、评价指导道德选择、揭露贬斥缺德现象以及营造良好的道德氛围五个过程，在加强舆论引导的同时也需加强监督体制的建设，通过监督更好地实现道德舆论引导。就风习熏陶而言，风俗习惯对于道德建设具有潜移默化的作用，既要积极运用正面风俗在道德建设中的重要作用，也要抵制腐朽风俗的消极作用，应正确处理旧风习与新道德的关系、时尚与道德建设的关系。就行政奖惩而言，行政手段可以调节道德建设有其管理学、心理学和伦理学的依据，可以通过"建立健全各项规章、制度、准则等执纪依据""严格组织考察与内部监督""严格执行制度，加大惩罚力度""发挥社会团体、群众组织的辅助作用"等途径激励群体，形成良好的道德环境和道德氛围。就法律强制手段而言，罗国杰先生指出社会主义道德与社会主义法律内涵本质上的一致性、兼容性和互补性，为社会主义道德建设的法律强制提供了前提条件。将社会主义道德的基本原则规范纳入法律规范，以法律意识保障和促进道德观念的确立，以法律武器来惩恶扬善，并教育、启迪全体公民，是法律强制的基本内容。罗国杰先生所提出的上述社会道德建设思路广泛涉及人们社会生活各个方面，它清晰地梳理了社会不同主体在建设中各自所应承担的道德责任，明确了社会公共生活、职业生活和家庭生活等不同领域的伦理规范要求，"铺筑了实施道德引导、道德教育、道德熏陶、道德激励、道德约束的现实路径，体现出从原则走向制度、从理论走向实践的逻辑理路"①，从而为我国社会主义市场经济条件下的道德建设开展提供了完备方案。

---

① 李建华、姚文佳：《罗国杰的社会主义道德建设思想》，《齐鲁学刊》2016 年第 3 期。

结　　语

　　罗国杰先生是我国当代著名伦理学家，终其一生都与"伦理"息息相关，青年时期颠沛流离之中不忘救国救民之初心，孕育了朴素的伦理情怀；中华人民共和国成立后，他毅然弃政从学回归忧国忧民之本心，开始了一甲子的伦理探索；耄耋之年，他恪守爱国爱民之真心，实现了为人和为学相统一的伦理境界。他的一生，奠定了新中国伦理学事业的基础，开创了中国的马克思主义伦理学先河，创建了社会主义市场经济条件下的道德理论，为我国的伦理学学科建设和发展作出了不可磨灭的贡献。其一生不仅著作等"身"，而且著作等"心"，为后学者留下了宝贵的物质和精神财富。系统梳理罗国杰先生的伦理思想，深入发掘其道德遗产，不论对于加强伦理学研究从而丰富中国当代伦理思想的内容还是对加强思想道德建设、推进以德治国，进而实现国家治理体系和治理能力现代化都具有深远的价值和意义。

　　基于这一思考，笔者将研究视野从原计划的六十年学术人生延伸至其八十年伦理人生，从七个阶段概括了罗国杰先生伦理思想的形成与发展历程，并分别从开创新中国伦理学事业的崭新局面、构建中国化马克思主义伦理学的理论框架、坚持和发展历史唯物主义方法论原则、恪守合乎中国道德国情的话语体系四个方面阐明了罗国杰伦理思想的体系结构与治学范式。最后在系统分析的基础上，总结了罗国杰伦理思想的总体特征与理论价值，构成了一个相对较为完整的研究体系。

　　为完整理解罗国杰先生伦理思想的全貌，笔者尽可能地梳理了罗国杰先生自己撰写发表的著作、论文、访谈、随笔、自述等各种研究资料和学界对罗国杰先生思想体系或某一专题的研究、评介，但研究期间，罗国杰先生的夫人张老师告知罗先生的弟子，先生有近百万字的手稿未出版，因是书稿，故也不准备广泛公开，加之张老师于 2020 年春不幸辞世，笔者拟对其进行的访谈只能无奈取消，这在一定程度上影响了对先生思想全貌的学习和研究。

罗国杰先生是一位集革命者与学者于一身的马克思主义理论家。他 1946 年考入同济大学，积极参加反饥饿反内战斗争，接受马克思主义教育，成为光荣的中共地下党员，锻炼了其革命家的实践品质。中华人民共和国成立后，他毅然放弃当时许多人羡慕的处（县）级职位，投身于新中国的伦理学事业，成就了其理论家的学术品质。先生对马克思主义伦理思想中国化和新中国伦理学事业发展所作出的突出贡献及积累的宝贵经验，值得我们倍加珍惜。他的人生道路和品德风范对道德做了最好的诠释，值得我们发扬光大。

2012 年党的十八大的召开，标志着中国特色社会主义进入了新时代。不幸的是，2015 年先生辞世，虽然先生生前并没有在《马克思主义伦理学》及其他著述的基础上，亲手建构起反映新时代中国特色社会主义伦理思想和道德体系，但是，他努力推进马克思主义伦理思想中国化的毕生实践，已经为创建中国特色社会主义伦理思想和道德体系积累了丰富的经验和宝贵的资料，形成了一种蓄势待发的优良态势。跟进这种优良态势，探索决胜全面建成小康社会新时代的伦理学和道德建设的新任务，加倍努力建构新时代中国特色社会主义伦理思想和道德体系，是当代中国伦理学人责无旁贷的历史使命。

参考文献

一 著作类

《马克思恩格斯文集》第1—10卷，人民出版社2009年版。

《马克思恩格斯选集》第1—4卷，人民出版社2012年版。

《马克思恩格斯全集》第1卷，人民出版社1995年版。

《马克思恩格斯全集》第3卷，人民出版社1960年版。

《列宁选集》第1—4卷，人民出版社2012年版。

《列宁专题文集》第1—5卷，人民出版社2009年版。

《列宁全集》第39卷，人民出版社2017年版。

《列宁全集》第55卷，人民出版社2017年版。

列宁：《哲学笔记》，人民出版社1993年版。

《毛泽东选集》第一卷，人民出版社1991年版。

胡锦涛：《在省部级主要领导干部提高构建社会主义和谐社会能力专题研讨班上的讲话》，人民出版社2005年版。

《习近平谈治国理政》第一卷，外文出版社2018年版。

《习近平谈治国理政》第二卷，外文出版社2017年版。

《习近平谈治国理政》第三卷，外文出版社2020年版。

习近平：《在哲学社会科学工作座谈会上的讲话》，人民出版社2016年版。

习近平：《在纪念马克思诞辰200周年大会上的讲话》，人民出版社2018年版。

习近平：《决胜全面建成小康社会 夺取新时代中国特色社会主义伟大胜利——在中国共产党第十九次全国代表大会上的报告》，人民出版社2017年版。

习近平：《高举中国特色社会主义伟大旗帜 为全面建设社会主义现代化国家

而团结奋斗——在中国共产党第二十次全国代表大会上的报告》，人民出版社 2022 年版。

北京大学哲学系外国哲学史教研室编译：《十八世纪法国哲学》，商务印书馆 1963 年版。

葛晨虹：《德化的视野——儒家德性思想研究》，同心出版社 1998 年版。

刘师培：《经学教科书·伦理教科书》，广陵书社 2013 年版。

罗国杰：《道德教育与"两课"教学》，中国人民大学出版社 2017 年版。

罗国杰主编，焦国成、葛晨虹副主编：《道德建设论》，湖南人民出版社 1997 年版。

罗国杰等：《德治新论》，研究出版社 2002 年版。

罗国杰主编：《建设与社会主义市场经济相适应的思想道德体系》，人民出版社 2011 年版。

罗国杰主编：《伦理学》，人民出版社 1989 年版。

罗国杰：《伦理学探索之路：罗国杰自选集》，首都师范大学出版社 2011 年版。

罗国杰：《罗国杰文集》（上、下卷），河北大学出版社 2000 年版。

罗国杰：《罗国杰文集》（第 1—6 卷），中国人民大学出版社 2016 年版。

罗国杰：《罗国杰自选集》，学习出版社 2003 年版。

罗国杰：《马克思主义伦理学的探索》，中国人民大学出版社 2015 年版。

罗国杰等编：《马克思主义思想政治教育理论基础》，高等教育出版社 2002 年版。

罗国杰主编：《马克思主义伦理学》，人民出版社 1982 年版。

罗国杰编著：《中国革命道德》，中国人民大学出版社 2013 年版。

罗国杰、夏伟东主编：《以德治国论》，中国人民大学出版社 2004 年版。

罗国杰：《以德治国与公民道德建设》，河南人民出版社 2003 年版。

罗国杰主编，唐凯麟、杨丙安分主编：《中国传统道德：德行卷》，中国人民大学出版社 1995 年版。

罗国杰主编，罗国杰、宋希仁分主编：《中国传统道德：规范卷》，中国人民大学出版社 1995 年版。

罗国杰主编，许抗生分主编：《中国传统道德：教育修养卷》，中国人民大学出版社 1995 年版。

罗国杰主编，钱逊、陈瑛分主编：《中国传统道德：理论卷》，中国人民大学
出版社 1995 年版。

罗国杰主编、朱贻庭、张锡勤分主编：《中国传统道德：名言卷》，中国人民
大学出版社 1995 年版。

罗国杰主编：《中国传统道德普及本》，中国统计出版社 1997 年版。

罗国杰主编：《中国伦理思想史》（上、下卷），中国人民大学出版社 2008
年版。

李秀林等主编：《辩证唯物主义和历史唯物主义原理》，中国人民大学出版社
1995 年版。

苗力田编：《亚里士多德选集·伦理学卷》，中国人民大学出版社 1999 年版。

邱仁富：《思想政治教育话语论》，上海交通大学出版社 2013 年版。

唐凯麟、王泽应：《20 世纪中国伦理思潮》，高等教育出版社 2003 年版。

夏伟东主编：《中国共产党思想道德建设史略》，山东人民出版社 2006 年版。

杨耕：《马克思主义历史观研究》，北京师范大学出版社 2017 年版。

中国人民大学伦理学与道德建设研究中心，中国人民大学哲学院组编：《罗国
杰研究纪念文集》，中国人民大学出版社 2016 年版。

《中共中央关于加强社会主义精神文明建设若干重要问题的决议》，人民出版
社 1996 年版。

［德］卡尔·雅斯贝斯：《历史的起源与目标》，李夏菲译，漓江出版社 2019
年版。

［德］弗里德里希·包尔生：《伦理学体系》，何怀宏、廖申白译，中国社会
科学出版社 1988 年版。

［美］托马斯·库恩：《科学革命的结构》，金吾伦、胡新和译，北京大学出
版社 2003 年版。

［美］Howard A. Ozmon, Samuel M. Craver：《教育的哲学基础》，石中英、邓
敏娜等译，中国轻工业出版社 2006 年版。

［英］贝尔纳：《科学的社会功能》，陈体芳译，广西师范大学出版社 2003
年版。

二 期刊类

习近平：《深入学习中国特色社会主义理论体系 努力掌握马克思主义立场观点方法》，《求是》2010 年第 7 期。

本刊记者、罗国杰：《"马克思主义理论研究和建设工程重点教材"系列访谈之二〈思想道德修养与法律基础〉教材编写的有关问题——访教材编写组首席专家（召集人）罗国杰教授》，《思想理论教育导刊》2006 年第 6 期。

陈士俊：《科学学：对象解析、学科属性与研究方法——关于科学学若干基本问题的思考》，《科学学与科学技术管理》2010 年第 5 期。

陈瑛：《坚持集体主义的典范——祝贺〈罗国杰文集〉出版》，《道德与文明》2001 年第 2 期。

戴木才：《关于以德治国的几个重要争论问题——访中国伦理学会会长、中国人民大学教授、博士生导师罗国杰》，《中国党政干部论坛》2003 年第 12 期。

丁正亚：《贡献、特征及历史地位——罗国杰伦理思想简评》，《乐山师范学院学报》2009 年第 6 期。

丁正亚：《简论罗国杰对社会主义集体主义原则的理论贡献》，《绥化学院学报》2006 年第 5 期。

丁正亚：《简论罗国杰对"为人民服务"思想的理论贡献》，《康定民族师范高等专科学校学报》2006 年第 3 期。

丁正亚：《简论罗国杰关于正确对待中国传统道德批判继承问题的理论贡献》，《阿坝师范高等专科学校学报》2006 年第 2 期。

丁正亚：《论罗国杰对马克思主义伦理学学科体系建设的理论贡献》，《河西学院学报》2008 年第 6 期。

丁正亚：《中国特色社会主义家庭美德建设的逻辑框架和理论基点——罗国杰家庭伦理思想研究》，《河西学院学报》2009 年第 3 期。

葛晨虹：《罗国杰德治理论及其新德性主义伦理学》，《道德与文明》2015 年第 4 期。

葛晨虹：《正学宗师：罗国杰先生伦理思想及其理论影响》，《周易研究》
　　2015 年第 2 期。

龚群：《推进与完善社会主义的道德体系——学习罗国杰教授道德建设理论》，
　　《道德与文明》2015 年第 4 期。

关健英：《关注精神世界 谱写道德文章——罗国杰学术思想简论》，《道德与
　　文明》2003 年第 5 期。

郭清香：《罗国杰中国伦理思想研究述评》，《伦理学研究》2015 年第 3 期。

贾雪丽：《罗国杰伦理思想若干问题研究——罗国杰伦理思想研讨暨〈罗国杰
　　文集〉发布会综述》，《齐鲁学刊》2016 年第 3 期。

李桂梅、陈从俊：《罗国杰"道德境界"思想研究》，《云梦学刊》2016 年第
　　4 期。

李建华、姚文佳：《罗国杰的社会主义道德建设思想》，《齐鲁学刊》2016 年
　　第 3 期。

李茂森：《罗国杰道德修养论的基点》，《道德与文明》2016 年第 3 期。

李萍、童建军：《罗国杰对马克思主义伦理学基本理论的学术贡献——坚持集
　　体主义的几个问题》，《齐鲁学刊》2016 年第 4 期。

梁丽萍、周炳成：《怎样理解社会主义道德建设的核心与原则——罗国杰教授
　　谈学习六中全会〈决议〉中关于社会主义道德建设论述的体会》，《中国
　　党政干部论坛》1997 年第 2 期。

林怡：《百年来自然科学对中国人文社会科学发展的影响（下）》，《学术评
　　论》2014 年第 2 期。

龙静云：《罗国杰法治德治思想探析》，《伦理学研究》2016 年第 6 期。

罗国杰：《爱国主义是企业文化之魂》，《中外企业文化》1995 年第 1 期。

罗国杰：《把握"思想道德修养与法律基础"课的性质与特点 增强教学的实
　　效性和针对性》，《北京教育》（高教版）2006 年第 10 期。

罗国杰：《必须把精神文明建设提到更加突出的地位》，《新视野》1996 年第
　　1 期。

罗国杰：《大力培育"四有"新人 促进社会全面发展——重温邓小平同志有
　　关"四有"新人的论述》，《高校理论战线》2004 年第 9 期。

罗国杰:《〈道德教育与价值导向〉自序》,《高校理论战线》2000 年第 9 期。

罗国杰:《端正认识是加强精神文明建设的前提》,《党建》1996 年第 5 期。

罗国杰:《对传统伦理道德的批判继承问题的思考》,《高校理论战线》1994 年第 2 期。

罗国杰:《对〈纲要〉重要意义的认识》,《高校理论战线》2001 年第 11 期。

罗国杰:《对整体与个人关系的思索》,《道德与文明》1989 年第 1 期。

罗国杰:《改革与道德散论》,《郑州大学学报》(哲学社会科学版) 1985 年第 2 期。

罗国杰:《改进和加强思想品德课的教学》,《思想理论教育导刊》1999 年第 2 期。

罗国杰:《高度重视人生价值观的教育》,《教学与研究》1991 年第 4 期。

罗国杰:《个人的价值取向应与社会主义社会的发展方向相一致》,《教学与研究》1990 年第 2 期。

罗国杰:《共产党员应当有怎样的人生观》,《党建》1993 年第 9 期。

罗国杰:《关于对传统道德批判继承的理论认识和方法原则》,《长白论丛》1997 年第 3 期。

罗国杰:《关于弘扬中华民族优良道德传统的思考》,《人民教育》1993 年第 11 期。

罗国杰:《关于集体主义原则的几个问题》,《思想理论教育导刊》2012 年第 6 期。

罗国杰:《关于孔子义利观的一点思考——兼析"君子喻于义,小人喻于利"》,《学术研究》1994 年第 3 期。

罗国杰:《关于伦理道德的价值导向的反思》,《高校社会科学》1989 年第 5 期。

罗国杰:《关于社会主义道德建设的一点思考》,《北京高等教育》1996 年第 6 期。

罗国杰:《关于社会主义公正原则的几个问题》,《道德与文明》2012 年第 5 期。

罗国杰:《关于社会主义人道主义原则的几个问题》,《思想理论教育导刊》2012 年第 10 期。

罗国杰：《关于思想道德教育的几个问题》，《中国电大教育》1993 年第 11 期。

罗国杰：《弘扬中华民族优良道德传统 加强社会主义精神文明建设》，《当代思潮》1994 年第 4 期。

罗国杰：《弘扬主旋律是素质教育的灵魂》，《中国高等教育》1999 年第 20 期。

罗国杰：《回顾与展望——在第十次全国伦理学讨论会开幕式上的讲话》，《道德与文明》2001 年第 1 期。

罗国杰：《继承和发扬中华民族优良道德传统，创造出人类先进的精神文明》，《道德与文明》1993 年第 4 期。

罗国杰：《加强爱国主义教育应注意的一个问题》，《中国高等教育》1995 年第 2 期。

罗国杰：《加强道德建设的理论研究》，《高校理论战线》2003 年第 10 期。

罗国杰：《加强对大学生的爱国主义教育》，《中国高等教育》1990 年第 5 期。

罗国杰：《加强职业道德教育 促进精神文明建设》，《企业管理》1994 年第 4 期。

罗国杰：《坚持共产主义道德教育》，《伦理学与精神文明》1982 年第 00 期。

罗国杰：《坚持集体主义的价值导向》，《毛泽东邓小平理论研究》1989 年第 6 期。

罗国杰：《坚持集体主义还是"提倡个人主义"?》，《求是》1996 年第 14 期。

罗国杰：《坚持价值导向一元性的思考》，《中州学刊》1994 年第 3 期。

罗国杰：《坚持和发扬马克思主义理论教育的优良传统》，《教学与研究》1987 年第 5 期。

罗国杰：《坚持和发展毛泽东伦理思想为有中国特色的社会主义伦理道德建设而努力》，《道德与文明》1994 年第 1 期。

罗国杰：《坚持正确的政治方向 坚决清理资产阶级自由化思潮对各个学科领域的影响》，《学位与研究生教育》1991 年第 6 期。

罗国杰：《简论教师道德》，《高教战线》1983 年第 3 期。

罗国杰：《建设社会主义道德体系的几个问题》，《思想理论教育导刊》2010 年第 6 期。

罗国杰：《建设与市场经济相适应的社会主义道德体系》，《思想政治工作研究》2012 年第 1 期。

罗国杰：《〈军人伦理学新编〉序》，《道德与文明》1988 年第 6 期。

罗国杰：《〈科技伦理学概论〉序》，《道德与文明》1988 年第 5 期。

罗国杰：《雷锋精神和建设社会主义精神文明》，《青年研究》1982 年第 2 期。

罗国杰：《李贽伦理思想新探》，《社会科学战线》》1988 年第 1 期。

罗国杰：《"两手都要硬"理论的创造者》，《人民论坛》1997 年第 4 期。

罗国杰：《刘宗周的"慎独"思想及其在道德修养上的重要意义》，《齐鲁学刊》2013 年第 1 期。

罗国杰：《陆九渊伦理思想新探》，《中国人民大学学报》1987 年第 2 期。

罗国杰：《论道德境界》，《哲学研究》1981 年第 3 期。

罗国杰：《论道德需要》，《湖北社会科学》1992 年第 9 期。

罗国杰：《论道德义务与道德权利》，《中共沈阳市委党校学报》1999 年第 1 期。

罗国杰：《论毫不利己专门利人的共产主义精神》，《中国卫生质量管理》1996 年第 2 期。

罗国杰：《论个人主义同集体主义的对立》，《中国高等教育》1990 年第 10 期。

罗国杰：《论科学技术、物质生活与道德的关系》，《哲学研究》1980 年第 6 期。

罗国杰：《论雷锋精神的生命力》，《高校理论战线》2003 年第 3 期。

罗国杰：《伦理责任与生态环境》，《道德与文明》2000 年第 1 期。

罗国杰：《论社会主义初级阶段的道德的四个层次》，《道德与文明》1988 年第 2 期。

罗国杰：《论社会主义道德的核心和原则》，《高校理论战线》1996 年第 11 期。

罗国杰：《论社会主义道德建设的体系结构及其之间的相互关系》，《道德与文明》1998 年第 3 期。

罗国杰：《论无产阶级道德原则和资产阶级道德原则的根本对立》，《东岳论丛》1982 年第 1 期。

罗国杰：《论"五四"以来的中国革命道德》，《高校理论战线》2000 年第 1 期。

罗国杰：《论"业师"和"人师"——谈谈教师的人格魅力和学术魅力》，《高校理论战线》2013 年第 1 期。

罗国杰：《论中华民族传统道德的"精华"与"糟粕"》，《道德与文明》2012 年第 1 期。

罗国杰等：《论主观能动性和客观规律性》，《教学与研究》1958 年第 12 期。

罗国杰：《培育"四有新人"对促进社会全面发展的重要意义——重读邓小平同志有关"四有新人"的论述》，《道德与文明》2004 年第 5 期。

罗国杰：《批判继承中国古代优秀传统道德　建设有中国特色社会主义精神文明》，《高校理论战线》1996 年第 1 期。

罗国杰：《批判地继承这份"珍贵的遗产"——纪念孔子诞辰二五五〇年》，《求是》1999 年第 18 期。

罗国杰：《评"主观为自己，客观为别人"》，《学习与研究》1982 年第 10 期。

罗国杰：《青年人立德成才的良师益友——〈革命军人思想品德修养〉评介》，《中国高等教育》2000 年第 24 期。

罗国杰：《〈人生宝典〉的伦理意蕴》，《中国图书评论》2002 年第 4 期。

罗国杰：《社会发展与道德进步应同步并行》，《高校社会科学》1989 年第 1 期。

罗国杰：《社会主义人道主义和抽象人道主义的对立》，《高教战线》1984 年第 2 期。

罗国杰：《社会主义市场经济条件下道德建设的三个问题》，《新视野》1998 年第 1 期。

罗国杰：《什么是中华民族的道德传统》，《人才管理》1994 年第 4 期。

罗国杰：《试论马克思主义伦理学的价值观》，《哲学研究》1982 年第 1 期。

罗国杰：《试论马克思主义伦理学体系结构的特征》，《哲学研究》1983 年第 2 期。

罗国杰：《十年来伦理学的回顾与展望》，《道德与文明》1991 年第 1 期。

罗国杰：《十年来伦理学的回顾与展望（续）》，《道德与文明》1991 年第 2 期。

罗国杰：《树立科学的义利观》，《文明与宣传》2003 年第 3 期。

罗国杰：《树立正确的世界观、人生观和价值观》，《中国特色社会主义研究》1996 年第 3 期。

罗国杰：《思想道德建设的地位和作用》，《群言》1996 年第 6 期。

罗国杰：《"思想道德修养"课教师要身体力行思想道德修养的要求》，《思想理论教育导刊》2004 年第 2 期。

罗国杰：《宋代思想家对中国伦理思想的贡献》，《道德与文明》1994 年第 1 期。

罗国杰：《提高对道德建设重要性的认识 坚持"法治"和"德治"并重的治国方略》，《伦理学研究》2002 年第 1 期。

罗国杰：《为建设有中国特色的社会主义文化而奋斗》，《道德与文明》1997 年第 6 期。

罗国杰：《为人民服务——社会主义道德建设的核心》，《党建》2002 年第 2 期。

罗国杰：《为人民服务是我们道德建设的核心——在第一届两岸伦理学术研讨会开幕式上的讲话》，《道德与文明》1998 年第 2 期。

罗国杰：《"为人民服务"同"我为人人、人人为我"的区别与联系》，《中外企业文化》2000 年第 7 期。

罗国杰：《为提高人民的道德素质而努力》，《道德与文明》1999 年第 3 期。

罗国杰：《文明可以兴邦——把依法治国与以德治国结合起来》，《中国矿业大学学报》（社会科学版）2003 年第 2 期。

罗国杰：《我国伦理学的现状和展望》，《江淮论坛》1985 年第 6 期。

罗国杰：《我们需要什么样的道德原则》，《道德与文明》1989 年第 4 期。

罗国杰：《我们应当怎样对待传统——关于怎样正确对待传统道德的一点思考》，《道德与文明》1998 年第 1 期。

罗国杰：《无产阶级人性论是道德修养的前提》，《中州学刊》1981 年第 1 期。

罗国杰：《"孝"和未来社会——关于"孝"的国际学术会议简记》，《道德与文明》1995 年第 5 期。

罗国杰：《"孝"与中国传统文化和传统道德》，《道德与文明》2003 年第 3 期。

罗国杰：《新时期共产党员仍应坚持全心全意为人民服务的人生观》，《党政干部学刊》1996 年第 12 期。

罗国杰:《新时期思想道德建设的问题与对策》,《中国人民大学学报》2000 年第 5 期。

罗国杰:《新中国道德建设的回顾与展望》,《齐鲁学刊》2002 年第 2 期。

罗国杰:《荀况政治伦理思想新探——"德治"和"法治"的相辅相成》,《湘潭大学学报》(哲学社会科学版)2005 年第 4 期。

罗国杰:《言简意赅 通俗易懂——〈公民道德格言〉读后》,《求是》2002 年第 20 期。

罗国杰:《要充分重视培育"四有"新人的历史重任》,《贵阳市委党校学报》1999 年第 1 期。

罗国杰:《一本系统研究邓小平理论科学体系的好书》,《湘潭师范学院学报》1996 年第 2 期。

罗国杰:《一部关于道德教育方面的创新著作》,《道德与文明》1995 年第 6 期。

罗国杰:《一部军队思想道德教育的好教材——评〈军人思想道德修养〉》,《道德与文明》2004 年第 2 期。

罗国杰:《以党的基本路线为指针建设伦理道德》,《高校理论战线》1993 年第 2 期。

罗国杰:《"以德治国"思想的理论意义和实践意义》,《高校理论战线》2001 年第 3 期。

罗国杰:《以"三个代表"重要思想为指导加强思想道德建设》,《思想理论教育导刊》2003 年第 7 期。

罗国杰:《〈医学伦理学导论〉序》,《道德与文明》1990 年第 5 期。

罗国杰:《越是改革开放越要强调学习马克思主义》,《阵地与熔炉》1992 年第 5 期。

罗国杰:《在第六次全国伦理学理论讨论会上的开幕词》,《道德与文明》1993 年第 2 期。

罗国杰:《再论以德治国的几个问题》,《高校理论战线》2003 年第 8 期。

罗国杰:《在社区文明建设中加强道德建设的重要意义》,《学习与实践》

1996 年第 11 期。

罗国杰：《在市场经济条件下加强职业道德教育的重要意义》，《中国职业技术教育》1995 年第 2 期。

罗国杰：《哲学社会科学和"三观教育"》，《中国人民大学学报》2002 年第 3 期。

罗国杰：《中国传统道德文化研究的拓新之作——评王联斌〈中华武德通史〉》，《道德与文明》2000 年第 2 期。

罗国杰：《中国传统文化应当"寿终正寝"吗?》，《新视野》1999 年第 4 期。

罗国杰：《中国传统文化与二十一世纪人才培养》，《高校理论战线》1998 年第 6 期。

罗国杰：《〈中国家训史〉序言》，《高校理论战线》2004 年第 1 期。

罗国杰：《中华民族优良道德传统》，《思想教育研究》1994 年第 4 期。

罗国杰：《重视道德的精神动力作用 实现社会全面进步》，《高校理论战线》1999 年第 1 期。

罗国杰：《重视理想信念教育》，《中国职工教育》2000 年第 9 期。

罗国杰：《重视思想改造 加强党性锻炼》，《阵地与熔炉》1992 年第 1 期。

罗国杰：《"自私"是推动社会前进的动力吗?》，《上海青少年研究》1983 年第 3 期。

罗国杰：《做人和做学问统一的模范——祝贺李奇同志诞辰八十周年》，《道德与文明》1993 年第 5 期。

罗国杰、陈楚佳：《关于社会主义初级阶段道德建设的几个理论问题》，《郑州大学学报》（哲学社会科学版）1988 年第 1 期。

罗国杰、陈瑛、魏英敏：《做"官"就要讲"官德"》，《求知》1996 年第 8 期。

罗国杰、关键英：《高校道德教育与"以德治教"》，《中国高等教育》2001 年第 23 期。

罗国杰、胡振平、夏伟东：《认真学习"以德治国"重要思想》，《理论与当代》2001 年第 5 期。

罗国杰、卢之超：《论好事和坏事的辩证法》，《哲学研究》1959 年第 6 期。

罗国杰、宋希仁:《论马基雅弗利的伦理思想》,《社会科学战线》1984 年第
    1 期。

罗国杰、夏伟东:《爱国主义研究的新成果——〈中华民族爱国主义通论〉评
    介》,《道德与文明》1989 年第 4 期。

罗国杰、夏伟东:《古为今用 推陈出新——论继承和弘扬中华传统美德》,
    《红旗文稿》2014 年第 7 期。

罗国杰、夏伟东:《论"以德治国"》,《求是》2001 年第 15 期。

罗国杰、夏伟东:《论"以德治国"的历史、理论与实践》,《高校理论战线》
    2001 年第 6 期。

罗国杰、邢久强:《我们党思想上精神上的一面旗帜——关于"建设社会主
    义核心价值体系"的对话》,《前线》2007 年第 3 期。

罗国杰等:《"雷锋精神的时代价值"理论研讨会发言摘要》,《思想理论教育
    导刊》2003 年第 4 期。

罗国杰等:《立足高校,面向全国,把刊物办得更好——创刊五周年座谈会发
    言摘编》,《高校理论战线》1993 年第 3 期。

《罗国杰伦理思想研讨会暨〈罗国杰文集〉出版发布会召开》,《道德与文明》
    2016 年第 3 期。

《〈罗国杰文集〉简介》,《道德与文明》2016 年第 3 期。

《罗国杰学术成就简介》,《江汉论坛》2001 年第 5 期。

牛绍娜、陈延斌:《罗国杰德治思想及其时代价值》,《齐鲁学刊》2016 年第
    3 期。

牛绍娜、洪博文:《罗国杰伦理思想研讨会暨〈罗国杰文集〉出版发布会综
    述》,《道德与文明》2016 年第 3 期。

逄锦聚等:《"马克思主义理论研究和建设工程"重点教材建设工作启动三周
    年笔谈》,《思想理论教育导刊》2007 年第 5 期。

彭启福、李后梅:《马克思主义"三原"问题的诠释学探析》,《安徽师范大
    学学报》(人文社会科学版)2018 年第 3 期。

钱广荣:《罗国杰的伦理思想研究科学范式述论——兼议中国伦理学的建设与
    发展》,《道德与文明》2016 年第 3 期。

史焕翔、周雅灵：《罗国杰伦理思想研讨暨〈罗国杰文集〉出版发布会综述》，《思想理论教育导刊》2016 年第 5 期。

唐凯麟：《中国化马克思主义伦理思想研究的四个维度——评〈中国化马克思主义伦理思想研究〉》，《道德与文明》2016 年第 3 期。

田海平：《罗国杰与当代中国伦理学的正题法则——伦理道德与好制度的相互涵养与推行》，《吉首大学学报》（社会科学版）2016 年第 3 期。

田心铭：《论阶级斗争理论在历史唯物主义中的地位和当代价值》，《马克思主义研究》2014 年第 11 期。

王君琦：《怎样认识"以德治国"？——罗国杰教授访谈录》，《思想政治工作研究》2001 年第 5 期。

王淑芹、李桂梅：《道德与法律关系研究——罗国杰道德与法律相协调思想研析》，《学校党建与思想教育》2016 年第 3 期。

王文东：《德性主义的重叙和再建——罗国杰德性伦理思想简论》，《道德与文明》2016 年第 3 期。

王文东：《罗国杰对中国伦理思想史研究的学术贡献》，《道德与文明》2015 年第 4 期。

王文东：《罗国杰先生对中国伦理思想史的探索和学术贡献》，《船山学刊》2015 年第 5 期。

王小锡、郭建新：《罗国杰"新德性论"思想的价值旨归》，《齐鲁学刊》2016 年第 4 期。

王易、朱小娟：《罗国杰集体主义思想研究》，《思想理论教育导刊》2016 年第 12 期。

王泽应：《论义利问题之为伦理学的基本问题》，《华中科技大学学报》（社会科学版）2011 年第 4 期。

王泽应：《罗国杰对马克思主义伦理学的创造性探索》，《齐鲁学刊》2016 年第 4 期。

吴瑾菁：《罗国杰集体主义思想研究》，《伦理学研究》2015 年第 3 期。

吴俊：《我国伦理学研究和道德建设的有关问题——罗国杰先生访谈录》，《伦理学研究》2004 年第 6 期。

吴潜涛、王易：《弘道彰德怀家国 含英咀华育人杰——纪念罗国杰教授》，《思想理论教育导刊》2015 年第 5 期。

夏伟东：《罗国杰伦理思想简论——〈罗国杰文集〉札记》，《高校理论战线》2000 年第 12 期。

杨豹：《罗国杰关于马克思主义的道德价值观及其当代意义》，《安阳师范学院学报》2016 年第 6 期。

姚新中：《科技发展与道德进步的辩证统一——罗国杰教授对当代伦理学发展的贡献》，《道德与文明》2015 年第 3 期。

姚郁卉：《精神到处文章老 学问深时意气平——读罗国杰教授新著〈马克思主义伦理学的探索〉》，《伦理学研究》2016 年第 1 期。

姚郁卉：《罗国杰道德原则思想论纲》，《齐鲁学刊》2016 年第 4 期。

余京华：《道德批判与经济批判之生成性统一：历史唯物主义批判范式的内生逻辑及其当代观照》，《伦理学研究》2016 年第 3 期。

张溢木、罗国杰：《当前伦理学研究与社会道德建设的有关问题——罗国杰教授访谈》，《伦理学研究》2010 年第 1 期。

赵冰：《罗国杰对马克思主义伦理思想中国化的贡献》，《伦理学研究》2019 年第 3 期。

赵昆：《关于"伦理学基本问题"的思考》，《道德与文明》2013 年第 1 期。

赵清文：《实现"业师"与"人师"的完美结合——学习罗国杰先生关于教师道德的思想》，《齐鲁学刊》2016 年第 3 期。

赵文博、钟锡进：《罗国杰伦理思想研讨会暨〈罗国杰文集〉出版发布会综述》，《伦理学研究》2016 年第 3 期。

周中之：《罗国杰伦理思想与中国主流意识形态建设》，《齐鲁学刊》2016 年第 3 期。

三　报纸类

《习近平在全国高校思想政治工作会议上强调：把思想政治工作贯穿教育教学全过程　开创我国高等教育事业发展新局面》，《人民日报》2016 年 12 月 21 日。

《习近平主持召开学校思想政治理论课教师座谈会 强调用新时代中国特色社会主义思想铸魂育人 贯彻党的教育方针落实立德树人根本任务》，《人民日报》2019年3月19日。

杜邦云：《一生追求道德真谛》，《光明日报》2007年5月26日。

葛晨虹：《德高者望重 为公者千古》，《中国教育报》2015年3月20日。

罗国杰：《道德建设与身体力行》，《人民日报》2007年6月22日。

罗国杰：《构筑起预防腐败的思想道德长堤》，《中国纪检监察报》2005年3月12日。

罗国杰：《建设与社会主义市场经济相适应的道德体系》，《光明日报》2001年3月4日。

罗国杰：《未成年人思想道德建设是一个系统工程》，《光明日报》2004年5月18日。

罗国杰：《我与伦理学的学科建设与发展》，《中国社会科学报》2013年12月25日。

罗国杰：《学生·教师·系主任》，《光明日报》2006年11月13日。

罗国杰：《在改革中要加强道德建设》，《解放军报》1988年3月22日。

罗国杰：《在推进高校哲学社会科学创新中坚持和发展马克思主义》，《光明日报》2012年10月8日。

焦国成：《松柏之质 高尚之思》，《中国教育报》2001年1月10日。

焦国成、张溢木：《独以道德为友，故能延期不朽——罗国杰教授对中国伦理学的贡献》，《北京日报》2015年3月16日。

江畅：《伦理学的繁荣发展与历史使命》，《人民日报》2019年5月27日。

柳长浩：《罗国杰：儒者爱兰》，《光明日报》2015年3月11日。

宋伟涛、刘博智：《罗国杰：皓首治伦理 毕生"正人心"》，《中国教育报》2015年3月20日。

陈原：《炼坚强意志 著道德文章——论罗国杰教授》，《人民日报》2014年3月18日。

王斯敏：《"以传承其伦理思想的方式纪念先生"罗国杰伦理思想研讨暨〈罗国杰文集〉发布会举行》，《光明日报》2016年3月20日。

吴潜涛：《罗国杰教授的最后十年：为信仰和学术倾尽心力》，《光明日报》
2015 年 3 月 26 日。

姚新中、陆宽宽：《丹心创伦理大业，青笔著道德文章——罗国杰教授的学术
人生》，《中国社会科学报》2015 年 5 月 4 日。

张霄：《坚守马克思主义理论立场 开创中国特色伦理学事业》，《光明日报》
2016 年 3 月 31 日。

张莹：《他用一生"正人心"》，《中国青年报》2015 年 3 月 18 日。

四 电子文献类

毕玥等：《罗国杰伦理思想研讨暨〈罗国杰文集〉出版发布会举行》，https：//
www. ruc. edu. cn/news/focus/32346. html。

李江涛：《著道德文章 育天下英才——记著名伦理学家、中国人民大学罗国
杰教授》，http：//news. sina. com. cn/o/2007－05－26/062011896870s. shtml。

温静、杨磊：《素心如兰著道德文章——追念中国当代著名伦理学家罗国杰先
生》，http：//edu. people. com. cn/n/2015/0313/c1053－26691176. html。

杨默：《第三届吴玉章终身成就奖颁奖 罗国杰顾明远黄达获奖》，https：//
news. ruc. edu. cn/archives/95127。

杨默：《罗国杰：皓首治伦理 道德焕文章》，https：//news. ruc. edu. cn/news/
special/zjlhrd1/29080. html。

姚新中：《青丝白发忆春风——纪念恩师罗国杰先生》，https：//epaper. gmw.
cn/zhdsb/html/2015－03/18/nw. D110000zhdsb_20150318_1－07. htm。

张胜：《正人心，是对老师最好的纪念》，https：//news. jxnews. com. cn/system/
2015/04/05/013742942. shtml。

后　记

本书是 2017 年度国家社科基金一般项目"罗国杰伦理思想研究"的最终成果。

正如笔者在申请这个项目时所说，罗国杰先生的一生为新中国伦理学研究和教育事业作出了不可磨灭的贡献。学界对其学术思想的研究和关注，虽始于 21 世纪之初，持续至今已逾 20 余年，但多聚焦于系统性整理和专题性研究，对其学术思想、治学范式、总体特征等方面的整体性、体系性研究尚显不足，不能完整、客观地反映先生的学术地位。这在一定程度上或许也促成了全国哲学社会科学工作办公室对本项目的获批。

我和先生直接谋面不多，几年来，在对先生的各种著述的研读和学习中，越发感觉到在和一位得道儒者对话交流：每当读到先生在中华人民共和国成立前所经历的惊心动魄，感受到了其浓厚的家国情怀；每当读到先生为新中国伦理学事业所做出的努力，感受到了其不倦的伦理追求；每当读到先生在与学人交往中的细节往事，感受到了其高尚的道德境界。先生之治学，不仅著作等"身"，"仰之弥高，钻之弥坚"，而且著作等"心"，"虽不能至，心向往之"。仍清晰记得一次前往西苑医院看望先生的情形，先生身体虽已虚弱口述不清，但依旧能辨知其对我国伦理学研究和伦理学学科建设念念不忘，仍能深刻感悟先生对后辈学人的殷殷期待。

牢记着先生对后学的嘱托、怀揣着对先生的敬重，经过几年的努力，终于完成了这份初稿，并经全国哲学社会科学工作办公室鉴定通过。在这项初步成果付梓之际，特向帮助我的师友致以诚挚的谢意。

特别感谢清华大学吴潜涛教授。吴老师是我在中国人民大学读博期间的导师，论学术上的"辈分"，罗国杰先生是我的师爷，学生"越级"研究师爷，有幸得到吴老师的认可和指导。吴老师治学严谨、为人谦逊，今日看来，能从吴老师那里看到很多罗国杰先生的影子，或许这就是最好的师门传承吧。

感谢安徽师范大学钱广荣教授。多年跟随在钱老师左右，不禁感佩于先生敏锐的学术灵感和闪烁的学术火花，初次想到这个选题，得益于先生的指点；开展项目研究亦离不开先生的点拨。今日成果即将付梓，亦是对钱老师的崇高敬意。

感谢中国人民大学伦理学与道德建设研究中心的吴付来教授、焦国成教授、姚新中教授、仙逝的葛晨虹教授、肖群忠教授、曹刚教授等老师。犹记得去中国人民大学参加"国杰论坛"，吴付来老师多次关心地问起项目的进展情况，并叮嘱一定要把罗老师的思想尽可能完整地呈现，每念及此，常惴惴不安，恐力有不逮，辜负了老师的叮嘱和期望，唯有孜孜以求，谨致拳拳之忱。焦国成老师、姚新中老师、葛晨虹老师、肖群忠老师、曹刚老师都是我读博期间的授业恩师，项目获批后，就项目展开等事宜都曾求教于他们，曹刚老师还亲自参与了项目的开题论证工作，为项目的顺利进行提出了很多建设性的意见和建议，在此向各位老师一并致谢。

感谢安徽师范大学马克思主义学院的朱平教授、王习胜教授、姚宏志教授和戴兆国教授在项目申请和开展过程中予以的打磨和指导。马克思主义学院有着奖掖后学的优良传统，一直以来在诸位老师的扶持和见证下成长，这些成绩的取得都离不开他们的帮助，特此感谢。

感谢我的学生邢盈盈、王霖凡、叶兰兰、王莹莹、孙婷婷、胡忠婷、郑玉新、张鑫鑫等同学在项目过程中所做的文献整理、资料梳理等辅助工作和完稿后所做的文献校对、规范性修订等细致工作。她们的悉心帮助，让我省去了很多的文献查验、文字校对的时间，从而能更集中注意力投入文稿本身的写作和完善之中。

感谢中国社会科学出版社的朱华彬主任和郝玉明编辑为本书出版所做的选题申报、审读校对、排版编印等相关工作，两位的辛勤努力，有力保障了文稿的顺利排印和出版。

感谢我的爱人王艳教授在项目过程中的扶持和陪伴。2017 年，她与我同时获批国家社科基金项目，获批的愉悦是短暂的，共同开展项目研究的压力是巨大的。回忆过往，不论是一起商议打磨的时刻，还是每一个熬夜相伴的日子，都成了项目进展过程中的美好回忆。所幸有人携手同行、彼此成就，项目得以顺利完成。

由于本人学识水平有限，本书对罗国杰伦理思想的研究中难免存在挂一漏万之处，诚挚地期待学界同人批评指正！

赵　冰

2024 年 4 月 10 日于芜湖文津花园